2019 세종도서 학술부문

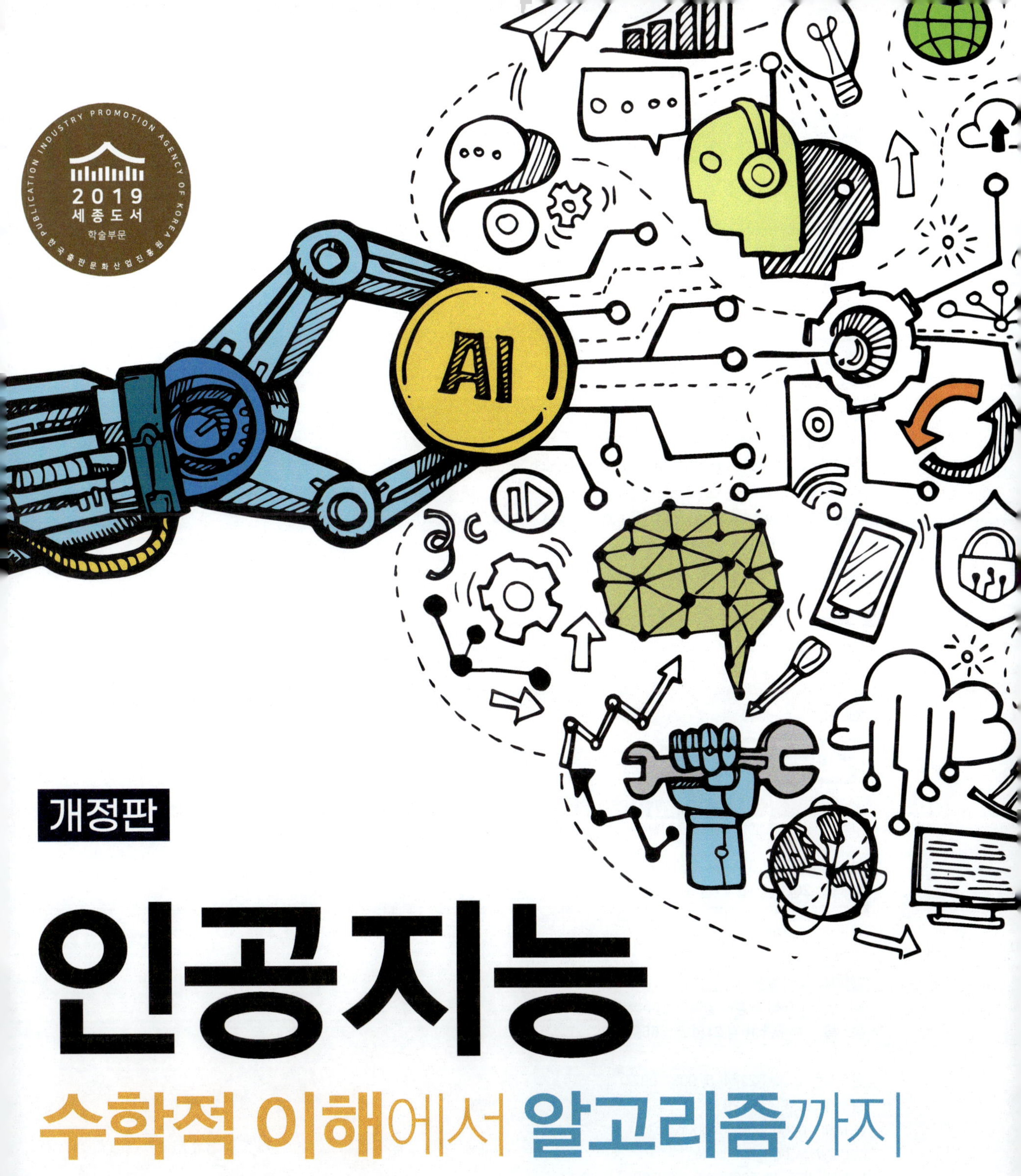

개정판

인공지능

수학적 이해에서 알고리즘까지

Artificial Intelligence :
From Mathematical Understanding to Algorithms

오상훈 지음

도서출판 홍릉

저자소개

오상훈

http://logos.mokwon.ac.kr
부산대학교 전자공학과 학사
부산대학교 일반대학원 전자공학과 석사
한국과학기술원 전기 및 전자공학과 박사

[경력]
LG반도체(주) 엔지니어
한국전자통신연구원 기초기술연구부 및 이동통신연구단 선임연구원
한국과학기술원 뇌과학연구센터 초빙교수
Brain Science Institute, RIKEN(JAPAN), Reserach Scientist
㈜엑스텔테크놀리지 연구소장
Div. Computational Science and Engineering, GeorgiaTech(USA), Visiting Scholar
현재 목원대학교 AI응용학과 교수

개정판

인공지능

수학적 이해에서 알고리즘까지

인　쇄: 2025년 3월 4일 초판 1쇄
발　행: 2025년 3월 11일 초판 1쇄

저　자: 오상훈
발행인: 송 준
발행처: 도서출판 홍릉
주　소: 01093 서울시 강북구 인수봉로 50길 10
등　록: 1976년 10월 21일 제5-66호

전　화: 02-999-2274~5, 903-7037
팩　스: 02-905-6729
e-mail: hongpub@hongpub.co.kr
http://www.hongpub.co.kr
ISBN: 979-11-5600-263-5(93000)

정　가: 27,000원

머리말

인간이 지능적으로 정보를 처리하는 방식을 모방하여 기계가 지능을 지니도록 하는 일은 아주 오랫동안 과학기술계에서 고민하고 시도하여 왔던 아주 큰 도전과제이다. 자연히 사람의 두뇌를 모방하여 정보를 처리하는 시도가 1940년대 McCulloch-Pitts 뉴런 모델과 1950년대의 Perceptron을 시작으로 지속되어 왔었다. 한때, 비선형문제를 해결할 수 없다는 Perceptron의 한계 지적 이후 이러한 방향의 신경회로망 연구는 한동안의 침체기를 겪었다.

신경회로망 분야의 연구는 1980년대 연상기억모델을 제시하였던 Hopfield Model, Perceptron의 한계를 뛰어넘었던 MLP(Multi-Layer Perceptron)와 그 학습방법인 EBP(Error Back-Propagation) 알고리즘의 제시로 다시 한 번 붐을 일으키면서 그 응용분야를 패턴인식, 제어, 신호처리, 음성인식 등으로 넓혀왔었다. 1980-90년대에는 이외에도 Boltzmann Machine, SOFM(Self-Organizing Featue Map), ART(Adaptive Resonance Theory) 등으로 다양하면서 특색을 지닌 모델들이 많이 개발되어 소개되었다. 또한, 1990년대에 인간의 두뇌와 다른 방식이지만 뛰어난 성능을 지닌 결정론적 학습모델 SVM(Support Vector Machine)이 개발되면서 큰 관심을 끌었으며, 2000년대에 ICA(Independent Component Analysis)는 특징추출, 신호압축, 암묵신호분리 등의 영역에서 많은 가능성을 보였다.

특히, RBM(Restricted Boltzmann Machine)은 그 동안 어려운 과제로 남아 있던 심층 신경회로망의 학습 방법을 제시하면서 응용영역을 음성인식을 넘어서 자연어처리까지 확대시키는 결과를 낳았다. 1980년대부터 연구되었던 Neocognitron을 기반으로 1990년대 말에 컨볼루션 신경회로망 모델이 개발되었고, 2000년대 이후 심층 컨볼루션 신경회로망으로의 발전은 패턴인식 분야에서 상당히 큰 파급효과를 가져왔다. 또한, 강화학습은 주어진 환경에서 보상신호를 최대로 얻어내는 방법을 스스로 학습시키는 과정을 제시하면서 심층신경회로망과 함께 접목되어 데이터에서 스스로 학습하는 과정을 만들어내는 기계학습 모델로 우리에게 다가왔다.

또한, 게임이론에 근거한 대립생성모델이 제시되어 데이터로부터 일반화된 분포를 학습해내고, 데이터를 생성해내는 연구결과를 내어놓고 있으며, 확산 모델에 의한 데이터 생성도 괄목할 만한 성과를 이끌어 내었다. 2017년에 트랜스포머가 발표된 이후 자연어 처리 분야도 급격하게 발전하고 있으며, 심지어 2024년에는 인공지능 연구자들이 노벨 물리학상과 노벨 화학상을 수상함으로써 이제 과학 기술과 사회 전반에서 인공지능 기술이 변혁을 일으키고 있다고 해도 과언이 아닌 시기가 되었다.

신경회로망으로 시작되었던 연구가 이제는 통계적인 방법들과 함께 기계에 지능을 구현한다는 같은 목적을 지닌 연구 분야로 묶이면서 기계학습(Machine Learning)이라는 분야로 우리에게 다가왔으며, 이러한 기계학습이 인공지능의 핵심 알고리즘으로 자리를 잡으면서 현 시점에 이르러 대학들이 학부과정에서도 인공지능 강의를 개설하여 학생들이 공부를 하게 되었다.

인공지능은 수학적인 이해 및 분석을 기반으로 학습 알고리즘을 제시하기에 대학원 과정에서 주로 다루어졌으며 학부생과 일반인들이 학습하기에는 많은 어려움을 겪고 있다. 이 책은 인공지능 모델과 관련된 수학적인 배경을 자세히 설명함으로써 대학원생 뿐만 아니라 학부생과 일반인들도 인공지능 모델의 학습 알고리즘이 제시된 과정을 자세히 공부할 수 있도록 하기 위하여 발간되었다. 즉, 미분, 적분, 기하, 벡터와 행렬, 확률과정, 선형대수, 정보이론 등의 기본지식을 기반으로 다양한 기계학습 모델의 학습 알고리즘이 유도된 과정을 학습할 수 있도록 하였다.

본 저자는 1980년대 Hopfield Model의 연구를 시작으로, MLP의 학습과 관련된 여러 현상들에 대한 확률론적인 분석 유도와 새로운 오차함수 제시, 불균형 데이터 문제의 학습방법 제시, 자동 악보 생성, 스펙트럼 변동에 강인한 인터맵 풀링 심층 CNN, 자동음성인식을 위한 선택적 주의집중, 음성의 스펙트럼 변동에 강인한 심층신경회로망 구조 제시, 자연어 처리를 위한 다의어 언어모델, 홍수 예측 응용연구 등을 비롯하여 ICA 및 BSS 알고리즘 비교연구, ICA에 기반한 ANC(Adaptive Noise Cancelling) 및 BSS(Blind Signal Separation), SVM, GAN 등의 연구도 수행한 경험이 있다. 이 경험을 바탕으로 이 책의 많은 부분을 작성할 수 있었다고 생각하며, 이제까지 이러한 연구를 같이 수행하였던 모든 분들에게 감사드린다. 특히, 나를 대학원과정부터 지도편달 하여 주셨던 이수영 교수님, 김재창 교수님, 윤태훈 교수님께 감사의 말씀을 올리고자 한다. 그리고, ETRI 기초기술연구부 정보그룹에서 신경회로망 분야 연구를 이끌어주셨던 김명원 박사님, 이영직 박사님, 길이만 박사님, 최진영 박사님께 감사드리며, RIKEN BSI(Brain Science Institute)에서 BSS 분야의 연구를 같이 수행하였던 Prof. Amari, Prof. Cichocki, 최승진 교수께도 감사드린다. GeorgiaTech에서 Imbalanced Data Problem 연구를 수행하도록 이끌어주셨던 Prof. Haesun Park께도 감사의 인사를 전하고자 한다. 또한, 같이 연구를 수행하였던 박형민 교수, 정성문씨, 이종환 교수, 배규찬씨, 최용선 박사, 김창현 박사, 오도관 박사, 장원일 박사, Dr. Chandra, 송현아씨, 김호경 박사, 이화란 박사, 김건민 박사, 노지현 박사에게도 이 책 내용의 많은 부분을 작성할 수 있는 원천이었음을 전하고 싶다. 마지막으로, 이민호 교수, 정호영 교수, 정소영 박사, 원영걸 박사, 박기영 박사, 최성도 박사, 동서연 교수, 이동건 박사, 김보경 박사에게도 같이 토의하였던 일들이 이 책의 집필에 큰 도움이 되었음을 전하고자 한다.

2025년 2월 저자 올림

차 례

제 4 장 퍼셉트론 (Perceptron)

제 5 장 전방향 신경회로망 (Feed-Forward Neural Networks)

제 6 장 회귀 신경회로망 (Recurrent Neural Networks)

제 7 장 SVM Support Vector Machine

제 8 장 앙상블 학습 (Ensemble Learning)

제 9 장 컨볼루션 신경회로망 (Convolutional Neural Network)

제 10 장 주성분 분석 (Principal Component Analysis)

제 11 장 독립 성분 분석 (Independent Component Analysis)

제 12 장 클러스터링 (Clustering)

제 13 장 생성모델 (Generative Models)

제 1 장

서론

Introduction

1.1 인공지능과 기계학습

인공지능(AI: Artificial Intelligence)이란 무엇인가? 국립 국어원 표준국어대사전에서는 인공지능을 "인간의 지능이 가지는 학습, 추리, 적응 논증 따위의 기능을 갖춘 컴퓨터 시스템이다. 전문가 시스템, 자연언어의 이해, 음성 번역, 로봇공학, 인공시각, 문제 해결, 학습과 지식 획득, 인지 과학 따위에 응용한다."로 정의하고 있다. 전문가의 시각은 어떠한가? David L. Poole 과 Alan K. Mackworth는 저서 「Artificial Intelligence: Foundations of Computational Agents」에서 "지능적으로 동작하는 컴퓨터 에이전트를 합성하고 분석하는 분야"로 정의하고 있다. 즉, 인공지능이란 판단, 추론, 학습 등 인간의 지적인 활동을 컴퓨터를 통하여 구현하고 분석하는 분야의 기술로 정의할 수 있다.

컴퓨터 시스템이 지능을 갖추었는지를 평가하는 기준으로 튜링 테스트가 유명하다. 튜링 테스트는 Alan Turing이 제안한 방법으로, 기계(컴퓨터)가 사람과 동등하거나 구별될 수 없는 지적인 행동을 하는지 테스트하는 방법을 제시하였다. 테스트 대상인 기계(컴퓨터) A와 사람 B가 가려진 채 독자적인 방에 위치하며, 사람인 평가자 C는 A와 B에게 같은 질문을 제시하여 그 답을 보고서 기계와 사람을 구별하는 방식으로 진행된다. 질문과 답은 문서로만 진행되어, 기계가 문장을 음성으로 표현하는 능력은 판단에 영향을 미치지 않도록 한다. 만약 평가자 C가 A와 B중 어느 쪽이 기계이고 어느 쪽이 사람인지 확신을 지니고 판단을 내리지 못하면, 기계는 튜링 테스트를 통과한 것이다. 이때, 기계나 사람이 평가자의 질문에 정답을 제시하는 것은 중요한 문제가 아니고, 기계와 사람이 얼마나 비슷하게 답하느냐가 중요하다. 한편, 철학자 John Searle는 튜링 테스트가 사람의 심적 사건에 대한 판단을 내리는 것은 아니라고 비평하였다.

역사적으로 인공지능은 규칙에 기반한 인공지능(Rule-based AI)과 연산지능(Computational Intelligence)으로 분리되어 발전하여 왔다. 규칙에 기반한 인공지능은 문제를 분석하고 해결하기 위한 규칙을 생성하고, 이를 컴퓨터 프로그램으로 구현하는 방식으로 Symbolic AI라고도 하며, 1950년대 중반부터 1990년대 중반까지 유행하였다. 대표적으로 전문가 시스템이 여기에 속한다. 그렇지만, 사람이 분석해낸 규칙에 위반하는 사례가 발생하면 대처를 하지 못하는 문제가 발생한다. 이러한 이유로 규칙에 기반한 인공지능은 쇠퇴하고 있다.

규칙에 기반한 인공지능에 대별되는 방식으로 연산지능이 발전하여 왔다. 연산지능은 용어 그 자체가 나타내듯이 연산을 기반으로 정보를 처리하여 인공지능을 실현하는 방식이다. 이는 1940년대에 신경회로망의 동작을 기반으로 연구가 시작되어 왔으며, 그 이후 통계적인 학습 방법과 통합되어 지속적인 발전을 이루어 왔다. 요즈음은 기계학습(Machine Learning)이라는 용어로 불린다. 기계학습은 예제(examples) -즉, 데이터-로부터 학습 알고리즘에 따라 학습을 하며, 학습되지 않은 데이터(시험 데이터)가 입력되면 학습한 내용을 기반으로 적절한 출력을 내어놓게 된다. 이 방식에서는 학습 데이터와 시험데이터가 중요하다. 즉, 데이터의 양과 질이 학습 성능을 좌우한다. 데이터는 4차 산업 혁명 시대의 자원 혹은 원유라고 불리울 정도로 데이터의 중요성이 강조되고 있다.

데이터를 기반으로 학습하여 인공지능을 구현하는 기계학습 분야는 2010년대 이후 급격하게 성장하고 있으며, 이제 인공지능과 기계학습을 거의 같은 개념으로 사용하고 있다. 이러한 변화는 반도체 및 정보통신망 기술의 발전에 따라 대량의 데이터 저장이 용이해지고 정보처리 속도 또한 향상되어 나타난 현상이다.

트랜지스터 발명 이후 반도체 기술의 향상은 집적회로(IC: Integrated Circuits)의 집적도를 크게 향상시켰으며, "2년마다 하나의 집적회로에 들어가는 트랜지스터의 수는 두 배로 증가 한다"는 무어의 법칙(Moore's Law)에 의해 설명되듯이 마이크로프로세서와 메모리의 성능을 크게 향상시켜 왔다. 이는 정보를 저장하고 처리하는 방식에 혁명을 일으키고 있다.

또한, 정보통신기기들이 인터넷을 통하여 연결됨으로써 정보의 수집이 간편하여졌으며 그에 따라 생성되고 저장되는 정보의 양도 1인당 45GB로 추산할 경우 70억 명의 인구 기준으로 315 Exabyte라는 막대한 양이 저장된다. 예를 들면, 이 세상에는 1조의 웹페이지가 있으며, 유튜브에는 매 초당 1시간 분량의 동영상이 올라오고, 월마트는 매시간 백만 개의 결재를 처리한다. 이러한 빅 데이터(Big Data)로부터 정보를 자동으로 추출하고 처리하는 방식을 제공하는 것이 기계학습(Machine Learning)이다. 기계학습은 데이터의 패턴 혹은 규칙성을 자동으로 찾아내며, 이를 기반으로 예측을 실행하고, 불확실성 가운데에서 의사결정을 수행한다.

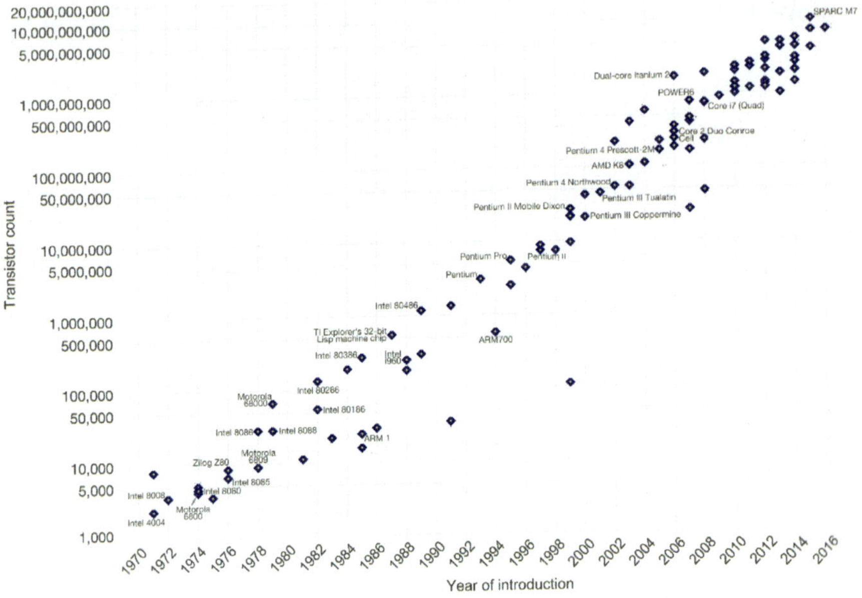

Data source: Wikipedia (https://en.wikipedia.org/wiki/Transistor_count)

그림 1.1. 무어의 법칙

1.2 인공지능(기계학습)의 역사적 배경

현재 기계학습이라고 불리어지는 인공지능 분야는 그 뿌리를 1940년대에서부터 찾을 수 있다. 기계에게 지능을 부여하고자 하는 인간의 열망으로 인간의 두뇌를 모방하여 정보를 처리하고자 하는 신경회로망 분야의 연구가 1940년대에 시작되었다. 인간의 두뇌는 수천억 개의 뉴런과 이 뉴런들을 수백 혹은 수천 개 연결시키는 시냅스로 구성되어 있으며, 이 뉴런들의 작용을 수학적으로 표현하고 이해하여, 이를 기반으로 인공적인 장치에 지능을 구현하고자 하는 연구가 있어 왔다. 이러한 연구들 중에 McCulloch와 Pitts의 인공뉴런 모델, Hebb의 학습 법칙, Resenblatt의 Perceptron 모델 제시 등을 대표적으로 들 수 있다.

그 이후, Minsky와 Papert가 Perceptron이 선형적으로 구분이 가능한 문제만을 해결할 수 있다는 한계를 지적한 이후 신경회로망 분야의 연구는 오랜 기간 침체기를 겪게 되면서

Kohonen, Grossberg, Anderson 등 소수만이 이 분야의 연구를 꾸준히 수행하였었다.

1980년대에 이르러 Hopfield가 Lyapunov 함수를 최소화 시키는 동적 상태 변경을 통해 연상 기억 기능을 지닌 Hopfield 모델을 제안하였으며, Rumelhart, Hinton, Williams는 MLP(Multi-Layer Perceptron)의 학습을 가능케 한 EBP(Error Back-Propagation) 알고리즘을 제시하면서 신경회로망의 부흥을 맞이하게 된다. 특히, Hornik은 전방향신경회로망이 충분한 중간층 노드를 지니면 어떤 연속 함수 이든지 임의의 정확도로 근사화 시킬 수 있음을 수학적으로 증명함으로써, 신경회로망의 연구가 더욱 더 활성화 되었으며 응용분야도 패턴인식, 제어, 통신, 금융, 음성인식 등으로 영역이 확대되었다. 이 후에 회귀신경회로망(Recurrent Neural Network), RBF(Radial Basis Function) 신경회로망, TDNN(Time Delay Neural Network), 피드백 구조 신경회로망 등으로 다양한 모델들이 개발되었다.

2000년대에는 ICA(Independent Component Analysis)에 의해 자연영상에서 시각피질의 V1 영역 세포의 특성을 찾아냄을 보여 관심을 끌면서 비교사 학습에 의한 신호처리연구도 활발해졌으며, NMF(Nonnegative Matrix Factorization) 및 FA(Factor Analysis)와 함께 잡음제거, 암묵신호분리(BSS: Blind Signal Separation), 생체신호처리, 데이터 압축 및 특징 추출 등의 연구를 활발히 일으켰다.

한편으로 1990년대에 주어진 데이터에서 결정론적인 알고리즘(Deterministic Algorithm)으로 최적의 분리 벡터(Separator)를 찾아내는 SVM(Support Vector Machine)이 제시되어 주목을 받았으며, Bayes 분류기 등 통계학적인 방법들도 연구되면서 이들이 신경회로망 분야와 함께 기계에 지능을 부여하는 목적을 달성하기 위한 분야로 분류되었다. 그리고, 이러한 연구들이 기존의 지식 구축을 통한 인공지능 분야와 구별되어 연산지능(Computational Intelligence)이라고 명명되었다가 최근에 기계학습(Machine Learning)이라는 분야를 이루게 되었다.

특히, 그 동안 어려움을 겪어왔던 심층신경회로망(Deep Neural Network)의 학습 방법이 2000년대에 Hinton이 제시한 RBM(Restricted Boltzmann Machine) 알고리즘에 의해 가능하게 됨으로써 실질적 문제의 해결 능력이 크게 향상되었다.

2000년대 이후에는 산업적 연구도 활발히 진행되기 시작하였다. 2005년 DARPA Grand Challenge 무인자동차 경주대회, 2007년 Urban Challenge, 2010년 Google Car 발표, 2010년

Robotics Challenge 등이 이어지면서 Robotics 분야에서 기계학습의 산업화를 촉발하였다. 또한, 2011년의 Apple Siri 발표와 IBM Watson 퀴즈머신은 인공지능의 산업화에 대한 관심을 불러일으켰다.

2011년 심층 신경망 기술이 음성인식 분야에서 SVM 보다 뛰어난 성능을 보였으며 2012년 ImageNet 데이터 기반 물체인식 대회에서 압도적 성능으로 우승하였다. 2014년 DeepFace 기술은 인간 수준의 얼굴인식 성능을 보고하였다. 특히, 2016년 Google DeepMind가 개발한 AlphaGo는 이세돌과의 세기적 바둑대결에서 단 1패만을 허용하며 승리를 거두어 일반인들에게 기계학습의 능력을 체감토록 하였다. 또한, 인공지능 스피커가 여러 제조사에서 개발 판매되어 실생활 곁에서 기계학습에 기반한 인공지능 기술을 체감하고 있다. 2020년에 발표된 Open AI의 GPT-3는 딥러닝으로 사람이 만든 문장과 구별될 수 없을 수준의 문장을 만들어 내며, 2022년에 발표된 DALL-E-2는 자연어로 표현된 내용을 그림으로 그려준다. 이제는 기계학습이 인공지능의 핵심 알고리즘으로 자리 잡게 되었으며, 그 응용영역이 자연어 처리, 감정인식 등 인간에 보다 더 친화적인 영역까지 확대되었다.

기계학습 분야의 성장은 NIPS(Neural Information Processing Systems) 학술대회의 참가인원에서 극명하게 드러난다. NIPS 학술대회는 기계학습 분야의 대표적인 국제학술대회로써 논문 채택률이 20%대이며, 학술대회 기간에 튜토리얼과 워크샵이 같이 진행된다. 2015년에 통계된 지난 14년간의 자료를 보면, 14년 전에 학술대회 참가자는 700명 수준이었지만 2015년에는 3200명 수준으로 크게 증가하였으며, 특히 튜토리얼 참가자는 2014년에 비해 두 배로 증가하여 학계와 산업계의 관심이 폭증함을 여실히 보여준다.

이러한 발전 역사의 주요 사건들을 크게 잠재기(1940~1980), 태동기(1980~1995), 성장기(1995~2010), 도약기(2010~)로 나누어 표1.1에 정리하였다.

1.3 학습 알고리즘 분류와 응용 사례

기계학습의 알고리즘은 크게 교사학습(Supervised Learning), 비교사학습(Unsupervised Learning), 그리고 강화학습(Reinforcement Learning)으로 구분할 수 있다. 교사학습은 학습패턴이 입력과 원하는 출력 쌍을 이루어 $D=\{(x_i,y_i)\}_{i=1}^{N}$로 주어지면, 입력 x_i에서 출력 y_i로 보내는 함수를 학습한다. x_i는 입력 성분 혹은 특징에 해당한다. y_i가 부류(Class)의 정보를 지닌 경우에 교사학습은 패턴인식(Pattern Recognition) 혹은 분류(Classification)의 기능을 수행한다. y_i가 실수에 해당하면 교사학습은 회귀(Regression)의 기능을 수행한다.

교사학습은 입력 x_i에 대하여 원하는 출력 y_i를 알고 있으므로, 기계학습 모델의 출력과 원하는 출력 사이의 거리를 측정하는 오차함수를 정의하고, 그 오차함수가 최소가 되도록 파라미터를 조정하는 방식으로 진행된다. 대표적인 학습방법은 오차함수에 대한 미분을 구하고, 미분이 감소하는 방향으로 파라미터를 조정하는 경사 강하법(Gradient Descent)이다.

한편, 학습패턴을 수집할 때 각 입력 x_i에 대한 출력 표시(Label) y_i를 매기는 과정은 많은 비용을 동반한다. 따라서, 처음에는 $y_1, y_2, \ldots, y_N$은 숨겨진 상태에서 정상적인 교사학습보다 작은 수의 출력 표시 y_i만을 지능적으로 활용하여 학습하는 방법을 능동학습(Active Learning)이라고 한다. 또한, 소수의 출력 표시 데이터(Labelled Data)와 다수의 출력 표시 없는 데이터(Unlabelled Data)를 사용하여 학습하는 방법을 준교사학습(Semi-Supervised Learning)이라고 한다.

교사학습의 응용은 다음과 같다.

- 문서 분류
- 스팸 이메일 필터링
- 꽃 분류
- 영상 인식
- 필기체 문자 인식
- 얼굴 인식
- 주식시장 예측

- 유튜브 동영상 시청 사용자 연령 예측
- 3차원 공간에서 로봇 팔의 위치 예측
- 빌딩 내부의 온도 예측
- 심장마비 환자의 재발생 예측
- 당뇨병 환자의 포도당 수치 예측
- 전립선암 환자의 위험도 예측
- 신용카드 결재 승인의 위험도 예측
- 음성 인식

비교사학습은 학습패턴 $D=\{x_i\}_{i=1}^{N}$로부터 데이터의 특징패턴을 찾아내며, 간혹 지식의 발견(Knowledge Discovery)이라고 불리기도 한다. 어떤 형태의 패턴을 찾아내는지 혹은 입력 x_i에 대한 목표 출력은 정해지지 않았기 때문에 명확하게 정의된 문제는 아니다. 단지, 입력에 대하여 출력되는 데이터의 성질 혹은 특성을 정하고, 그러한 특성을 지닌 출력이 나타나도록 비교사학습 모델의 파라미터를 조정한다. 대표적인 모델은 출력이 서로 확률적으로 독립이 되도록 하는 독립성분분석 방법과 클러스터링이다.

비교사학습의 응용은 다음과 같다.

- 천문학에서 새로운 별의 발견
- e-Commerce에서 사용자를 구매내역 혹은 웹 서핑 내용에 따라 그룹으로 나누어 광고를 발송
- 생물학에서 새로운 세포의 밀도 발견
- 유전자 데이터의 해석
- 자연어 처리에서 문서 추출
- 암묵신호분리
- 움직임 포착 데이터의 저차원 프로젝션을 통한 에니메이션 제작
- 통신망 최적화를 위한 통화 패턴 분석

강화학습은 주어진 환경에서 보상 혹은 벌점 신호에 대하여 어떻게 반응할 지를 스스로 학습하는 알고리즘이다.

강화학습의 응용은 다음과 같다.

- 헬리곱터 비행
- 게임 실행
- 로봇 자율 주행

기계학습은 데이터로부터 학습을 하는 방식이기에 데이터의 수가 충분하여야 한다. 따라서, 기계학습에 의해 데이터를 생성하는 부분에 대한 연구 역시 활발히 진행되고 있으며 대표적인 모델이 생성대립 회로망(GAN: Generative Adversarial Network)이다. 이 방법은 교사학습에 의한 판별 모델과 비교사학습에 의한 생성모델로 이루어져 있다. 응용 분야는 영상, 음성, 자연어처리 등 기계학습과 관련된 전 분야에 걸쳐있다.

한편, 인공지능을 기반으로 활용되는 사례들은 학문적으로 음성신호처리, 음성인식, 자연어처리, 영상신호처리, 패턴인식, 로보틱스 등으로 분류할 수 있다. 기업체들은 이 기술들을 복합적으로 활용하여 시장이 원하는 서비스들을 상품화하여 내어놓고 있다. 대표적인 사례들을 나열하면, 인공비서, 가상인간, 의료 인공지능, 교육분야의 인공지능 활용, 자율주행, 스마트 홈, 스마트 그리드, 스마트 공장, 스마트 농장, 법률분야 인공지능 활용, 예술분야 인공지능 활용, 휴머노이드 로봇 등이다. 사람이 다루는 영역 전반으로 인공지능 활용 영역이 넓혀지고 있음을 알 수 있다.

이 책에서는 교사학습과 비교사학습의 대표적인 모델 위주로 설명하며 생성대립 회로망도 다루고자 한다.

표 1.1. 기계학습의 역사적 주요 사건

잠재기 (1940~1980)	
1943	McClloch & Pitts Neuron Model
1949	Hebbian Learning (Hebb)
1958	Perceptron (Rosenblatt)
1960	Delta Rule (Widrow & Hoff)
1967	Outstar Learning (Grossberg)
1969	Perceptron Book (Minsky & Papert)
1972	Associative Memory Neural Nets (Kohonen)
1973	Pattern Classification and Scene Analysis (Duda & Hart)
1977	Associative Memory Nets (Anderson)
1980	Neocognitron (Fukushima)
태동기 (1980~1995)	
1981	Parallel Models of Associative Memory (Hinton & Anderson)
1982	Self-Organizing Maps (Kohonen)
1982	Hopfield Neural Networks (Hopfield)
1983	Boltzmann Machine (Hinton & Sejnowski)
1985	Adaptive Resonance Theory (Carpenter & Grossberg)
1986	Error Back-Propagation Algorithm (Rumelhart, Hinton, &Williams)
1988	Bayesian Networks (Lauritzen, Spiegelhalter, & Pearl)
1992	Support Vector Machines (Boser, Guyon, & Vapnik)
1995	Statistical Learning Theory (Vapnik)
성장기 (1995~2010)	
1997	Independent Component Analysis (Bell & Sejnowski)
1998	Natural Gradient (Amari)
1998	Reinforcement Learning (Sutton & Barto)
1999	Learning in Graphical Model (Jordan)
1999	Kernel Machines (Schoelkopf & Smola)
2003	Boosting Algorithms (Freund & Shapire)
2005	DARPA Grand Challenge
2006	Restricted Boltzmann Machine/Deep Learning (Hinton & Salakutdinov)
2009	Probabilistic Graphical Models (Koller & Friedman)

도약기 (2010~현재)	
2010	Google Car
2011	IBM Watson AI
2011	Apple Siri Personal Assistant
2012	AlexNet
2013	Allen Institute for Artificial Intelligence
2013	Facebook AI Research
2014	Baidu Deep Learning Institute
2014	Amazon Echo & Alexa
2014	Generative Adversial Networks (Goodfellow et al.)
2015	DARPA Robotics Challenge
2016	Google DeepMind AlphaGo
2016	Apple AI Lab
2016	Google Home & Assistant
2020	Open AI: GPT-3
2022	Open AI: DALL-E-2
2022	Diffusion Model
2022	Open AI: ChatGPT

참고문헌

1. McCulloch, W. S.; Pitts, W. (1943). "A Logical Calcus of the Ideas Imminent in Nervous Activity," Bulletin of Mathematical Biophysics, 5, 115-133, 1943.
2. Hebb, D.O. (1949). The Organization of Behavior. New York: Wiley & Sons.
3. Rosenblatt, Frank (1957). The Perceptron--a perceiving and recognizing automaton. Report 85-460-1, Cornell Aeronautical Laboratory.
4. Kohonen, Teuvo (1982). "Self-Organized Formation of Topologically Correct Feature Maps". Biological Cybernetics. 43 (1): 59–69. doi:10.1007/bf00337288.
5. Hopfield, J. J. (1982). "Neural networks and physical systems with emergent

collective computational abilities", Proceedings of the National Academy of Sciences of the USA, vol. 79 no. 8 pp. 2554–2558, April 1982.

6. Rumelhart, David E., Geoffrey E. Hinton, and R. J. Williams. "Learning Internal Representations by Error Propagation". David E. Rumelhart, James L. McClelland, and the PDP research group. (editors), Parallel distributed processing: Explorations in the microstructure of cognition, Volume 1: Foundation. MIT Press, 1986.

7. Hornik, K. (1991) "Approximation Capabilities of Multilayer Feedforward Networks", Neural Networks, 4(2), 251–257. doi:10.1016/0893-6080(91)90009-T

8. Bell, AJ; Sejnowski, TJ (1997). "The independent components of natural scenes are edge filters". Vision Research. 37 (23): 3327–3338. doi:10.1016/s0042-6989(97)00121-1. PMC 2882863 Freely accessible. PMID 9425547.

9. Daniel D. Lee & H. Sebastian Seung (1999). "Learning the parts of objects by non-negative matrix factorization". Nature. 401 (6755): 788–791.

10. Cortes, C.; Vapnik, V. (1995). "Support-vector networks". Machine Learning. 20 (3): 273–297. doi:10.1007/BF00994018.

11. Hinton, G. E.; Salakhutdinov, R. R. (2006). "Reducing the Dimensionality of Data with Neural Networks". Science. 313 (5786): 504–507.

연습문제

1.1. Google DeepMind에서 개발하여 발표한 AlphaGo Zero는 어떠한 학습 모델을 사용하여 바둑을 학습하도록 설계하였나?

1.2. 연상기억모델을 위하여 개발된 신경회로망은 무엇인가?

1.3. 교사학습에 대하여 설명하라.

1.4. 대표적인 교사학습 모델을 나열하여 보라.

1.5. 능동학습(Active Learning)과 준교사학습(Semi-Supervised Learning)은 무엇이며 왜 필요한가?

1.6. 비교사학습에 대하여 설명하라.

1.7. 대표적인 비교사학습 모델을 나열하여 보라.

1.8. 강화학습에 대하여 설명하라.

제 2 장

k-최근접 이웃 알고리즘

k-NN: k-Nearest Neighbor Algorithm

2.1 *k*-NN 알고리즘의 개요

그림 2.1과 같은 필기체 숫자를 인식하는 알고리즘을 어떻게 구현할 수 있을까? 다양한 숫자 영상을 해당 숫자 정보와 함께 저장해두고, 새로운 입력 영상이 들어오면 저장되어 있는 영상과 비교해서 가장 가까운 영상의 숫자정보를 출력하는 방식을 생각할 수 있을 것이다. 즉, 입력과 가장 가까운 이웃을 찾는 알고리즘을 구현하면 된다.

이를 다음과 같이 정리할 수 있다. 모든 수집된 입력 x_i는 클래스 정보 C_i와 함께 쌍을 이루어 N개의 학습패턴 $D=\{(x_i, C_i)\}_{i=1}^{N}$으로 저장되어 있다. 새로운 입력 x^*가 주어지면 우리는 새로운 입력에 해당하는 클래스 정보 $C(x^*)$를 찾아내고자 한다. 이때, 저장되어 있는 학습패턴 중에서 x^*에 가장 가까운 x_i를 k개 찾아내어 그들의 C_i를 이용하여 $C(x^*)$를 찾아내는 방식이 *k*-NN(k-Nearest Neighbor) 알고리즘이다. 여기서, k는 패턴의 수를 뜻하며, 여러 가지의 값을 사용할 수가 있다.

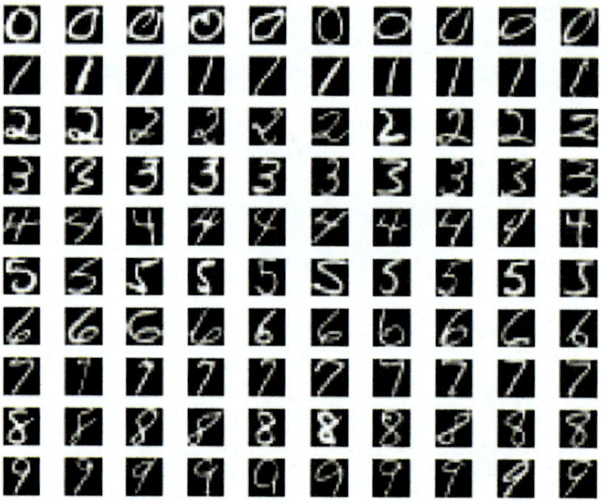

그림 2.1. 필기체 숫자 영상

그림 2.2는 두 부류 문제(Two-Class Problem)에서 k의 값에 따라 *k*-NN 알고리즘의 결과가 어떻게 달라지는 지를 보여주고 있다. 두 부류로 나누어진 패턴들이 2차원 공간에 위치하는 경우, 새로운 입력(○?)이 주어지면 이를 어느 부류에 속한다고 판정할 것인가? k가 3인 경우 입력

(○?)에 가장 가까운 패턴 3개를 찾아내어 이들의 부류 정보를 근거로 삼각형으로 판정할 것이다. k가 5인 경우에는 마찬가지 방식을 적용하면 사각형으로 판정을 할 수 있다.

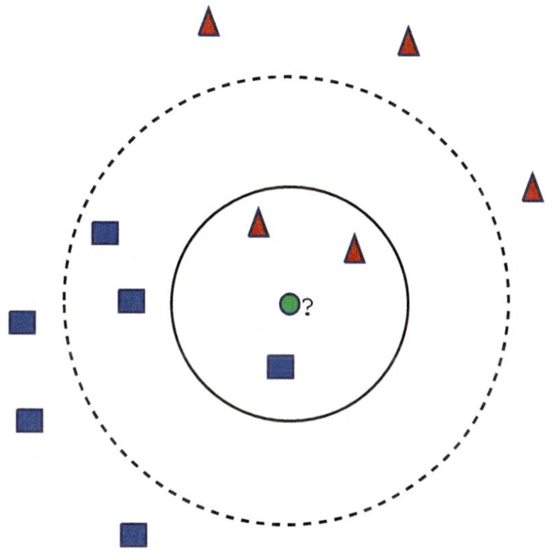

그림 2.2. k-NN 알고리즘에 의한 부류 판별

2.2 k-NN 알고리즘에 의한 분류

분류(Classification) 문제란 N개의 학습패턴 $D=\{(\boldsymbol{x}_i, C_i)\}_{i=1}^{N}$을 입력 $\boldsymbol{x}_i$와 클래스 정보 C_i의 쌍을 이루는 형태로 저장하고 있는 경우, 새로운 입력 $\boldsymbol{x}^*$가 주어지면 이에 해당하는 클래스 정보 $C(\boldsymbol{x}^*)$를 찾아내는 것이다. 분류 문제의 기계학습 방법 중에서 가장 간단한 방법이 k-NN 알고리즘이며, 파라미터를 변경시키는 다른 기계학습 알고리즘과 달리 k-NN 알고리즘은 예제에 기반한 학습 방법(Instance-Based Learning)이다. 즉, 저장하고 있는 예제들 $D=\{(\boldsymbol{x}_i, C_i)\}_{i=1}^{N}$에서 새로운 입력 $\boldsymbol{x}^*$과 가장 가까운 예제를 찾아내어, 그 정보를 기반으로 클래스 정보 $C(\boldsymbol{x}^*)$를 찾아준다. 이때, 입력 $\boldsymbol{x}^*$과 저장하고 있는 학습패턴 $\boldsymbol{x}$ 사이의 거리를 측정하는 기준이 필요하다. 입력이 연속적인 값인 경우에는 대개 유클리디안 거리(Euclidean Distance)를 사용하며, 입력이 이산적인 값이면 해밍 거리(Hamming Distance)를 사용한다.

참조 두 벡터 $\boldsymbol{x}^*$과 $\boldsymbol{x}$ 사이의 Euclidean Distance는

$$D(\boldsymbol{x}^*, \boldsymbol{x}) = \left(\sum_i (x^*{}_i - x_i)^2\right)^{1/2} \tag{2.2.1}$$

와 같이 정의된다. Mahalanobis Distance는 벡터의 공분산 행렬 (Covariance Matrix) $\boldsymbol{S}$를 고려하여

$$D(\boldsymbol{x}^*, \boldsymbol{x}) = \left((\boldsymbol{x}^* - \boldsymbol{x})^T \boldsymbol{S}^{-1} (\boldsymbol{x}^* - \boldsymbol{x})\right)^{1/2} \tag{2.2.2}$$

로 정의되며, $\boldsymbol{S} = \boldsymbol{I}$이면 Mahalanobis Distance는 Euclidean Distance와 같다. 만약, $\boldsymbol{S}$가 대각행렬이면

$$D(\boldsymbol{x}^*, \boldsymbol{x}) = \left(\sum_i \frac{(x^*{}_i - x_i)^2}{s_i^2}\right)^{1/2} \tag{2.2.3}$$

이 되며, 이를 Normalized Euclidean Distance라고 한다. 여기서, s_i는 표준편차이다. 두 벡터 $\boldsymbol{x}^*$과 $\boldsymbol{x}$의 요소가 이진수일 경우 Hamming Distance는 다른 비트 수의 합으로 정의된다. 예를 들면, $\boldsymbol{x}^* = [11001]$이고 $\boldsymbol{x} = [10101]$이면 Hamming Distance는 2이다.

참조 **역행렬**

$\boldsymbol{W} = (w_{ij})$를 역행렬을 구할 수 있는 $n \times n$ 차원이라고 하자. 그러면,

$$\boldsymbol{W}^{-1} = \frac{1}{\det \boldsymbol{W}} adj(\boldsymbol{W}) \tag{2.2.4}$$

이 된다. 여기서, $\det \boldsymbol{W}$는 행렬식을 나타내며, $adj(\boldsymbol{W})$는 수반행렬(Adjoint)이다. 수반행렬은

$$adj(\boldsymbol{W}) = \begin{pmatrix} W_{11} \cdots W_{n1} \\ \cdot \qquad \cdot \\ \cdot \qquad \cdot \\ W_{1n} \cdots W_{nn} \end{pmatrix} \tag{2.2.5}$$

이며, 여기서 W_{ij}는 여인수(Cofactor)이다. 이는 행렬 $\boldsymbol{W}$에서 i번째 열과 j번째 행을 제외한 나머지 $(n-1)\times(n-1)$ 행렬식을 취한 후 $(-1)^{i+j}$를 곱하여 얻어진다. 행렬식은 여인수의 함수로

$$\det \boldsymbol{W} = \sum_{k=1}^{n} w_{ik} W_{ik} \tag{2.2.6}$$

와 같이 표현된다.

새로운 입력 x^*과 가장 가까운 학습패턴 k개를 찾은 경우, 분류 문제는 k개에 의한 다수 투표(Majority Voting)에 의해 $C(x^*)$를 결정한다. 만약 $k=1$이면 가장 가까운 이웃에 의한 결정을 한다. 다수 투표에 의한 결정은 클래스의 분포가 치우쳐있는 경우에는 클래스의 다수를 차지하는 쪽으로 결정이 기우는 단점을 드러낸다. 이 경우에는, x^*과 k개의 이웃 정보 간의 거리 d를 고려하여 투표에 가중치를 적용할 수 있다. 즉, 가까운 이웃은 많은 투표를 행사하고 먼 이웃은 적은 투표를 행사하도록 투표에 가중치 $1/d$을 적용하면 된다.

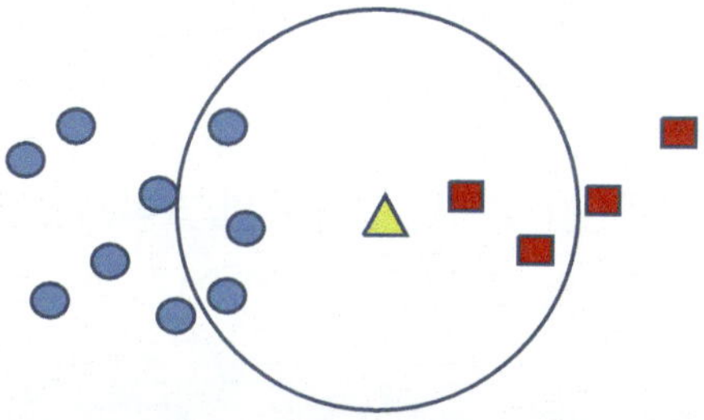

그림 2.3. 치우친 클래스 정보

예제 2.2-1

다음 그림과 같이 두 클래스(사각형 혹은 원)에 속하는 데이터가 2차원 공간에 분포하고 있는 경우, 입력이 삼각형으로 주어지면 k-NN에서 k=5로 두고서 이 삼각형은 사각형과 원 중 어느 클래스에 속하는지 구하라? 투표에 거리에 반비례하는 가중치를 적용한 경우와 다수 투표만을 적용한 경우의 결과를 비교하여 보아라.

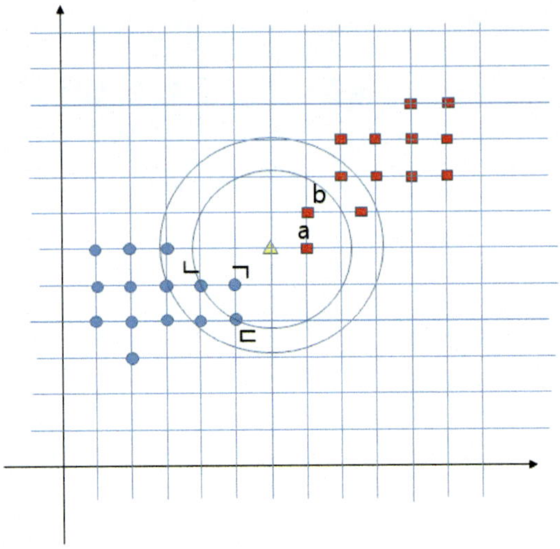

풀이

가장 가까이에 위치한 5개는 a, b, ㄱ, ㄴ, ㄷ 지점이다. 이 거리를 각각 구하면 사각형 클래스에 속하는 두 지점은

$$d_a = 1, \ d_b = \sqrt{2}$$

이고, 원 클래스에 속하는 3지점은

$$d_ㄱ = \sqrt{2}, \ d_ㄴ = \sqrt{5}, \ d_ㄷ = \sqrt{5}$$

이다. 다수투표를 하면 원 클래스가 결과로 얻게 되며, 투표에 가중치 $1/d$을 적용하면 사각형 클래스는 $1+1/\sqrt{2}$ 표이고, 원 클래스는 $1/\sqrt{2}+1/\sqrt{5}+1/\sqrt{5}$ 표이므로 사각형 클래스를 결과로 얻게 된다.

2.3 *k*-NN 알고리즘에 의한 회귀

회귀(Regression) 문제란 N개의 학습패턴 $D=\{(\boldsymbol{x}_i, y_i)\}_{i=1}^{N}$을 입력 $\boldsymbol{x}_i$와 성질을 나타내는 값 y_i의 쌍을 이루는 형태로 저장하고 있는 경우, 새로운 입력 $\boldsymbol{x}^*$가 주어지면 이에 해당하는 출력

값 $y(\boldsymbol{x}^*)$를 찾아내는 것이다. 이 회귀 문제는 저장하고 있는 예제들 $D=\{(\boldsymbol{x}_i, y_i)\}_{i=1}^{N}$에서 새로운 입력 $\boldsymbol{x}^*$과 가장 가까운 예제를 찾아내어, 그 정보를 기반으로 출력 값 $y(\boldsymbol{x}^*)$를 찾아준다. 새로운 입력 $\boldsymbol{x}^*$과 가장 가까운 학습패턴 k개를 찾은 경우, 회귀 문제는 k개에 의한 값 y_i들의 평균으로 $y(\boldsymbol{x}^*)$를 결정한다. 이 경우에도 분류 문제에서와 마찬가지로 $\boldsymbol{x}^*$과 k개의 이웃 정보 간의 거리 d를 고려하여 가중 평균을 적용할 수 있다. 즉, 가까운 이웃은 큰 가중치를 적용하고 먼 이웃은 적은 가중치를 행사하도록 가중치 $1/d$을 적용하면 된다.

예제 2.3-1

k-NN으로 회귀 문제를 해결하고자 한다. k=3로 두고서 새로운 입력에 가장 가까운 세 벡터에 해당하는 출력 값이 y_1, y_2, y_3이고 이들의 거리는 각각 d_1, d_2, d_3이다. 평균에 의해 출력을 구하는 경우와 거리에 반비례하는 가중치를 적용한 경우(가중치 평균)의 출력 값 계산을 하여라. 그리고, 가중치 평균의 적용 시 가중치의 합은 1이 됨을 증명하여라.

풀이

먼저, 단순 평균에 의한 출력 계산은 $y=(y_1+y_2+y_3)/3$이 된다. 거리에 반비례하는 가중치를 적용시키기 위하여 먼저 $1/d_1+1/d_2+1/d_3=1/D$를 얻어내고, 이를 가중치 평균에 적용하여 $y=\frac{D}{d_1}y_1+\frac{D}{d_2}y_2+\frac{D}{d_3}y_3$를 계산한다.

위와 같이 가중치 평균을 적용하면 가중치의 합은 $\frac{D}{d_1}+\frac{D}{d_2}+\frac{D}{d_3}=D\left(\frac{1}{d_1}+\frac{1}{d_2}+\frac{1}{d_3}\right)=1$이다.

2.4 파라미터의 선정

k-NN 알고리즘에서 최적의 k 선정은 데이터에 의해 좌우되는데, 일반적으로 k값을 크게 사용하면 잡음에 의한 영향을 줄일 수 있지만, 분류의 클래스 영역은 구별성이 저하된다. 두 부류 분류(Two-Class Classification) 문제에서는 k를 홀수로 사용하여 동수의 투표가 이루어지는 것을 막는 방법을 취한다. k-NN 알고리즘은 잡음에 의해서도 성능이 아주 많이 저하되고, 또한 입력

된 특징이 목적(분류 혹은 회귀)과 무관하거나 혹은 특징의 중요도와 변동 폭 사이에 일관성이 없을 경우에도 심각한 성능저하가 일어난다. 이 경우 특징의 변동 폭은 상호정보(Mutual Information)를 이용하여 조절하면 성능을 향상시킬 수 있다.

입력데이터 x의 차원이 아주 큰 경우에는 필요 이상의 정보를 지니게 된다. 이 경우 특징 추출(Feature Extraction) 혹은 차원 축소(Dimension Reduction)에 의해 입력 정보가 더 유용해지도록 하는 과정을 거친다. 특징추출은 입력 데이터로 부터 분류 혹은 회귀 목적과 관련된 특징을 추출하는 과정이다. 차원축소는 고차원 데이터로부터 정보는 최대한 간직하면서 차원을 축소하는 과정으로 PCA(Principal Componant Analysis), LDA(Linear Discriminant Analysis) 등의 방법이 주로 사용된다.

k-NN 알고리즘

① 학습패턴 $D=\{(x_i,y_i)\}_{i=1}^{N}$를 저장한다.
② 새로운 입력 x^*이 주어지면 입력과 학습패턴 사이의 거리 d를 계산한다.
③ 거리가 가장 가까운 이웃 k개를 선정한다.

$$(x_1,y_1),(x_2,y_2),(x_3,y_3),....,(x_k,y_k)$$

④ 분류의 문제이면 다수투표를 수행하고, 회귀의 문제이면 평균을 수행한다.
⑤ 다수 투표 혹은 평균의 과정에 가중치를 거리의 역수 $1/d$로 적용할 수 있다.

참고문헌

1. Altman, N. S. (1992). “An introduction to kernel and nearest-neighbor nonparametric regression”. The American Statistician. 46 (3): 175–185. doi:10.1080/00031305.1992.10475879.

2. D. Coomans; D.L. Massart (1982). “Alternative k-nearest neighbour rules in supervised pattern recognition : Part 1. k-Nearest neighbour classification by using alternative voting rules”. Analytica Chimica Acta. 136: 15–27. doi:10.1016/

S0003-2670(01)95359-0.

3. Everitt, B. S., Landau, S., Leese, M. and Stahl, D. (2011) Miscellaneous Clustering Methods, in Cluster Analysis, 5th Edition, John Wiley & Sons, Ltd, Chichester, UK.

4. Nigsch F, Bender A, van Buuren B, Tissen J, Nigsch E, Mitchell JB (2006). "Melting point prediction employing k-nearest neighbor algorithms and genetic parameter optimization". Journal of Chemical Information and Modeling. 46 (6): 2412–2422. doi:10.1021/ci060149f. PMID 17125183.

5. Hall P, Park BU, Samworth RJ (2008). "Choice of neighbor order in nearest-neighbor classification". Annals of Statistics. 36 (5): 2135–2152. doi:10.1214/07-AOS537.

6. Stone C. J. (1977). "Consistent nonparametric regression". Annals of Statistics. 5 (4): 595–620. doi:10.1214/aos/1176343886.

7. Samworth R. J. (2012). "Optimal weighted nearest neighbour classifiers". Annals of Statistics. 40 (5): 2733–2763. doi:10.1214/12-AOS1049.

연습문제

2.1. 두 벡터 x^*과 x 사이의 Mahalanobis Distance가 공분산행렬 S를 고려하여 $D(x^*, x) = ((x^* - x)^T S^{-1} (x^* - x))^{1/2}$로 주어졌다. 이때, $S = I$이면 Mahalanobis Distance는 어떻게 되나?

2.2. 위 문제에서 벡터들은 3차원이고 $S = \begin{bmatrix} s_1^2 & 0 & 0 \\ 0 & s_2^2 & 0 \\ 0 & 0 & s_3^2 \end{bmatrix}$이면 Mahalanobis Distance는 어떻게 되나?

2.3. 3차원 벡터 $x^* = [1\ \ 3\ \ 9]^T$이고 $x = [-3\ \ 3\ \ -5]^T$이다. 이 두 벡터의 Euclidean Distance를 계산하라.

2.4. 7차원 벡터 $x^* = [1\ \ 0\ \ 1\ \ 0\ \ 0\ \ 0\ \ 1]^T$이고 $x = [0\ \ 0\ \ 1\ \ 1\ \ 0\ \ 0\ \ 1]^T$이다. 이 두 벡터의 Euclidean Distance와 Hamming Distance를 계산하라.

2.5. k-NN 분류기에서 k를 홀수로 사용하는 이유는 무엇인가?

2.6. 그림과 같이 두 클래스에 속하는 데이터가 2차원 공간에 원과 사각형으로 표시되어 있다. 이때, 삼각형이 입력되어 k-NN 분류기에 의해 삼각형 입력이 어느 클래스에 속하는 지 판별하고자 한다. k가 3과 7일 경우에 k-NN 분류기의 다수투표결과는 어떻게 되나? 그리고, 이 판정을 내릴 때 거리의 역수를 가중치로 사용한 경우는 그 판정 결과가 어떻게 되나?

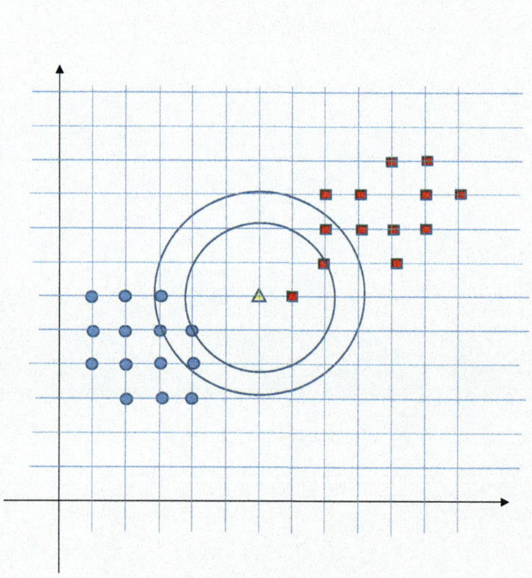

그림 [문제 2.6]

제 3 장

선형판별 분석

LDA: Linear Discriminant Analysis

3.1 선형판별분석(LDA: Linear Discriminant Analysis)의 개요

선형판별분석(LDA: Linear Discriminant Analysis)은 주어진 데이터를 구분하고자 하는 클래스(class)로 분리되도록 투영(projection)하는 기저벡터(basis vector)를 찾아내는 방법이다. 예를 들어 아래 그림은 두 개의 클래스를 이루는 데이터가 이차원 공간상에 존재하고, 3가지 방향(수평방향, 수직방향, 대각선 방향)의 투영에 의한 결과를 히스토그램으로 보여주고 있다. 이 경우, 어떤 형태의 투영이 클래스를 잘 구분하는 투영이라고 할 수 있나?

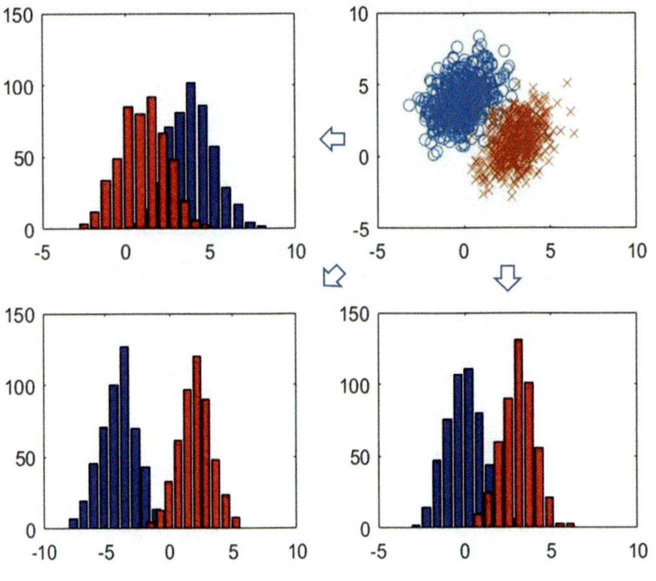

그림 3.1. 데이터에 대한 투영 결과

당연히 대각선 방향 투영을 택할 것이다. 이러한 투영에 대하여 Fisher가 제시한 기준은 다음과 같다.

1) 투영 후 각 클래스별 평균 간의 거리는 최대가 되어야 한다.
2) 투영 후 각 클래스 내부의 분산은 최소가 되어, 클래스 간 겹침이 최소가 되도록 한다.

Fisher의 기준을 수학적으로 표시하고, 그 기준에 따라 기저벡터를 유도하면 LDA과정을 수행한 결과를 얻게 된다.

3.2 기저벡터에 의한 투영

(x_1, x_2)로 이루어진 2차원 공간상의 점 $A=(a_1,a_2)^T$가 있다 하자. 그러면 수평 축의 기저벡터 $X_1=(1,0)^T$에 의해 점 A를 투영한 결과는

$$X_1^T A = (1,0)\begin{pmatrix} a_1 \\ a_2 \end{pmatrix} = a_1 \tag{3.2.1}$$

과 같이 주어진다. 마찬가지로 수직 축의 기저벡터 $X_2=(0,1)^T$에 의해 점 A를 투영한 결과는

$$X_2^T A = (0,1)\begin{pmatrix} a_1 \\ a_2 \end{pmatrix} = a_2 \tag{3.2.2}$$

이다. 만약 임의의 벡터 $\boldsymbol{w}=(w_1,w_2)^T$에 의해 점 A를 투영한다고 하면 그 결과 역시

$$\boldsymbol{w}^{\boldsymbol{T}} A = (w_1,w_2)\begin{pmatrix} a_1 \\ a_2 \end{pmatrix} = w_1 a_1 + w_2 a_2 \tag{3.2.3}$$

로 주어진다.

참조 T(transpose)는 행렬 혹은 벡터에서 행과 열의 위치를 교환하는 이항 연산자이다. 즉,

$$(a_1,a_2)^T = \begin{pmatrix} a_1 \\ a_2 \end{pmatrix} \tag{3.2.4}$$

이고

$$\begin{pmatrix} a_{11} & a_{12} \\ a_{21} & a_{22} \end{pmatrix}^T = \begin{pmatrix} a_{11} & a_{21} \\ a_{12} & a_{22} \end{pmatrix} \tag{3.2.5}$$

이다. 또한 행렬 A와 B의 곱에 대하여 이항 연산자 T를 적용하면

$$(AB)^T = B^T A^T \tag{3.2.6}$$

이 된다.

3.3 선형판별분석의 유도

선형판별분석(LDA: Linear Discriminant Analysis)은 주어진 데이터를 구분하고자 하는 클래스(class)로 분리되도록 투영(projection)하는 기저벡터(basis vector)를 찾아준다. 이를 위하여 Fisher의 기준을 수학적으로 표현하고 그 기준이 최대가 되는 기저벡터를 유도하고자 한다.

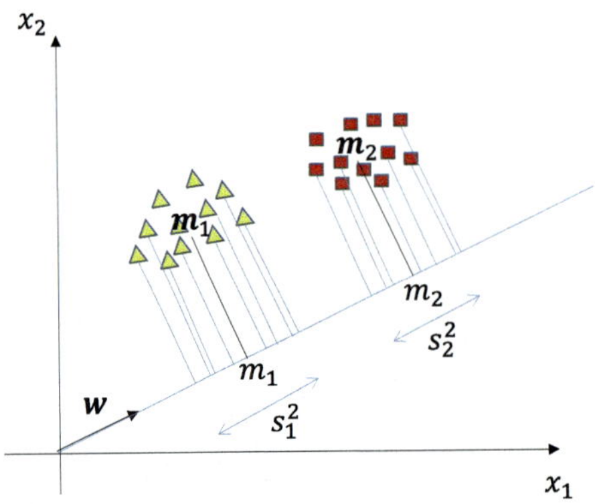

그림 3.2. 데이터의 투영

그림 3.2는 (x_1, x_2)로 이루어진 2차원 공간상의 점들이 △ (클래스 1)와 □ (클래스 2)로 이루어져 있는 경우 기저벡터 $\boldsymbol{w} = (w_1, w_2)^T$에 의해 투영된 결과를 나타내고 있다. $\boldsymbol{m}_1$은 클래스 1의 평균을 나타내고 $\boldsymbol{m}_2$는 클래스 2의 평균을 나타내며, m_1과 m_2는 $\boldsymbol{w}$에 의해 투영된 이후의 각 클래스 내에서 평균을 나타낸다. 또한, s_1^2과 s_2^2은 투영된 이후 각 클래스 내에서의 분산을 나타낸다. 그러면 Fisher의 기준은

$$J(\boldsymbol{w}) = \frac{(m_1 - m_2)^2}{s_1^2 + s_2^2} \tag{3.3.1}$$

을 최대화 시키는 $\boldsymbol{w}$를 구하는 것이다. 이 수식에서 분자는 Fisher의 첫 번째 기준을 표현한 것이며 분모는 두 번째 기준에 해당된다.

정의에 의해 m_1은

$$m_1 = \frac{\sum_{i \in C_1} \boldsymbol{w}^T \boldsymbol{x}^i}{N_1} = \frac{\sum_t \boldsymbol{w}^T \boldsymbol{x}^t r^t}{\sum_t r^t} = \boldsymbol{w}^T \frac{\sum_t \boldsymbol{x}^t r^t}{\sum_t r^t} = \boldsymbol{w}^T \boldsymbol{m}_1 \tag{3.3.2}$$

와 같이 구해진다. 여기서 N_1은 클래스 1의 샘플 수이며 r^t는 $\boldsymbol{x}^t$가 해당 클래스에 속할 때 1의 값을 가지고 그 이외에는 0의 값을 지니는 지시 변수이다. 마찬가지로

$$s_1^2 = \sum_t \left(\boldsymbol{w}^T \boldsymbol{x}^t - m_1\right)^2 r^t \tag{3.3.3}$$

이 된다. 여기서 분모는 상수에 해당하므로 생략하였다. m_2와 s_2^2 역시 같은 형태로 유도하면 된다. 이제 식 (3.3.1)의 분자와 분모를 유도해보자. 먼저 분자는

$$\begin{aligned}(m_1 - m_2)^2 &= (\boldsymbol{w}^T \boldsymbol{m}_1 - \boldsymbol{w}^T \boldsymbol{m}_2)^2 = (\boldsymbol{w}^T (\boldsymbol{m}_1 - \boldsymbol{m}_2))^2 \\ &= \boldsymbol{w}^T (\boldsymbol{m}_1 - \boldsymbol{m}_2)(\boldsymbol{m}_1 - \boldsymbol{m}_2)^T \boldsymbol{w} = \boldsymbol{w}^T S_B \boldsymbol{w}\end{aligned} \tag{3.3.4}$$

와 같이 정리된다. 여기서

$$S_B = (\boldsymbol{m}_1 - \boldsymbol{m}_2)(\boldsymbol{m}_1 - \boldsymbol{m}_2)^T \tag{3.3.5}$$

이다. 이제 분모에 대한 유도를 해보자. 식 (3.3.3)에 (3.3.2)를 대입하면

$$\begin{aligned} s_1^2 &= \sum_t \left(\boldsymbol{w}^T\boldsymbol{x}^t - m_1\right)^2 r^t = \sum_t \left(\boldsymbol{w}^T\boldsymbol{x}^t - \boldsymbol{w}^T\boldsymbol{m}_1\right)^2 r^t = \sum_t \left(\boldsymbol{w}^T(\boldsymbol{x}^t - \boldsymbol{m}_1)\right)^2 r^t \\ &= \sum_t \boldsymbol{w}^T(\boldsymbol{x}^t - \boldsymbol{m}_1)(\boldsymbol{x}^t - \boldsymbol{m}_1)^T \boldsymbol{w} r^t = \boldsymbol{w}^T S_1 \boldsymbol{w} \end{aligned} \tag{3.3.6}$$

이다. 여기서

$$S_1 = \sum_t (\boldsymbol{x}^t - \boldsymbol{m}_1)(\boldsymbol{x}^t - \boldsymbol{m}_1)^T r^t \tag{3.3.7}$$

이다. 마찬가지로, s_2^2을 유도하여 대입하면

$$s_1^2 + s_2^2 = \boldsymbol{w}^T S_W \boldsymbol{w} \tag{3.3.8}$$

이 되며, 여기서

$$S_W = S_1 + S_2 \tag{3.3.9}$$

이다. 이렇게 유도한 결과를 식 (3.3.1)에 대입하면

$$J(\boldsymbol{w}) = \frac{\boldsymbol{w}^T S_B \boldsymbol{w}}{\boldsymbol{w}^T S_W \boldsymbol{w}} \tag{3.3.10}$$

로 정리된다.

이제 식 (3.3.10)이 최대가 되는 기저벡터 $\boldsymbol{w}$를 유도하기 위하여 $\boldsymbol{w}$에 대하여 미분을 하면 분자가 0이 되는 조건은

$$2S_B\boldsymbol{w}(\boldsymbol{w}^T S_W \boldsymbol{w}) - (\boldsymbol{w}^T S_B \boldsymbol{w}) 2 S_W \boldsymbol{w} = 0 \tag{3.3.11}$$

이다. 이를 정리하면

$$S_B w(w^T S_W w) = (w^T S_B w) S_W w \tag{3.3.12}$$

이고, 여기서

$$S_B w = \frac{(w^T S_B w)}{(w^T S_W w)} S_W w = \lambda S_W w \tag{3.3.13}$$

를 얻게 된다. 한편,

$$S_B w = (m_1 - m_2)(m_1 - m_2)^T w \tag{3.3.14}$$

는 $(m_1 - m_2)$방향의 벡터이므로 식 (3.3.13)에서

$$w = S_W^{-1}(m_1 - m_2) \tag{3.3.15}$$

를 구하게 된다.

참조 **벡터의 미분**

d차원 벡터 $w = (w_1, w_2, \ldots, w_d)^T$에 대한 미분 가능한 스칼라 함수 g가

$$g(w_1, w_2, \ldots, w_d) = g(w) \tag{3.3.16}$$

로 주어졌다. 그러면, 함수 g의 벡터 w에 대한 미분은

$$\frac{\partial g}{\partial w} = \begin{pmatrix} \frac{\partial g}{\partial w_1} \\ \cdot \\ \cdot \\ \frac{\partial g}{\partial w_d} \end{pmatrix} \tag{3.3.17}$$

이다. 또한 2차 미분은

$$\frac{\partial^2 g}{\partial \boldsymbol{w}^2} = \begin{pmatrix} \frac{\partial^2 g}{\partial w_1^2} & \cdots & \frac{\partial^2 g}{\partial w_1 \partial w_d} \\ \cdot & & \cdot \\ \cdot & & \cdot \\ \frac{\partial^2 g}{\partial w_d \partial w_1} & \cdots & \frac{\partial^2 g}{\partial w_d^2} \end{pmatrix} \tag{3.3.18}$$

이 된다. 벡터 값을 지닌 함수 g가

$$\boldsymbol{g}(\boldsymbol{w}) = \begin{pmatrix} g_1(\boldsymbol{w}) \\ \cdot \\ \cdot \\ g_n(\boldsymbol{w}) \end{pmatrix} \tag{3.3.19}$$

로 주어지면 g의 w에 대한 Jacobian 행렬은

$$\frac{\partial \boldsymbol{g}}{\partial \boldsymbol{w}} = \begin{pmatrix} \frac{\partial g_1}{\partial w_1} & \cdots & \frac{\partial g_n}{\partial w_1} \\ \cdot & & \cdot \\ \cdot & & \cdot \\ \frac{\partial g_1}{\partial w_d} & \cdots & \frac{\partial g_n}{\partial w_d} \end{pmatrix} \tag{3.3.20}$$

이다. 또한

$$\frac{\partial f(\boldsymbol{w}) g(\boldsymbol{w})}{\partial \boldsymbol{w}} = \frac{\partial f(\boldsymbol{w})}{\partial \boldsymbol{w}} g(\boldsymbol{w}) + f(\boldsymbol{w}) \frac{\partial g(\boldsymbol{w})}{\partial \boldsymbol{w}} \tag{3.3.21}$$

$$\frac{\partial f(\boldsymbol{w}) / g(\boldsymbol{w})}{\partial \boldsymbol{w}} = \left[\frac{\partial f(\boldsymbol{w})}{\partial \boldsymbol{w}} g(\boldsymbol{w}) - f(\boldsymbol{w}) \frac{\partial g(\boldsymbol{w})}{\partial \boldsymbol{w}} \right] \Big/ g^2(\boldsymbol{w}) \tag{3.3.22}$$

$$\frac{\partial f(g(\boldsymbol{w}))}{\partial \boldsymbol{w}} = f'(g(\boldsymbol{w})) \frac{\partial g(\boldsymbol{w})}{\partial \boldsymbol{w}} \tag{3.3.23}$$

이다.

예제 3.3-1

행렬 $\boldsymbol{A}=(a_{ij})$가 $d\times d$ 정방행렬이다. 다음 함수

$$g(\boldsymbol{w})=\boldsymbol{w}^T\boldsymbol{A}\boldsymbol{w}=\sum_{i=1}^{d}\sum_{j=1}^{d}w_iw_ja_{ij}$$

에 대하여 $\dfrac{\partial g}{\partial \boldsymbol{w}}$를 구하여라.

풀이

문제로 주어진 함수를 더 자세히 적으면

$$g(\boldsymbol{w})=\boldsymbol{w}^T\boldsymbol{A}\boldsymbol{w}=\sum_{i=1}^{d}\sum_{j=1}^{d}w_iw_ja_{ij}=w_k\sum_{j=1}^{d}w_ja_{kj}+\sum_{i\neq k}w_i\sum_{j=1}^{d}w_ja_{ij}$$

이 된다. 여기에, $\sum_{j=1}^{d}w_ja_{kj}=w_ka_{kk}+\sum_{j\neq k}w_ja_{kj}$와 $\sum_{j=1}^{d}w_ja_{ij}=w_ka_{ik}+\sum_{j\neq k}w_ja_{ij}$를 대입하면

$$g(\boldsymbol{w})=w_k\sum_{j\neq k}w_ja_{kj}+w_k^2a_{kk}+\sum_{i\neq k}w_iw_ka_{ik}+\sum_{i\neq k}\sum_{j\neq k}w_iw_ja_{ij}$$

이다. 따라서,

$$\frac{\partial g(\boldsymbol{w})}{\partial w_k}=\sum_{j\neq k}w_ja_{kj}+2w_ka_{kk}+\sum_{i\neq k}w_ia_{ik}=\sum_{j=1}^{d}w_ja_{kj}+\sum_{i=1}^{d}w_ia_{ik}$$

이 되고,

$$\frac{\partial g(\boldsymbol{w})}{\partial \boldsymbol{w}}=A\boldsymbol{w}+A^T\boldsymbol{w}$$

이 된다.

3.4 확장 및 응용

LDA에서 제시된 투영벡터는 일종의 특징 추출 과정으로 볼 수 있다. LDA는 클래스가 두 개 이상인 경우에 대하여 Fisher 기준을 정의하고 그 해를 유도할 수 있다. 또한, 모든 데이터를 확보하고 LDA의 해를 구하여야 하는 제약이 실제에서 응용을 제한할 수 있기에 투영 벡터를 점진적으로 구하는 점진적 LDA(Incremental LDA)도 있다. 즉, 주어진 데이터를 기반으로 특징을 추출하고, 추가되는 데이터에 의한 부분은 전체 데이터를 기반으로 LDA 과정을 다시 거치지 않고 추가 데이터에 대한 특징의 갱신으로 처리하는 방식이다.

LDA는 은행도산 예측, 얼굴인식, 마케팅, 생체의학, 지구과학 등에 응용되고 있다.

참고문헌

1. Fisher, R. A. (1936). "The Use of Multiple Measurements in Taxonomic Problems". Annals of Eugenics. 7 (2): 179–188. doi:10.1111/j.1469-1809.1936. tb02137.x. hdl:2440/15227.
2. McLachlan, G. J. (2004). Discriminant Analysis and Statistical Pattern Recognition. Wiley Interscience. ISBN 0-471-69115-1. MR 1190469.
3. Analyzing Quantitative Data: An Introduction for Social Researchers, Debra Wetcher-Hendricks, p.288
4. Martinez, A. M.; Kak, A. C. (2001). "PCA versus LDA". IEEE Transactions on Pattern Analysis and Machine Intelligence. 23 (=2): 228–233. doi:10.1109/34.908974.
5. Abdi, H. (2007) "Discriminant correspondence analysis." In: N.J. Salkind (Ed.): Encyclopedia of Measurement and Statistic. Thousand Oaks (CA): Sage. pp. 270–275.
6. Perriere, G.; & Thioulouse, J. (2003). "Use of Correspondence Discriminant Analysis to predict the subcellular location of bacterial proteins", Computer Methods and Programs in Biomedicine, 70, 99–105.

7. Venables, W. N.; Ripley, B. D. (2002). Modern Applied Statistics with S (4th ed.). Springer Verlag. ISBN 0-387-95457-0.

8. Rao, R. C. (1948). "The utilization of multiple measurements in problems of biological classification". Journal of the Royal Statistical Society, Series B. 10 (2): 159–203. JSTOR 2983775.

9. Aliyari Ghassabeh, Youness; Rudzicz, Frank; Moghaddam, Hamid Abrishami (2015-06-01). "Fast incremental LDA feature extraction". Pattern Recognition. 48 (6): 1999–2012. doi:10.1016/j.patcog.2014.12.012.

10. Chatterjee, C.; Roychowdhury, V.P. (1997-05-01). "On self-organizing algorithms and networks for class-separability features". IEEE Transactions on Neural Networks. 8 (3): 663–678. doi:10.1109/72.572105. ISSN 1045-9227.

11. Demir, G. K.; Ozmehmet, K. (2005-03-01). "Online Local Learning Algorithms for Linear Discriminant Analysis". Pattern Recogn. Lett. 26 (4): 421–431. doi:10.1016/j.patrec.2004.08.005. ISSN 0167-8655.

12. Yu, H.; Yang, J. (2001). "A direct LDA algorithm for high-dimensional data — with application to face recognition", Pattern Recognition, 34 (10), 2067–2069

13. Friedman, J. H. (1989). "Regularized Discriminant Analysis". Journal of the American Statistical Association. American Statistical Association. 84 (405): 165–175. doi:10.2307/2289860. JSTOR 2289860. MR 0999675.

14. Ahdesmäki, M.; Strimmer K. (2010) "Feature selection in omics prediction problems using cat scores and false nondiscovery rate control", Annals of Applied Statistics, 4 (1), 503–519.

15. Preisner O, Guiomar R, Machado J, Menezes JC, Lopes JA. Application of Fourier transform infrared spectroscopy and chemometrics for differentiation of Salmonella enterica serovar Enteritidis phage types. Appl Environ Microbiol. 2010;76(11):3538–3544.

16. David DE, Lynne AM, Han J, Foley SL. Evaluation of virulence factor profiling in the characterization of veterinary Escherichia coli isolates. Appl Environ Microbiol. 2010;76(22):7509–7513.

17. Tahmasebi, P., Hezarkhani, A., & Mortazavi, M. (2010). Application of discriminant analysis for alteration separation; sungun copper deposit, East Azerbaijan, Iran. Australian Journal of Basic and Applied Sciences, 6(4), 564–576.

연습문제

3.1. 2차원 공간 상에 두 데이터 집합이 $\boldsymbol{A} = \{(x_1, x_2)\} = \{(4,0)(2,2)(2,3)(3,5)(4,3)\}$과 $\boldsymbol{B} = \{(x_1, x_2)\} = \{(7,6)(6,7)(8,6)(7,9)(9,9)\}$로 주어졌다. 이 경우 Fisher의 기준을 만족하는 LDA 변환 기저벡터를 구하라.

3.2. c 클래스 (c>2)인 경우에 대하여 Fisher 기준을 정의하고, 그 해를 유도하라.

3.3. 클래스 1은 N_1개의 샘플로 구성되고, 클래스 2는 N_2개의 샘플로 구성되었다. 이 두 클래스 사이의 분산은

$$S_1 = \frac{1}{N_1 N_2} \sum_{x_i \in C_1} \sum_{x_j \in C_2} (x_i - x_j)^2 \qquad \text{(문 3.3.1)}$$

와 같이 측정된다. 또한, 클래스 내부 분산의 총계는

$$S_2 = \frac{1}{N_1^2} \sum_{x_i \in C_1} \sum_{x_j \in C_1} (x_i - x_j)^2 + \frac{1}{N_2^2} \sum_{x_i \in C_2} \sum_{x_j \in C_2} (x_i - x_j)^2 \qquad \text{(문 3.3.2)}$$

와 같이 측정된다. 그러면, 다음과 같이 됨을 보여라.

$$S_1 = \frac{1}{N_1} s_1^2 + \frac{1}{N_2} s_2^2 + (m_1 - m_2)^2 \qquad \text{(문 3.3.3)}$$

$$S_2 = \frac{1}{N_1} s_1^2 + \frac{1}{N_2} s_2^2 \qquad \text{(문 3.3.4)}$$

3.4. $\boldsymbol{w} = (w_1, w_2, \ldots, w_d)^T$에 대한 실변수 함수가

$$g(\boldsymbol{w}) = \sum_{i=1}^{d} a_i w_i = \boldsymbol{a}^T \boldsymbol{w} \qquad \text{(문 3.5.1)}$$

로 주어졌다. 이 함수의 $\boldsymbol{w}$에 대한 미분 $\frac{\partial \boldsymbol{a}^T \boldsymbol{w}}{\partial \boldsymbol{w}} = \boldsymbol{a}$임을 보여라.

3.5. 행렬 $\boldsymbol{A}=(a_{ij})$가 $d \times d$ 정방행렬이고, 다음 함수

$$g(\boldsymbol{w}) = \boldsymbol{w}^T \boldsymbol{A} \boldsymbol{w} = \sum_{i=1}^{d} \sum_{j=1}^{d} w_i w_j a_{ij} \qquad \text{(문 3.6.1)}$$

에 대하여,

(1) $\dfrac{\partial g}{\partial \boldsymbol{w}} = \boldsymbol{A}\boldsymbol{w} + \boldsymbol{A}^T \boldsymbol{w}$ 임을 보여라. 또한, $\dfrac{\partial^2 g}{\partial \boldsymbol{w}^2} = \boldsymbol{A} + \boldsymbol{A}^T$임을 보여라. $\boldsymbol{A}=(a_{ij})$가 대칭행렬이면 $\dfrac{\partial g}{\partial \boldsymbol{w}}$와 $\dfrac{\partial^2 g}{\partial \boldsymbol{w}^2}$은 어떻게 되나?

(2) $\boldsymbol{w}$를 상수 벡터로 가정하고 $\dfrac{\partial g}{\partial a_{ij}}$를 구하라. 이 결과를 이용하여 $\dfrac{\partial g}{\partial \boldsymbol{A}} = \boldsymbol{w}\boldsymbol{w}^T$임을 확인하라.

제 4 장

퍼셉트론

Perceptron

4.1 분류(Classification)

교사학습(Supervised Learning)은 입력과 원하는 출력이 쌍으로 주어지는 데이터 세트 (x,y)에서 $f:x \rightarrow y$의 관계를 학습한다. 이때, 원하는 출력 값 y가 연속이면 회귀(Regression)에 해당하고, y가 클래스를 의미하는 이산값(Discrete Value)으로 주어지면 분류(Classification)에 해당한다. 이 경우 원하는 출력값을 클래스를 뜻하는 C로 표시하기도 한다. 그림 4.1은 은행 혹은 금융기관에서 수입과 저축액을 기준으로 고객을 저위험군과 고위험군으로 나눈 분류의 예를 보여준다. 이 경우 C는 두 가지 값을 가지는 변수로 정하거나 혹은 2차원 벡터로 정할 수 있다. 그림 4.2는 회귀문제의 예로써 낙동강의 수위를 예측한 결과를 보여준다. 여기서, 출력은 연속적인 값을 지닌다.

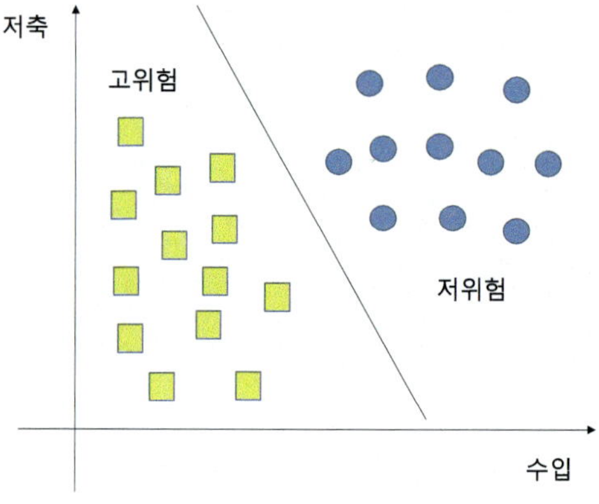

그림 4.1. 분류 예: 고객의 위험도 분류

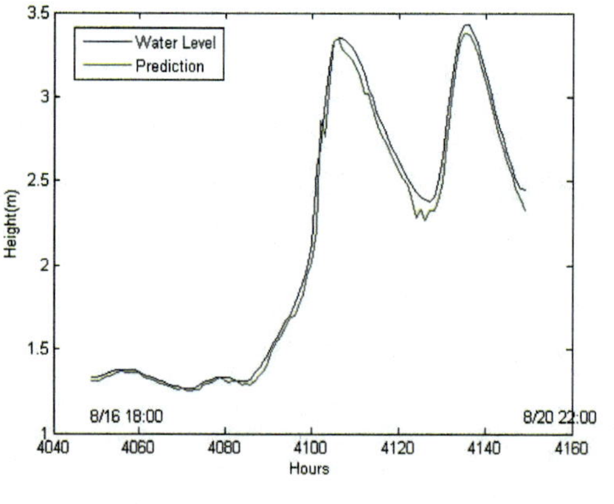

그림 4.2. 회귀문제 예: 수위 예측

설명을 쉽게 하기 위하여 두 가지 클래스를 지닌 분류(Two-Class Classification) 문제를 다루어 보겠다. 두 부류를 구분하기 위하여 $C \in \{0,1\}$로 주어진다고 하자. 그러면 입력 $\boldsymbol{x}$가 주어졌을 때 결정법칙(Decision Rule)은 각 클래스에 속할 확률을 기반으로

$$P(C=1|\boldsymbol{x}) > 0.5 \text{이면 } C=1 \text{ 그렇지 않으면 } C=0$$

혹은

$$P(C=1|\boldsymbol{x}) > P(C=0|\boldsymbol{x}) \text{이면 } C=1 \text{ 그렇지 않으면 } C=0$$

와 같이 정할 수 있다. 이 경우 오류확률(Probability of Error)은

$$\begin{aligned} P_E &= 1 - \max\left[P(C=1|\boldsymbol{x}), P(C=0|\boldsymbol{x})\right] \\ &= \begin{cases} P(C=0|\boldsymbol{x}) & \text{if } P(C=1|\boldsymbol{x}) > P(C=0|\boldsymbol{x}) \\ P(C=1|\boldsymbol{x}) & \text{if } P(C=1|\boldsymbol{x}) < P(C=0|\boldsymbol{x}) \end{cases} \end{aligned} \tag{4.1.1}$$

와 같이 계산된다.

4.2 베이 최적 분류기(Bayes Optimal Classifier)

주어진 입력 $\boldsymbol{x}$에 대하여 특정 클래스에 속할 확률은 베이의 법칙(Bayes' Rule)에 의해

$$P(C|\boldsymbol{x}) = \frac{P(C)P(\boldsymbol{x}|C)}{P(\boldsymbol{x})} \tag{4.2.1}$$

와 같이 계산된다. 만약 C가 K가지일 경우, 주어진 입력 $\boldsymbol{x}$가 클래스 C_i에 속할 확률은

$$P(C_i|\boldsymbol{x}) = \frac{P(C_i)P(\boldsymbol{x}|C_i)}{P(\boldsymbol{x})} = \frac{P(C_i)P(\boldsymbol{x}|C_i)}{\sum_{k=1}^{K} P(\boldsymbol{x}|C_k)P(C_k)} \tag{4.2.2}$$

이다. 그러면 베이 최적 분류기(Bayes Optimal Classifier)는

$$\text{Choose } \arg\max_{C_k} P(C_k|\boldsymbol{x}) \tag{4.2.3}$$

로 주어진다.

참조 베이의 법칙에 의해

$$P(C|\boldsymbol{x}) = \frac{P(C,\boldsymbol{x})}{P(\boldsymbol{x})} \tag{4.2.4}$$

이고,

$$P(\boldsymbol{x}|C) = \frac{P(C,\boldsymbol{x})}{P(C)} \tag{4.2.5}$$

이다. 또한, C가 K 가지일 경우 결합확률에 대하여

$$P(\boldsymbol{x}) = \sum_{k=1}^{K} P(\boldsymbol{x}, C_k) = \sum_{k=1}^{K} P(\boldsymbol{x}|C_k)P(C_k) \tag{4.2.6}$$

이 성립된다.

4.3 손실과 위험(Losses and Risks)

은행에서 거래 고객에게 신용도를 점수로 부여하여 고객과의 거래를 성사시키는 경우를 생각하자. 저위험 고객과의 거래 성사는 이익을 늘려줄 것이고, 고위험 고객과의 거래 거절은 손실을 줄여줄 것이다. 일반적으로 고위험 고객과의 거래 성사에 의한 잠재적 손실 증가와 저위험 고객과의 거래 거절에 의한 잠재적 이득 감소는 같지 않다. 판단에 따른 이득과 손실은 균형을 이루지 않으며 이를 고려하여 이득이 극대화되거나 손실이 극소화되도록 판단을 내리는 문제를 다루어보자.

먼저, 입력에 대하여 클래스 C_i를 배정하는 행위를 α_i라고 정의하자. 그리고, 실제 클래스가 C_k이지만 행위 α_i에 의한 손실을 λ_{ik}로 정의하면, 행위 α_i에 의한 위험도 기대치(Expected Risk)는

$$R(\alpha_i | \boldsymbol{x}) = \sum_{k=1}^{K} \lambda_{ik} P(C_k | \boldsymbol{x}) \tag{4.3.1}$$

이다. 그러면 최소 위험도 분류기(Minimum Risk Classifier)의 결정법칙은

$$\text{Choose} \arg\min_{\alpha_k} R(\alpha_k | \boldsymbol{x}) \tag{4.3.2}$$

이 된다.

참조 이해를 돕기 위하여 두 부류(Two-Class) 문제에 대한 최소 위험도 분류기를 다루어 보자. 클래스에 대한 손실을 도표화 시켜보면 다음과 같다.

		True Classes	
		C_1	C_2
Hypothesized Classes	$C_1(\alpha_1)$	λ_{11}	λ_{12}
	$C_2(\alpha_2)$	λ_{21}	λ_{22}

이 경우 각 클래스별로 위험도 기대치는

$$R(\alpha_1 | \boldsymbol{x}) = \lambda_{11} P(C_1 | \boldsymbol{x}) + \lambda_{12} P(C_2 | \boldsymbol{x}) \tag{4.3.3}$$

$$R(\alpha_2 | \boldsymbol{x}) = \lambda_{21} P(C_1 | \boldsymbol{x}) + \lambda_{22} P(C_2 | \boldsymbol{x}) \tag{4.3.4}$$

와 같이 계산된다. 만약, 클래스를 맞추면 손실이 0 $(\lambda_{ii} = 0)$이고, 클래스가 틀리면 손실이 $1(\lambda_{ik} = 1, i \neq k)$이 되도록 — 이를, "0/1 손실"이라고 함 — 정해지면 $R(\alpha_1 | \boldsymbol{x}) = P(C_2 | \boldsymbol{x})$이 되고 $R(\alpha_2 | \boldsymbol{x}) = P(C_1 | \boldsymbol{x})$이 되어, 위험도가 작은 클래스로 결정하는 것은 확률이 큰 클래스로 결정하는 것과 같아진다.

최소 위험도 분류기에 대하여 0/1 손실을

$$\lambda_{ik} = \begin{cases} 0 \text{ if } i = k \\ 1 \text{ if } i \neq k \end{cases} \tag{4.3.5}$$

와 같이 정의하여 식 (4.3.1)에 대입하면

$$R(\alpha_i|\boldsymbol{x}) = \sum_{k=1}^{K} \lambda_{ik} P(C_k|\boldsymbol{x}) = \sum_{k \neq i} P(C_k|\boldsymbol{x}) = 1 - P(C_i|\boldsymbol{x}) \tag{4.3.6}$$

이 된다. 위의 수식에서 최소 위험도 분류기는 확률이 가장 큰 경우로 결정을 내리는 것과 동일함을 알 수 있다.

"0/1 손실"에 대한 결정법칙에 거절(Rejection)을 도입하여 보자. 우선 손실을

$$\lambda_{ik} = \begin{cases} 0, \text{ if } i = k \\ \lambda, \text{ if } i = K+1, 0 < \lambda < 1 \\ 1, \text{ otherwise} \end{cases} \tag{4.3.7}$$

로 정의하고, 이를 식 (4.3.1)에 대입하면, 거절의 경우($i = K+1$) 위험도 기대치는

$$R(\alpha_{K+1}|\boldsymbol{x}) = \sum_{k=1}^{K} \lambda P(C_k|\boldsymbol{x}) = \lambda \tag{4.3.8}$$

이 되고, 클래스 i로 결정할 경우 위험도 기대치는

$$R(\alpha_i|\boldsymbol{x}) = \sum_{k \neq i} P(C_k|\boldsymbol{x}) = 1 - P(C_i|\boldsymbol{x}) \tag{4.3.9}$$

이 된다. 그러면, 최소 위험도 분류기의 결정법칙은

$$\begin{gathered} \text{Choose } C_i \text{ if } R(\alpha_i|\boldsymbol{x}) < R(\alpha_k|\boldsymbol{x}), \forall k \neq i \\ R(\alpha_i|\boldsymbol{x}) < R(\alpha_{K+1}|\boldsymbol{x}) \\ \text{Reject if } R(\alpha_{K+1}|\boldsymbol{x}) < R(\alpha_i|\boldsymbol{x}), i = 1, 2, \ldots, K \end{gathered} \tag{4.3.10}$$

이 된다. 또한,

$$\text{Choose } C_i \text{ if } P(C_i|\boldsymbol{x}) > P(C_k|\boldsymbol{x}),\ \forall k \neq i \tag{4.3.11}$$

$$P(C_i|\boldsymbol{x}) > 1-\lambda$$

$$\text{Reject otherwise}$$

로 정하여도 된다.

예제 4.3-1

두 부류 문제에서 C_1이 아주 중요하여 C_2로 판별되면 손실이 심각한 경우를 가정하여, 손실표가 아래와 같이 주어졌다. 판별식을 구하고 판별 영역을 $(P(C_1|\boldsymbol{x}), P(C_2|\boldsymbol{x}))$ 공간에 표시하라. 이를 "0/1" 손실인 경우와 비교하여 보라.

		True Classes	
		C_1	C_2
Hypothesized Classes	$C_1(\alpha_1)$	0	1
	$C_2(\alpha_2)$	2	0

풀이

각 클래스별 위험도 기대치는 $R(\alpha_1|\boldsymbol{x}) = P(C_2|\boldsymbol{x})$, $R(\alpha_2|\boldsymbol{x}) = 2P(C_1|\boldsymbol{x})$이다. 그러면 판별식은

$$\arg\min_{\alpha_k} R(\alpha_k|\boldsymbol{x}) = \begin{cases} C_1, \text{ if } R(\alpha_1|\boldsymbol{x}) < R(\alpha_2|\boldsymbol{x}) \\ C_2, \text{ otherwise} \end{cases} = \begin{cases} C_1, \text{ if } P(C_2|\boldsymbol{x}) < 2P(C_1|\boldsymbol{x}) \\ C_2, \text{ otherwise} \end{cases}$$

이다. 즉, C_1으로 판별되는 영역은 $2P(C_1|\boldsymbol{x}) - P(C_2|\boldsymbol{x}) > 0$이다. 이를 $(P(C_1|\boldsymbol{x}), P(C_2|\boldsymbol{x}))$ 공간에 표시하면 아래와 같다. "0/1 손실"인 경우보다 C_1의 영역이 크게 확대되었다.

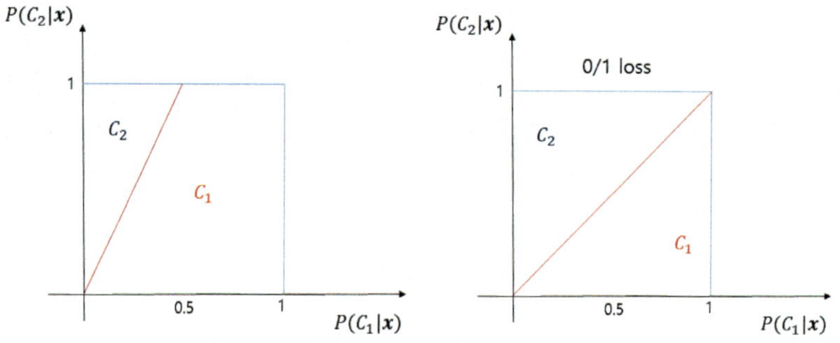

4.4 판별함수(Discriminant Functions)

분류 문제의 해결은 결정을 내리기 위한 판별함수를 구현해내는 과정으로 볼 수 있다. 입력 $\boldsymbol{x}$에 대한 판별함수 $g_i(\boldsymbol{x})$를 이용하여 결정법칙을

$$\text{Choose } C_i \text{ if } g_i(\boldsymbol{x}) = \max_k g_k(\boldsymbol{x}) \tag{4.4.1}$$

와 같이 정할 수 있다. 여기서,

$$g_i(\boldsymbol{x}) = \begin{cases} -R(\alpha_i|\boldsymbol{x}) & \text{Minimum Risk Classifier} \\ P(C_i|\boldsymbol{x}) & \text{Bayes Classifier with 0/1 Loss} \end{cases} \tag{4.4.2}$$

이 된다. 판별함수는 입력 공간을 K개의 결정 지역(Decision Region)으로 구별해내어

$$R_i = \{\boldsymbol{x} | g_i(\boldsymbol{x}) = \max_k g_k(\boldsymbol{x})\} \tag{4.4.3}$$

로 정해진다. 만약, K=2이면

$$g(\boldsymbol{x}) = g_1(\boldsymbol{x}) - g_2(\boldsymbol{x}) \tag{4.4.4}$$

로 수정하여 결정법칙을

$$\text{Choose}\begin{cases} C_1 & \text{if } g(\boldsymbol{x}) > 0 \\ C_2 & \text{otherwise} \end{cases} \tag{4.4.5}$$

으로 정하면 된다. Log-likelihood을 이용하여

$$g(\boldsymbol{x}) = \log P(C_1|\boldsymbol{x}) - \log P(C_2|\boldsymbol{x}) = \log \frac{P(C_1|\boldsymbol{x})}{P(C_2|\boldsymbol{x})} \tag{4.4.6}$$

으로 정의하여도 같은 결과를 얻을 수 있다.

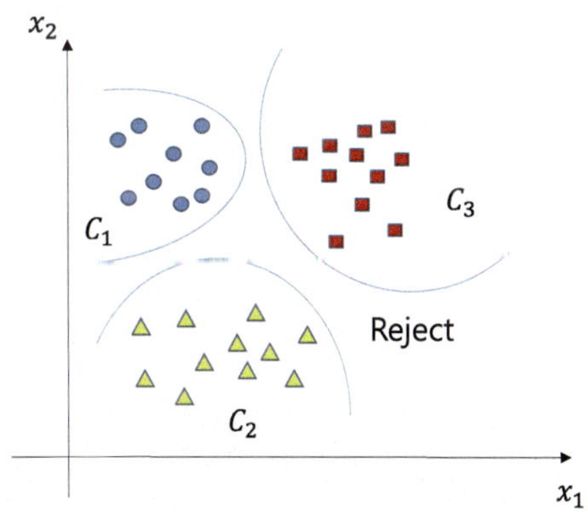

그림 4.3. 판별함수에 의한 결정영역

Log-Likelihood에 기반한 분류는 $\log P(C_i|\boldsymbol{x})$를 정확히 알아야 한다. 이에 반해 판별함수에 기반한 분류는 확률밀도함수를 정확히 찾아낼 필요 없이 데이터로부터 파라미터 Φ_i를 활용하여 판별함수 $g_i(\boldsymbol{x}|\Phi_i)$을 학습하여 결정영역의 경계를 찾아내면 된다.

4.5 선형판별함수(Linear Discriminant Function)

분류문제가 선형적으로 구분이 가능하면 선형판별함수로 해결할 수 있다. 선형판별함수는

$$g_i(\boldsymbol{x}|\boldsymbol{w}_i, w_{i0}) = \boldsymbol{w}_i^T\boldsymbol{x} + w_{i0} = \sum_{j=1}^{d} w_{ij}x_j + w_{i0} \tag{4.5.1}$$

로 표현되며, 이는 입력 성분의 가중치 합으로 지식을 추출해내는 과정으로 볼 수 있다. 이 판별함수는 $p(\boldsymbol{x}|C_i)$가 가우시안(Gaussian) 분포이면 최적의 해를 제공한다. 두 부류 문제에 대하여 판별함수

$$g(\boldsymbol{x}) = \boldsymbol{w}^T\boldsymbol{x} + w_0 \tag{4.5.2}$$

로 클래스 영역을 식 (4.4.5)로 구분하는 예를 아래 그림에 2차원 공간을 대상으로 그렸다.

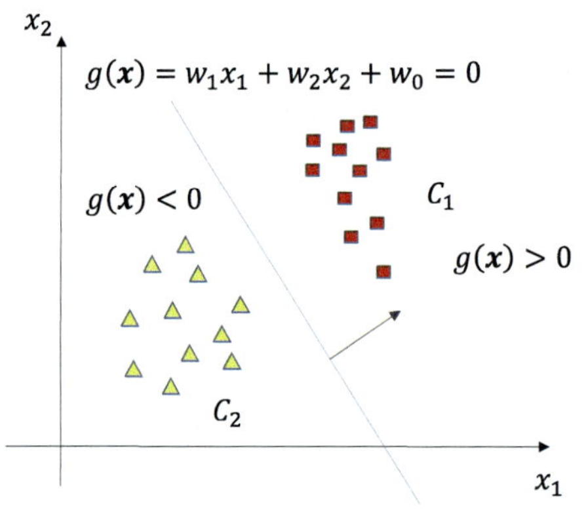

그림 4.4. 두 부류 문제와 판별함수

판별함수를 2차원 공간에서 기하학적으로 분석해보자. 클래스의 경계면에 두 점 $\boldsymbol{x}_1$과 $\boldsymbol{x}_2$가 위치하면

$$\boldsymbol{w}^T\boldsymbol{x}_1 + w_0 = \boldsymbol{w}^T\boldsymbol{x}_2 + w_0 \tag{4.5.3}$$

이므로

$$w^T(x_1 - x_2) = 0 \tag{4.5.4}$$

이다. 즉, 경계면에 위치한 벡터는 가중치 벡터 w와 수직이다. 2차원 공간상의 임의의 점 x를 경계면에 수직으로 투영한 지점 x_p와 단위벡터 $w/||w||$ 성분의 합으로 표현하면

$$x = x_p + r\frac{w}{||w||} \tag{4.5.5}$$

이 된다. x_p는 경계면에 위치하므로 $g(x_p) = 0$ 이어서

$$r = \frac{g(x)}{||w||} \tag{4.5.6}$$

이 된다. 원점에서 경계면까지의 거리는 이 식을 이용하면

$$r_0 = \frac{g(0)}{||w||} = \frac{w_0}{||w||} \tag{4.5.7}$$

이다.

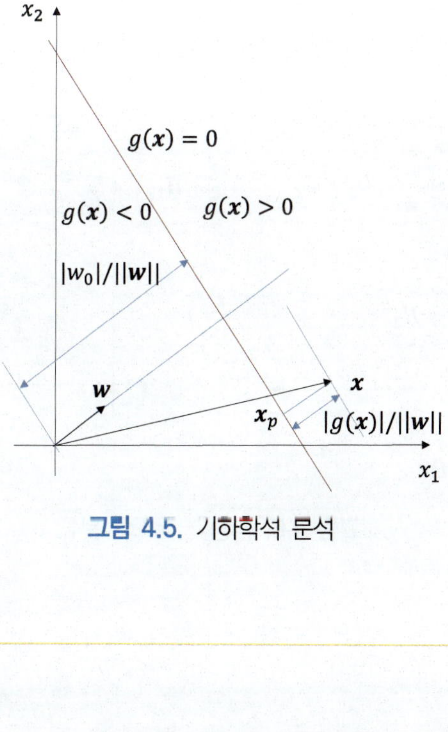

그림 4.5. 기하학적 분석

다중 클래스의 경우에 식 (4.5.1)로 주어진 판별함수로 판별하는 것은

$$\text{Choose } C_i \text{ if } g_i(\boldsymbol{x}) = \max_j g_j(\boldsymbol{x}) \tag{4.5.8}$$

와 같이 각 클래스와 나머지 클래스를 구분하는(One-vs-All) 형태로 정하면 된다. 또한, 다중 클래스 중에 두 개의 클래스끼리 쌍을 이루어 구분하는(One-vs-One) 형태로 하기 위하여 판별함수는

$$g_{ij}(\boldsymbol{x}|\boldsymbol{w}_{ij}, w_{ij0}) = \boldsymbol{w}_{ij}^T\boldsymbol{x} + w_{ij0} \tag{4.5.9}$$

으로 정의를 하고

$$g_{ij}(\boldsymbol{x}) = \begin{cases} > 0 & \text{if } \boldsymbol{x} \in C_i \\ \leq 0 & \text{if } \boldsymbol{x} \in C_j \\ \text{don't care otherwise} \end{cases} \tag{4.5.10}$$

가 되도록 w_{ij}, w_{ij0}를 구하여, 판별은

$$\text{Choose } C_i \text{ if } \forall j \neq i,\ g_{ij}(\boldsymbol{x}) > 0 \tag{4.5.11}$$

으로 하면 된다.

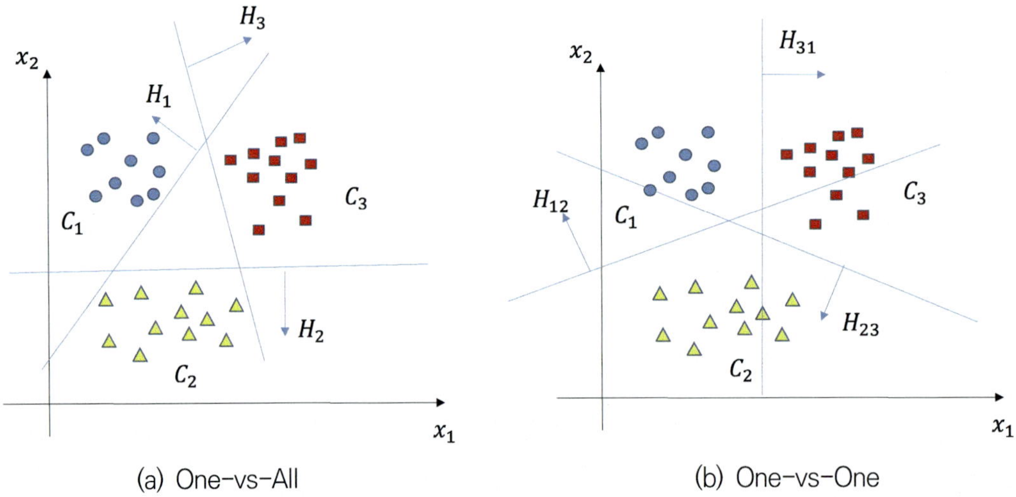

그림 4.6. 다중 클래스의 분류

4.6 단층 퍼셉트론(SLP: Single-Layer Perceptron)

퍼셉트론(Perceptron)은 1957년에 Resenblatt에 의해 선형적 분류기의 역할을 하는 기계학습 모델로 제안되었으며, 그 구조는 입력층에 대하여 가중치 합을 계산한 후, 그 결과를 비선형 변환을 거치는 과정으로 이루어져 있다. 그림 4.7은 퍼셉트론의 구조를 나타내며, 하나의 층으로 이루어져 있기에 단층 퍼셉트론(SLP: Single-Layer Perceptron)으로 부르기도 한다. 입력 노드 값 x_k와 가중치 w_k 사이에 가중치 합이

$$\hat{y} = \sum_{k=1}^{d} w_k x_k + w_0 = \sum_{k=0}^{d} w_k x_k \ \text{ where } x_0 = 1 \qquad (4.6.1)$$

이 계산된 후, 그 결과는 비선형 활성화 함수(Nonlinear Activation Function) $f(.)$를 거치게 된다. 활성화 함수는 처음에 Resenblatt에 의해 문턱함수

$$y = f(\hat{y}) = \begin{cases} 1 & \text{if } \hat{y} > 0 \\ 0 & \text{otherwise} \end{cases} \qquad (4.6.2)$$

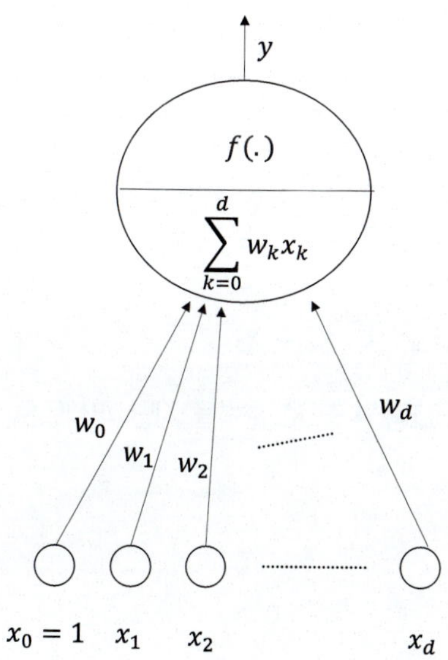

그림 4.7. 퍼셉트론 구조

로 제안되었으나, 시그모이드 함수

$$y = f(\hat{y}) = \frac{1}{1 + e^{-\hat{y}}} \tag{4.6.3}$$

를 많이 사용한다.

퍼셉트론은 입력 공간에 경계면에 해당하는 선을 만들어주어 두 부류를 구분하게 해준다. 다중 클래스를 구분하기 위해서는 그림 4.8과 같이 여러 개의 출력 노드를 지닌 퍼셉트론을 구성하면 된다. 이때 각각의 출력은

$$y_k = f(\widehat{y_k}) = \frac{1}{1 + e^{-\sum_{i=0}^{d} w_{ki} x_i}}, k = 1, 2, \ldots, K \tag{4.6.4}$$

로 계산된다.

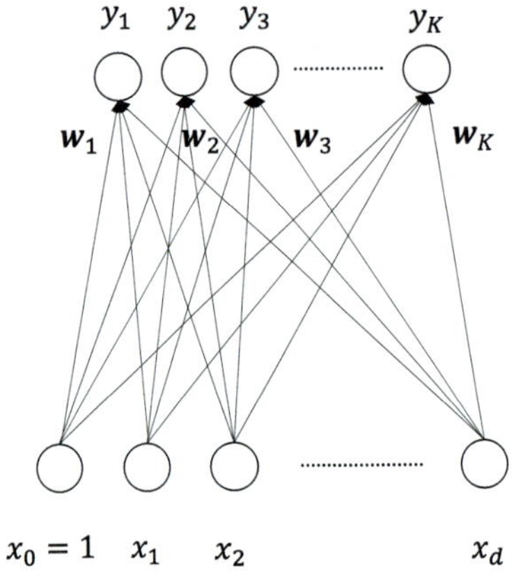

그림 4.8. K 출력을 지닌 퍼셉트론

4.7 퍼셉트론의 학습

퍼셉트론의 학습은 입력 $\boldsymbol{x}^t = [x_1^t, x_2^t, ..., x_d^t]^T$에 대하여 계산된 출력 y^t가 원하는 값 r^t이 되도록 가중치 $\boldsymbol{w} = [w_0, w_1, w_2, ..., w_d]^T$를 변경시키는 형태로 진행된다. 먼저, 회귀 문제를 대상으로 출력노드의 활성화 함수가 선형인 선형출력노드인 경우에

$$y^t = \sum_{k=0}^{d} w_k x_k^t \tag{4.7.1}$$

로 주어지면, 출력노드의 MSE(Mean-Squared Error) 함수

$$E = \frac{1}{2}(r^t - y^t)^2 \tag{4.7.2}$$

가 최소화되기 위하여 가중치들이 경사 강하법(Gradient Descent)에 의해 변경된다. 이를 위하여 식 (4.7.2)를 가중치 w_k에 대하여 미분하면

$$\frac{\partial E}{\partial w_k} = \frac{\partial E}{\partial y^t}\frac{\partial y^t}{\partial w_k} = -(r^t - y^t)x_k^t \tag{4.7.3}$$

이므로, 가중치는 미분의 반대방향으로 학습률 η를 적용하여 변경시키면

$$\Delta w_k = -\eta \frac{\partial E}{\partial w_k} = \eta (r^t - y^t) x_k^t \tag{4.7.4}$$

이 된다. 이 식을 보면 변경량은 목표값과 출력값의 차이에 입력값이 곱해진 형태임을 알 수 있다.

분류 문제를 다루는 경우를 고려해보자. 출력노드는 시그모이드 활성화 함수를 지녀 입력 $\boldsymbol{x}^t$에 대하여 출력 y^t는

$$\hat{y}^t = \sum_{k=0}^{d} w_k x_k^t \tag{4.7.5}$$

$$y^t = f(\hat{y}^t) = \frac{1}{1+e^{-\hat{y}^t}} \tag{4.7.6}$$

로 계산된다. 그러면 출력노드의 MSE 오차함수에 대한 미분을 계산하여

$$\frac{\partial E}{\partial w_k} = \frac{\partial E}{\partial y^t}\frac{\partial y^t}{\partial \hat{y}^t}\frac{\partial \hat{y}^t}{\partial w_k} = -(r^t - y^t)y^t(1-y^t)x_k^t \tag{4.7.7}$$

을 얻게 되고, 가중치 변경식은

$$\Delta w_k = -\eta\frac{\partial E}{\partial w_k} = \eta(r^t - y^t)y^t(1-y^t)x_k^t \tag{4.7.8}$$

이 된다. 분류문제에서 목표값 r^t는 시그모이드 함수의 양 끝단에 해당하는 0 혹은 1로 부여된다. $r^t = 1$인데 $y^t = 0$ 혹은 그 반대의 경우에 출력노드는 부적절하게 포화(Incorrect Saturation) 되었다고 하며, 이 경우 식 (4.7.7)에서 $r^t - y^t$는 큰 값을 가지지만 $y^t(1-y^t)$ 항 때문에 가중치 변경량은 0이 되어 학습이 진전되지 않는다.

CE(Cross-Entropy) 오차함수를 적용시키면 가중치 변경식에서 $y^t(1-y^t)$ 항이 제거되어 위와 같이 출력노드의 부적절한 포화에 의해 학습이 되지 않는 현상을 제거할 수 있다. CE 오차함수는

$$E_{CE} = -r^t \log y^t - (1-r^t)\log(1-y^t) \tag{4.7.9}$$

로 정의된다. 그러면 미분에 의해

$$\frac{\partial E_{CE}}{\partial w_k} = \frac{\partial E_{CE}}{\partial y^t}\frac{\partial y^t}{\partial \hat{y}^t}\frac{\partial \hat{y}^t}{\partial w_k} = -(r^t - y^t)x_k^t \tag{4.7.10}$$

이 되어 가중치 변경식은

$$\Delta w_k = -\eta \frac{\partial E_{CE}}{\partial w_k} = \eta (r^t - y^t) x_k^t \tag{4.7.11}$$

으로 얻어진다.

참조 가중치 변경식 유도에 사용된 미분 공식은 아래와 같다.

$$\frac{dg(f(x))}{dx} = \frac{dg}{df}\frac{df}{dx} \tag{4.7.12}$$

$$\frac{de^{f(x)}}{dx} = e^{f(x)}\frac{df}{dx} \tag{4.7.13}$$

$$\frac{d\log f(x)}{dx} = \frac{1}{f(x)}\frac{df}{dx} \tag{4.7.14}$$

$$\frac{d}{dx}\left(\frac{1}{1+e^{-x}}\right) = \frac{e^{-x}}{1+e^{-x}} \tag{4.7.15}$$

예제 4.7-1

아래 그림과 같이 OR 문제를 입력 2 출력 1개의 노드를 지닌 퍼셉트론으로 학습하기 위하여 가중치를 $\boldsymbol{w} = (w_0, w_1, w_2)^T = (0, 0.3, 0.6)^T$로 초기화 하였다고 가정하자. 출력 목표값은 입력 $\boldsymbol{x}^1$에 대해서만 0이고 나머지 입력 $\boldsymbol{x}^2, \boldsymbol{x}^3, \boldsymbol{x}^4$에 대해서는 1이다. 4개의 입력 중 임의의 하나를 골라서 퍼셉트론에 입력하여 CE 오차함수에 따른 가중치 변경량을 구하여 보아라. 학습률은 $\eta = 0.1$이고, 퍼셉트론의 출력노드는 시그모이드 활성화 함수로 가정하라.

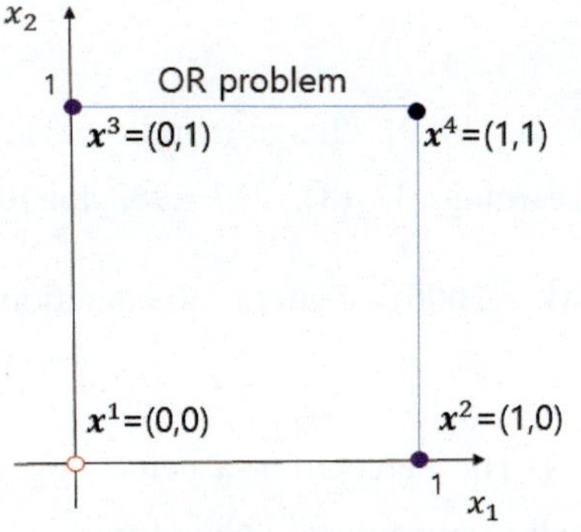

풀이

$\boldsymbol{x}^4 = (1,1)^T$이 입력되었다고 하자. 그러면 퍼셉트론의 출력노드에 대한 가중치 합은 $\hat{y} = (0,0.3,0.6)(1,1,1)^T = 0.9$ 이고 출력은 $y = \dfrac{1}{1+\exp(-\hat{y})} = 0.7109$ 이다. 목표값이 $r^4 = 1$이므로 $\Delta w_0 = \eta(r-y) = 0.02891$이고, $\Delta w_1 = \eta(r-y)x_1 = 0.02891$, $\Delta w_2 = \eta(r-y)x_2 = 0.02891$이다. 따라서, 가중치는 $w_0 = w_0 + \Delta w_0 = 0.02891$, $w_1 = w_1 + \Delta w_1 = 0.32891$, $w_2 = w_2 + \Delta w_2 = 0.62891$ 와 같이 변경된다.

다음으로 $\boldsymbol{x}^1$이 입력되면 $\hat{y} = (0.02891,0.32891,0.62891)(1,0,0)^T = 0.02891$이고 $y = \dfrac{1}{1+\exp(-\hat{y})} = 0.5072$ 이고, $r^1 = 0$이므로, $\Delta w_0 = \eta(r-y) = -0.05072$, $\Delta w_1 = \eta(r-y)x_1 = 0$, $\Delta w_2 = \eta(r-y)x_2 = 0$이다. 즉, w_1과 w_2는 변동이 없고, $w_0 = w_0 + \Delta w_0 = 0.02891 - 0.05072 = -0.0218$로 변경된다.

퍼셉트론 알고리즘

입력과 목표값의 쌍으로 구성된 학습패턴 $D = \{(\boldsymbol{x}^t, r^t)\}_{t=1}^{P}$를 저장한다.

① 가중치를 임의의 값으로 초기화 시킨다.

② 입력 $\boldsymbol{x}^t(t=1,2,3,\ldots,P)$에 대하여 출력 y^t를 계산한다.

③ 가중치 변경식에 따라 가중치를 변경한다.

④ 오차가 원하는 수준 이하이면 학습을 종료시키고, 그렇지 않으면 ②부터 다시 수행한다.

참고문헌

1. Freund, Y.; Schapire, R. E. (1999). "Large margin classification using the perceptron algorithm". Machine Learning. 37 (3): 277–296. doi:10.1023/A:1007662407062.

2. Bishop, Christopher M. (2006). Pattern Recognition and Machine Learning. Springer.

3. Rosenblatt, Frank (1957), The Perceptron--a perceiving and recognizing automaton. Report 85-460-1, Cornell Aeronautical Laboratory.

4. Mikel Olazaran (1996). “A Sociological Study of the Official History of the Perceptrons Controversy”. Social Studies of Science. 26 (3): 611–659. doi:10.1177/030631296026003005. JSTOR 285702.

5. Aizerman, M. A.; Braverman, E. M.; Rozonoer, L. I. (1964). “Theoretical foundations of the potential function method in pattern recognition learning”. Automation and Remote Control. 25: 821–837.

6. Mohri, Mehryar and Rostamizadeh, Afshin (2013). Perceptron Mistake Bounds arXiv:1305.0208, 2013.

7. Liou, D.-R.; Liou, J.-W.; Liou, C.-Y. (2013). Learning Behaviors of Perceptron. iConcept Press. ISBN 978-1-477554-73-9.

8. Genevieve B. Orr. “The Perceptron”. Willamette University. Retrieved 3 March 2017.

9. Bishop, Christopher M. “Chapter 4. Linear Models for Classification”. Pattern Recognition and Machine Learning. Springer Science+Business Media, LLC. p. 194. ISBN 978-0387-31073-2.

10. A. Wendemuth. Learning the Unlearnable. J. of Physics A: Math. Gen. 28: 5423-5436 (1995)

11. W. Krauth and M. Mezard. Learning algorithms with optimal stability in neural networks. J. of Physics A: Math. Gen. 20: L745-L752 (1987)

12. J.K. Anlauf and M. Biehl. The AdaTron: an Adaptive Perceptron algorithm. Europhysics Letters 10: 687-692 (1989)

연습문제

4.1. 단층퍼셉트론은 왜 선형적 분류기인가?

4.2. 1차원 공간에 클래스 C_1은 $N(-5,1)$이고 클래스 C_2는 $N(5,1)$로 존재한다. 이 두 클래스를 구분하는 분류기를 설계하라. 여기서, $N(\mu,\sigma)$는 정규분포를 나타낸다.

4.3. 단층퍼셉트론으로 AND, OR, NOT, XOR 기능을 하는 논리 게이트를 각각 만들어 보아라. 만약, 어느 논리 게이트를 만들 수 없으면 그 이유를 설명하라.

4.4. 단층퍼셉트론의 출력 노드 활성화 함수가 식 (4.6.2)로 주어진 문턱함수인 경우에 오차함수 식 (4.7.2)에 대하여 가중치 변경식을 유도하라.

4.5. 단층퍼셉트론의 출력 노드 활성화 함수가

$$y = f(\hat{y}) = \begin{cases} 1 & \text{if } \hat{y} > 0 \\ -1 & \text{otherwise} \end{cases} \tag{문 4.5}$$

이고, 출력의 오차함수는 $E = -(r^t - y^t)\hat{y}^t$로 주어졌다. 가중치 변경식을 유도하라.

4.6. 식 (4.3.3)과 (4.3.4)로 주어진 최소 위험도 분류기에서 손실이 아래 표와 같이 주어진 경우에 대하여 판별식을 유도하라.

		True Classes	
		C_1	C_2
Hypothesized Classes	$C_1(\alpha_1)$	$\lambda_{11} = 0$	$\lambda_{12} = 9$
	$C_2(\alpha_2)$	$\lambda_{21} = 1$	$\lambda_{22} = 0$

4.7. 단층퍼셉트론의 출력이 $\hat{y}=\sum_{k=0}^{d} w_k x_k$와 같이 가중치 합이 계산 된 후 $y=g(\hat{y})$으로 주어졌다고 하자. Two-Class 문제에서 각 클래스의 확률밀도함수가 공분산 행렬은 Σ인 가우시안 분포로

$$p(\boldsymbol{x}|C_k)=\frac{1}{(2\pi)^{d/2}|\Sigma|^{1/2}}exp\left[-\frac{1}{2}(\boldsymbol{x}-\boldsymbol{\mu}_k)^T\Sigma^{-1}(\boldsymbol{x}-\boldsymbol{\mu}_k)\right] \quad \text{(문 4.7.1)}$$

와 같이 주어진 경우에 $P(C_1|\boldsymbol{x})$을 유도하고, 함수 $g(.)$가 Logistic Sigmoid 모양이 되는 근거를 제시하라. 마지막으로 가중치 벡터와 바이어스를 공분산 행렬, 평균, $P(C_1)$, $P(C_2)$의 함수로 유도하라.

4.8. 그림 [문 4.8]은 두 가지 클래스의 분포를 나타낸다. 선형판별함수가 $y(x)=wx+w_0$와 같이 주어질 때

$$E=2\int_0^2 (y(x)-1)^2dx+\int_3^4 (y(x)+1)^2dx \quad \text{(문 4.8.1)}$$

와 같이 정의된 오차함수를 최소화 시키는 선형판별함수를 구하라. 여기서, C_1과 C_2의 목표값은 각각 $+1$, -1이다.

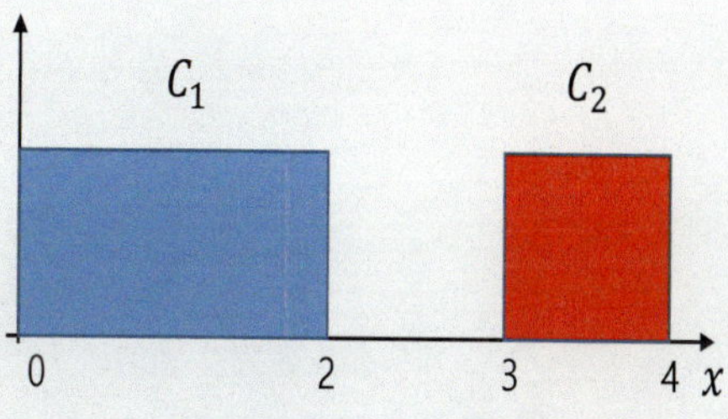

그림 [문 4.8]

제 5 장

전방향 신경회로망

Feed-Forward Neural Networks

5.1 다층 퍼셉트론(Multi-Layer Perceptron)

1957년에 Rosenblatt이 제안한 단층 퍼셉트론은 입력공간에 위치한 벡터에 대하여 가중치 합을 수행한 후 문턱함수를 거쳐 출력 값이 정해진다. 가중치 합은 입력의 공간을 경계면을 중심으로 나누는 역할을 수행하고, 문턱함수는 경계면을 중심으로 0과 1의 값을 지닌 출력을 내어준다. 퍼셉트론은 결국 입력공간에서 하나의 경계면이 지닌 기능적 제한 때문에 선형적으로 구분이 가능한 문제(Linearly Separable Problem) 만을 해결할 수 있다. 퍼셉트론을 여러 층으로 쌓아 올려서 이 한계를 해결한 것이 다층퍼셉트론(MLP: Multi-Layer Perceptron)이다. 즉, 입력공간을 여러 개의 경계면으로 나눈 퍼셉트론을 쌓아올려 더 복잡한 기능을 수행하도록 하였다. 아래 그림은 2층 구조의 다층퍼셉트론을 보여준다.

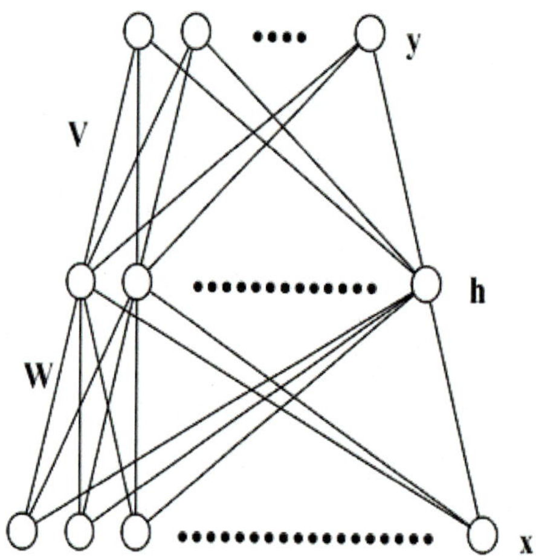

그림 5.1. 다층 퍼셉트론의 구조

다층퍼셉트론에서 입력층 노드 값을 벡터 $\boldsymbol{x} = [x_1, x_2, \ldots, x_N]^T$으로, 출력층 노드 값을 $\boldsymbol{y} = [y_1, y_2, \ldots, y_M]^T$으로 각각 나타내었다. 여기서, 은닉층(Hidden Layer)의 노드 값을 $\boldsymbol{h} = [h_1, h_2, \ldots, h_H]^T$으로 표시하였다. 학습패턴은 입력과 목표 출력 벡터를 쌍으로 하여 $D = \{(\boldsymbol{x}^p, \boldsymbol{t}^p)\}_{p=1}^P$ 형태로 저장한다. 분류 문제에서는 목표벡터 $\boldsymbol{t}$가 이산 벡터로 정해지며, 회귀 문제에서는 연

속적인 값으로 정해진다. **h**는 외부에서 주어지지 않고 학습과정 중에 생성되므로 은닉층이라고 불린다. 입력층과 은닉층 사이에 가중치 행렬 **W**가 존재하여 입력층의 노드 값을 은닉층으로 전달하며, 은닉층과 출력층 사이에 가중치 행렬 **V**는 은닉층의 노드 값을 출력층으로 전달한다. 출력층에서 정의된 오차 함수의 각 가중치에 대한 미분이 가능하도록 은닉층의 노드는 시그모이드 활성화 함수(Sigmoid Activation Function)를 지니도록 하였다. 출력층 노드는 분류 문제의 경우에는 시그모이드 활성화 함수를 사용하지만, 회귀문제의 경우 선형 활성화 함수를 사용한다.

입력 $\boldsymbol{x}$가 주어지면 j번째 은닉노드는 가중치 합이

$$\hat{h}_j = \sum_{i=1}^{N} w_{ji} x_i + w_{j0} = \sum_{i=0}^{N} w_{ji} x_i \tag{5.1.1}$$

와 같이 계산된다. 여기서, w_{ji}는 x_i와 h_j의 연결 가중치이고, w_{j0}는 바이어스이다. 표현을 간단하게 하기 위하여 $x_0 = 1$을 도입하면 식 (5.1.1)의 마지막 항이 성립된다. 은닉노드 h_j는 가중치 합 $\hat{h}_j$를 시그모이드 활성화 함수에 통과시켜

$$h_j = f(\hat{h}_j) = \tanh(\hat{h}_j/2) \tag{5.1.2}$$

로 얻어진다. 여기서 활성화 함수는 −1과 1 사이의 함수 값을 지니도록 하였다. h_j로부터 출력 노드 y_k를 계산하는 과정 역시 마찬가지로 먼저 가중치 합이

$$\hat{y}_k = \sum_{j=1}^{H} v_{kj} h_j + v_{k0} = \sum_{j=0}^{H} v_{kj} h_j \tag{5.1.3}$$

와 같이 계산되며, 여기서 계산식을 간단히 표현하기 위하여 $h_0 = 1$로 설정하였다. 출력 노드 값 y_k는 비선형 활성화 함수를 통과시켜

$$y_k = f(\hat{y}_k) = \tanh(\hat{y}_k/2) \tag{5.1.4}$$

로 얻어진다. 입력 x에서 은닉 노드벡터 h를 거쳐 출력 노드벡터 y를 계산하는 이 과정을 전방향 계산(Forward Propagation)이라고 한다. 또한, 다층 퍼셉트론과 같이 입력이 전방향 계산에 의해 출력층으로 전달되는 구조를 지닌 신경회로망을 전방향 신경회로망(Feed-Forward Neural Network)이라고 한다.

5.2 다층퍼셉트론의 표현 능력

하나의 은닉노드 h_j는 가중치 합을 수행하는 가중치 벡터와 비선형활성화 함수의 연속적 작용에 의해 입력공간을 경계면을 기준으로 완만한 문턱함수를 적용한 모양으로 표현한다. 이를 3차원 공간으로 그려 아래 그림에 나타내었다.

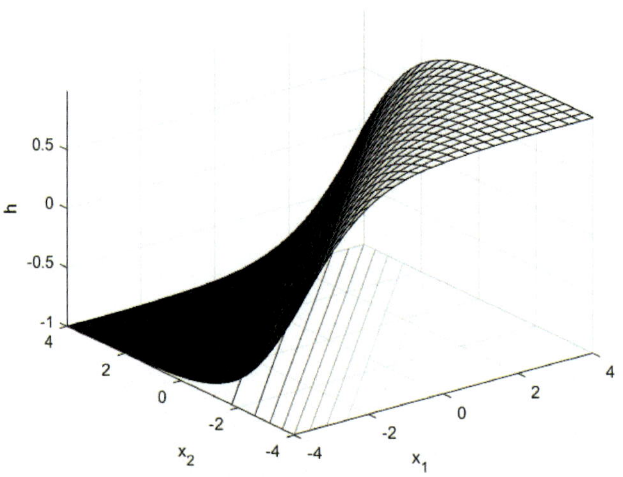

그림 5.2. 은닉노드 하나의 입력 공간 표현

두 개의 은닉노드를 이용하면 입력공간에 산맥 모양을 만들 수 있으며, 은닉노드들을 더 합치면 더 다양한 모양을 만들 수 있다. 이를 그림 5.3(a)와 (b)에 각각 나타내었다. 이와 같이 비선형활성화 함수를 지닌 은닉노드들의 합으로 어떤 형태의 함수든지 만들어 낼 수 있을 것이다. 이에 대하여 Hornik은 “2층 구조의 전방향 신경회로망은 충분한 수의 은닉노드가 있으면 어떤 연속함수이든지 임의의 정확도로 근사화시킬 수 있다”는 것을 수학적으로 증명하였다. 이를 근거로, 다층퍼셉트론 혹은 전방향 신경회로망은 보편적인 근사화 기계(Universal Approximator)라고 부른다.

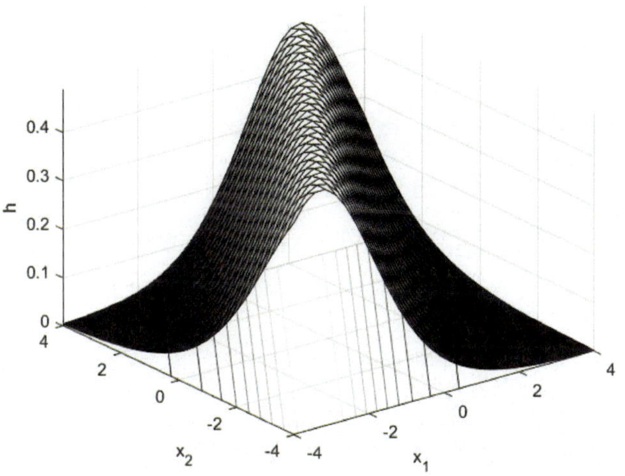

(a) 계곡 모양

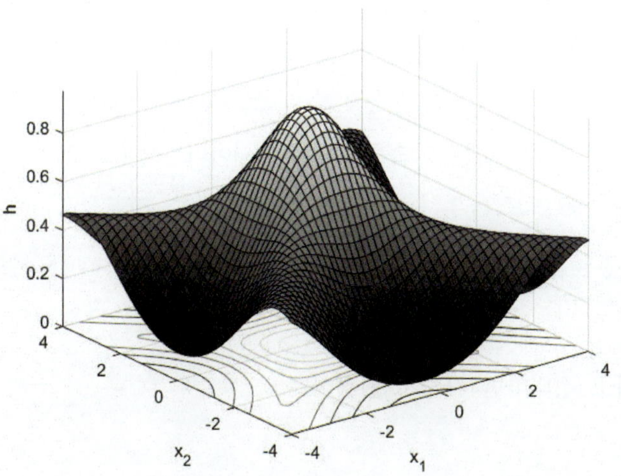

(b) 다양한 모양

그림 5.3. 여러 은닉노드의 입력 공간 표현

5.3 오류 역전파(Error Back-Propagation) 학습

다층퍼셉트론에서 임의의 입력벡터 x에 대하여 은닉노드 벡터 h와 출력벡터 y가 계산되고, 출력의 목표벡터가 t로 주어지면 일반적으로 MSE(Mean Squared Error) 함수

$$E_{MSE} = \frac{1}{2}\sum_{k=1}^{M}(t_k - y_k)^2 \tag{5.3.1}$$

으로 출력과 목표벡터 사이의 거리를 측정한다. 가중치들은 이 거리를 최소화시키기 위하여 경사 강하법(Gradient Descent)에 의해 변경된다. 즉, 오차함수를 가중치에 대하여 미분하고, 이 미분의 감소방향으로 가중치를 변경한다. 먼저 MSE를 출력층 가중치에 대하여 미분하면 연쇄법칙(Chain Rule)에 의해

$$\frac{\partial E_{MSE}}{\partial v_{kj}} = \frac{\partial E_{MSE}}{\partial y_k}\frac{\partial y_k}{\partial \hat{y_k}}\frac{\partial \hat{y_k}}{\partial v_{kj}} \tag{5.3.2}$$

이 되며, 가중치 v_{kj}는

$$\Delta v_{kj} = -\eta\frac{\partial E_{MSE}}{\partial v_{kj}} \tag{5.3.3}$$

에 따라 변경시킨다. 여기서, η는 학습률(Learning Rate)이다. 식 (5.3.2)에서

$$\delta_k \equiv -\frac{\partial E_{MSE}}{\partial \hat{y_k}} = (t_k - y_k)f'(\hat{y_k}) \tag{5.3.4}$$

를 출력오류신호라고 정의하면 가중치 변경식은

$$\Delta v_{kj} = \eta(t_k - y_k)f'(\hat{y_k})h_j = \eta\delta_k h_j \tag{5.3.5}$$

와 같이 유도된다. 이때, 식 (5.1.4)에서 시그모이드 활성화 함수의 기울기는 미분에 의해

$$f'(\hat{y_k}) = \frac{\partial y_k}{\partial \hat{y_k}} = \frac{(1-y_k)(1+y_k)}{2} \tag{5.3.6}$$

이 된다.

참조 시그모이드 활성화 함수의 미분을 구하여 보자.

$$y = f(x) = \tanh(x/2) = \frac{e^{x/2} - e^{-x/2}}{e^{x/2} + e^{-x/2}} \tag{5.3.7}$$

이다. $u = x/2$로 치환하여

$$f'(x) = \frac{dy}{dx} = \frac{dy}{du}\frac{du}{dx} \tag{5.3.8}$$

로 변경시켜서 계산하면, $du/dx = 1/2$이고

$$\frac{dy}{du} = (1-y)(1+y) \tag{5.3.9}$$

이므로

$$f'(x) = \frac{(1-y)(1+y)}{2} \tag{5.3.10}$$

이다.

참조

$$\frac{d}{dx}\left(\frac{f(x)}{g(x)}\right) = \frac{f'(x)g(x) - f(x)g'(x)}{g^2(x)} \tag{5.3.11}$$

$$\frac{d}{dx}\left(e^{f(x)}\right) = f'(x)e^{f(x)} \tag{5.3.12}$$

은닉층 가중치의 변경 식 역시 오차함수를 중간층 가중치 w_{ji}에 대하여 미분을 구하여 미분이 감소하는 방향으로 학습률을 적용하여 구하면 된다. 오차함수를 w_{ji}에 대하여 음의 방향으로 미분하면

$$-\frac{\partial E_{MSE}}{\partial w_{ji}} = -\sum_{k=1}^{M} \frac{1}{2} \frac{\partial (t_k - y_k)^2}{\partial y_k} \frac{\partial y_k}{\partial \widehat{y_k}} \frac{\partial \widehat{y_k}}{\partial h_j} \frac{\partial h_j}{\partial \widehat{h_j}} \frac{\partial \widehat{h_j}}{\partial w_{ji}} \qquad (5.3.13)$$

$$= \sum_{k=1}^{M} \delta_k v_{kj} f'(\widehat{h_j}) x_i$$

이 된다. 여기서, 은닉노드 h_j에 출력층으로 부터 역전파 되어온 오류를

$$\delta_j^{(hidden)} \equiv -\frac{\partial E}{\partial \widehat{h_j}} = f'(\widehat{h_j}) \sum_{k=1}^{M} v_{kj} \delta_k \qquad (5.3.14)$$

와 같이 정의하면

$$\Delta w_{ji} = \eta x_i f'(\widehat{h_j}) \sum_{k=1}^{M} v_{kj} \delta_k = \eta \delta_j^{(hidden)} x_i \qquad (5.3.15)$$

와 같이 은닉층 가중치 w_{ji}의 변경식이 구해진다.

식 (5.3.14)를 살펴보면 출력층의 오류 δ_k가 가중치 v_{kj}를 통하여 은닉층으로 역전파된 후 시그모이드 기울기 $f'(\widehat{h_j})$가 곱해져 은닉층 노드의 오류 $\delta_j^{(hidden)}$이 구해진다. 위층의 오류신호가 역전파되어 아래층의 오류 신호가 구해지는 이 과정을 그림 5.4에 그렸다. 각 층의 오류신호가 구해지면 가중치는 학습률에 오류신호와 아래층 노드 값이 곱해지는 형태로 변경된다. 이렇게 역방향으로 계산이 이루어지는 과정을 오류 역전파(EBP: Error Back-Propagation) 학습 알고리즘이라고 한다.

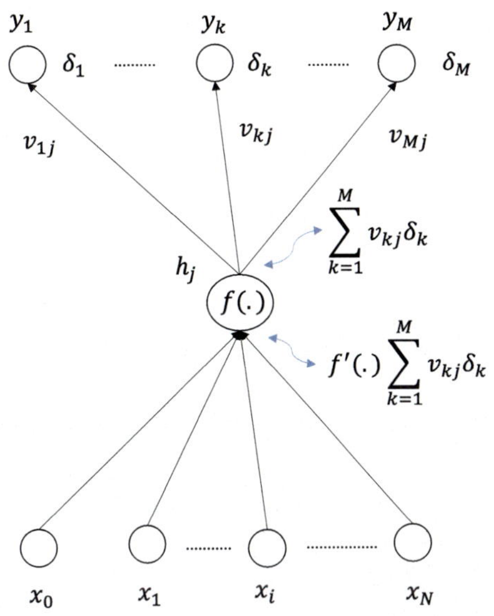

그림 5.4. 오류 역전파 개념도

5.4 부적절한 포화 (Incorrect Saturation)

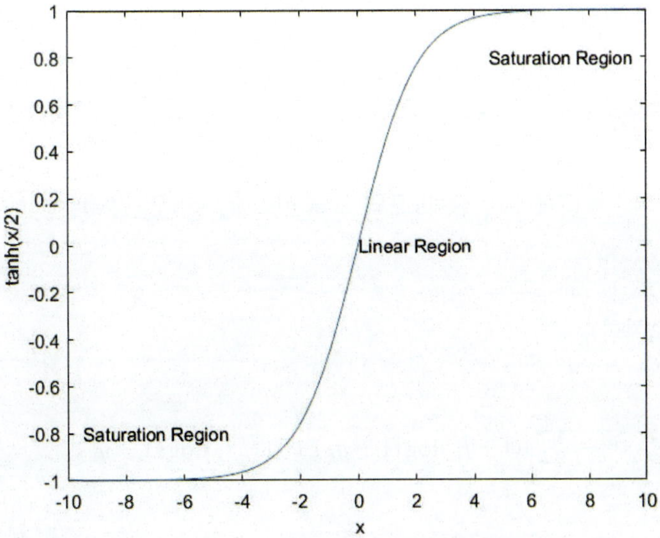

그림 5.5. 시그모이드 활성화 함수

은닉노드와 출력 노드가 지닌 시그모이드 활성화함수 $\tanh(.)$는 그림 5.5에 나타난 바와 같이 선형 영역과 포화영역으로 나눌 수 있다. 포화영역에 출력 노드의 가중치 합이 위치하는 경우 $f'(\hat{y_k}) \approx 0$이 된다. 입력벡터 $\boldsymbol{x}$에 대하여 출력벡터 $\boldsymbol{y}$가 계산되고, 출력의 목표벡터가 $\boldsymbol{t}$로 주어진 경우, $y_k \approx t_k$이면 $\delta_k \approx 0$이어서 가중치들은 식 (5.3.5)와 (5.3.14)에서 보는 바와 같이 거의 변경되지 않는다. 만약, $t_k = \pm 1$이고 $y_k \approx \mp 1$이면 $|t_k - y_k| \approx 2$이어서 가중치들은 많이 바뀌어야 하지만 $f'(\hat{y_k}) \approx 0$이어서 실제 바뀌지 않는다. 즉, 출력노드가 목표값과 반대 방향의 포화영역에 위치하였기 때문이다. 이를 출력 노드가 부적절하게 포화(Incorrect Saturation) 되었다고 한다.

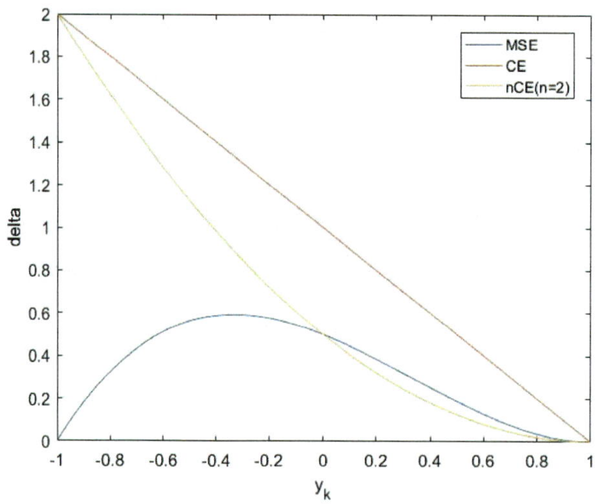

그림 5.6. 출력노드의 오류 신호 ($t_k = 1$인 경우)

CE(Cross-Entropy) 오차함수

$$E_{CE} = -\sum_{k=1}^{M} [(1+t_k)\log(1+y_k) + (1-t_k)\log(1-y_k)] \qquad (5.4.1)$$

를 이용하면

$$\delta_k \equiv -\frac{\partial E_{CE}}{\partial \hat{y_k}} = (t_k - y_k) \tag{5.4.2}$$

이 된다. 이 식을 보면 δ_k에서 시그모이드의 기울기 항이 제거되었음을 알 수 있다. 따라서, 부적절하게 포화된 출력노드 때문에 학습이 되지 않는 현상을 해결하게 된다. MSE와 CE 함수에 대하여 $t_k = 1$인 경우 출력노드의 오류신호 δ_k를 그림으로 그리면 그림 5.6과 같다. 이 그림에서 보는 바와 같이 MSE에 기반한 출력노드의 오류신호는 $y_k \approx -1$일 때 감소하여 부적절한 포화 상태를 빠져나오지 못하게 된다. CE에 기반한 출력노드의 오류신호는 $y_k \approx -1$일 때 그 반대로 증가하여 가중치의 변경량이 증가하게 되고 결국 부적절한 포화 상태를 빠져나오게 됨을 알 수 있다.

출력노드가 부적절하게 포화된 경우에는 CE에 기반한 방법과 같이 출력노드의 오류신호가 크게 발생되어야 한다. 한편, 출력노드가 목표값에 근접한 상황에서 학습패턴에 대한 과도한 학습(Overtraining)은 시험패턴에 대한 오차를 증가시킨다. CE에 기반한 방법은 그림 5.6에서 보는 바와 같이 $y_k \approx t_k$이어도 δ_k가 상대적으로 큰 값을 지니므로 과도한 학습이 일어나게 된다. 이를 방지하기 위하여 $y_k \approx t_k$이면 δ_k가 작은 값을 지니도록 파라미터 n을 사용하여 CE 오차함수를 변형시킨 오차 함수 nCE(n-th Order Extension of CE)가

$$E_{nCE} = -\sum_{k=1}^{M} \int \frac{t_k^{n+1}(t_k - y_k)^n}{2^{n-2}(1-y_k)(1+y_k)} dy_k \tag{5.4.3}$$

이다. 여기서, t_k는 분류 문제이므로 ± 1의 값을 지니며, n은 자연수이다. nCE에 기반하여 출력노드의 오류 신호를 유도하면

$$\delta_k \equiv -\frac{\partial E_{nCE}}{\partial \hat{y_k}} = \frac{t_k^{n+1}(t_k - y_k)^n}{2^{n-1}} \tag{5.4.4}$$

이 되며, 이를 $t_k = 1$과 $n = 2$로 두고서 그림 5.6에 그렸다. $y_k \approx -1$이면 CE에 기반한 방법에서처럼 출력노드의 오류신호는 증가하며, $y_k \approx t_k$이면 출력노드의 오류신호는 감소하여 과

도한 학습을 방지한다. 식 (5.4.3)은 분류문제를 위하여 제안된 오차함수이며 회귀문제에 적용될 수 없다.

> **참조**
> $$F(x) = \int f(x)dx + C \text{ 이면 } \frac{dF(x)}{dx} = f(x)\text{이다.} \tag{5.4.5}$$

여기에서 설명한 여러 오차함수 이외에도 다층퍼셉트론의 학습 성능을 개선하기 위하여 제안된 오차함수들이 있다. 이러한 오차함수들 역시 오류역전파 알고리즘에 따라 가중치를 변경하는 형태로 학습이 이루어진다. 오류역전파 알고리즘은 다음과 같이 정리 된다.

오류역전파(EBP) 알고리즘

① 다층퍼셉트론의 가중치들을 초기화 시킨다.
② 학습패턴 $\boldsymbol{x}$가 주어지면, 전방향 계산에 의해 출력노드 값을 구한다.
③ 출력노드의 오류 신호 δ_k를 계산한다.
④ 은닉노드의 오류신호 $\delta_j^{(hidden)}$을 역전파 방법에 의해 계산한다.
⑤ 출력층 가중치와 은닉층 가중치의 변경량을 계산한다.
⑥ 출력층 가중치와 은닉층 가중치를 변경시킨다.

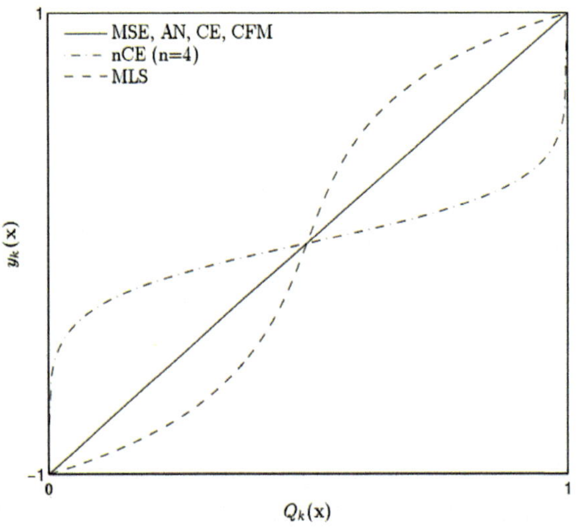

그림 5.7. 오차함수의 최적 해에 해당하는 출력

참조 오차함수의 통계적 의미

오차함수의 통계적 의미를 분류문제의 경우에 대하여 유도하여 보자. 분류문제에서 목표 값은

$$t_k = \begin{cases} +1 & \text{if } x \text{ originates from class k} \\ -1 & \text{otherwise} \end{cases} \tag{5.4.6}$$

로 주어진다. 그러면, 학습패턴의 수가 무한대로 갈 경우 오차함수 E_{MSE}를 최소화하는 다층퍼셉트론은

$$E[E_{MSE}] = E\left[\frac{1}{2}\sum_{k=1}^{M}(T_k - y_k(\boldsymbol{X}))^2\right] \tag{5.4.7}$$

을 최소화 시키는 다층퍼셉트론으로 수렴한다. 여기서, $E[.]$는 기대치(Expectation) 연산자이고, T_k는 목표값 확률변수이고, $\boldsymbol{X}$는 입력을 나타내는 확률벡터이다. 목표값이 식 (5.4.6)과 같이 코딩되어 있기 때문에 식 (5.4.7)에서

$$E\left[\sum_{k=1}^{M}(T_k - y_k(\boldsymbol{X}))^2\right] = \sum_{k=1}^{M}\int\left[(1-y_k(\boldsymbol{x}))^2 Q_k(\boldsymbol{x}) + (-1-y_k(\boldsymbol{x}))^2(1-Q_k(\boldsymbol{x}))\right]f(\boldsymbol{x})d\boldsymbol{x} \tag{5.4.8}$$

로 된다. 여기서, $Q_k(\boldsymbol{X}) = \Pr[\boldsymbol{X} \text{ originates from class k} | \boldsymbol{X} = \boldsymbol{x}]$이고, $f(\boldsymbol{x})$는 $\boldsymbol{x}$의 확률밀도함수이다. 식 (5.4.8)을 최소화 시키는 함수 $b_k(\boldsymbol{X})$를 $(-1,+1)$ 구간의 함수 공간에서 찾아보자. 고정된 $Q_k(\boldsymbol{X})$, $0 < Q_k(\boldsymbol{X}) < 1$에 대하여 최적 해 $b_k(\boldsymbol{X})$는 식 (5.4.8)의 $y_k(\boldsymbol{x})$에 대한 미분이 0이 되는 조건에 의해

$$b_k(\boldsymbol{X}) = 2Q_k(\boldsymbol{X}) - 1, \ \ k = 1, 2, \ldots, M \tag{5.4.9}$$

으로 구해진다.

CE 오차함수에 대하여도 최적해를 구해보자. 오차함수 E_{CE}를 최소화시키는 다층퍼셉트론은 식 (5.4.1)로부터

$$E[E_{CE}(\boldsymbol{X})] = -\sum_{k=1}^{M}\int[2Q_k(\boldsymbol{x})\log(1+y_k(\boldsymbol{x}))+2(1-Q_k(\boldsymbol{x}))\log(1-y_k(\boldsymbol{x}))]f(\boldsymbol{x})d\boldsymbol{x} \tag{5.4.10}$$

을 최소화 시키는 다층퍼셉트론으로 수렴한다. 식 (5.4.10)을 최소화 시키는 해는 식 (5.4.9)와 동일하게 얻어진다.

식 (5.4.3)으로 주어진 *n*CE 오차함수에 대한 최적해는

$$E[E_{nCE}(\boldsymbol{X})] = -\sum_{k=1}^{M}\int[Q_k(\boldsymbol{x})l(1,y_k(\boldsymbol{x}))+(1-Q_k(\boldsymbol{x}))l(-1,y_k(\boldsymbol{x}))]f(\boldsymbol{x})d\boldsymbol{x} \tag{5.4.11}$$

를 최소화 시키는 함수이다. 여기서,

$$l(t,y) = -\int\frac{t^{n+1}(t-y)^n}{2^{n-2}(1-y^2)}dy \tag{5.4.12}$$

이다. MSE 및 CE의 경우와 마찬가지 과정을 거치면 최적해는

$$b_k(\boldsymbol{X}) = g(h_n(Q_k(\boldsymbol{x}))) \tag{5.4.13}$$

으로 구해지며, 여기서

$$h_n(q) = \left(\frac{1-q}{q}\right)^{\frac{1}{n}} \tag{5.4.14}$$

이고

$$g(u) = \frac{1-u}{1+u} \tag{5.4.15}$$

이다.

한편, 특이값(Outlier)에 의해 가중치가 과도하게 변경되는 것을 억제하기 위하여 제안된 MLS(Mean-Log Square) 오차함수가

$$E_{MLS} = \sum_{k=1}^{M}\log\left(1+\frac{1}{2}(t_k-y_k)^2\right) \tag{5.4.16}$$

이다. 이 오차함수의 최적해는

$$E[E_{MLS}(\boldsymbol{X})] = -\sum_{k=1}^{M}\int\left[\begin{array}{l} Q_k(\boldsymbol{x})\log\left(1+\frac{1}{2}(1-y_k)^2\right) \\ +(1-Q_k(\boldsymbol{x}))\log\left(1+\frac{1}{2}(1+y_k)^2\right)\end{array}\right]f(\boldsymbol{x})d\boldsymbol{x} \tag{5.4.17}$$

로부터 구할 수 있다. 식 (5.4.17)을 최소화시키는 해는

$$b_k(\boldsymbol{X}) = h^{-1}(Q_k(\boldsymbol{x})) \tag{5.4.18}$$

로 구해지면, 여기서

$$h(y) = \left(\frac{y^3 - y^2 + y + 3}{-2y^2 + 6}\right) \tag{5.4.19}$$

이다. 이외에도, CFM(Classification Figure of Merit)

$$CFM = \sum_{k \neq c}\frac{1}{1+\exp(-\beta(y_c - y_k))} \tag{5.4.20}$$

가 인식률 향상을 목적으로 제안되었다. 여기서, y_c는 입력이 속한 클래스에 해당하는 출력을 나타내며, y_k는 그 이외의 출력을 나타낸다. 다층퍼셉트론은 CFM을 증가시키도록 학습시킨다. 또한, MSE에서 목표값에 평균이 0이고 분산이 σ^2인 노이즈 n_k를 더한 AN(Additive Noise) 방법은 오차함수가

$$E_{AN} = \frac{1}{2}\sum_{k=1}^{M}(t_k + n_k - y_k)^2 \tag{5.4.21}$$

이다. CFM과 AN 방법에 대하여도 마찬가지 분석을 하여 그 최적해들을 그림 5.7에 그렸다. 이 그림에서 보면 모든 최적해 $b_k(\boldsymbol{X})$는 $Q_k(\boldsymbol{X})$의 단조증가 함수이므로, 학습결과는 Bayes Classifier임을 알 수 있다. 또한, 각 오차함수들의 최적해는 고유한 특징을 보인다.

참조 교차 엔트로피(Cross-Entropy) 오차함수와 상대 엔트로피

CE 오차함수는 상대 엔트로피(Relative Entropy)와 연계되어 있다. 확률 질량 함수 $p(x)$를 지닌 이산확률변수 x의 엔트로피는

$$H(X) \equiv -\sum_{x} p(x)\log p(x) \tag{5.4.22}$$

로 정의된다. x의 확률질량 함수를 $q(x)$로 추정하면, 이 추정에 대한 정확도를 측정할 필요가 있으며, 이를 위하여 상대 엔트로피 혹은 쿨백-라이블러 발산(Kullback-Leibler Divergence)이

$$D(p\|q) \equiv \sum_{x} p(x)\log\frac{p(x)}{q(x)} \tag{5.4.23}$$

로 정의된다.

확률변수 x가 두 가지 경우의 수 0과 1만 가진다고 하자. 그러면,

$$p(x=1)=p \text{ and } p(x=0)=1-p \tag{5.4.24}$$

이 되며,

$$q(x=1)=q \text{ and } q(x=0)=1-q \tag{5.4.25}$$

로 정할 수 있다. 이를 식 (5.4.23)에 대입하면

$$\begin{aligned} D(p\|q) &= p(0)\log\frac{p(0)}{q(0)} + p(1)\log\frac{p(1)}{q(1)} \\ &= (1-p)\log\frac{1-p}{1-q} + p\log\frac{p}{q} \\ &= E_{CE} - H(p) \end{aligned} \tag{5.4.26}$$

이 된다. 여기서,

$$H(p) = -p\log p - (1-p)\log(1-p) \tag{5.4.27}$$

는 두 가지 경우만을 지닌 확률변수의 엔트로피이고,

$$E_{CE} = -p\log q - (1-p)\log(1-q) \tag{5.4.28}$$

는 CE(Cross-Entropy)이다. 위의 식에서 q는 다층퍼셉트론의 출력값에 해당하고 p는 목표값에 해당한다고 보면

$$E_{CE} = -t\log y - (1-t)\log(1-y) \tag{5.4.29}$$

가 되어 다층퍼셉트론의 CE 오차함수가 된다. 한편, 다층퍼셉트론의 노드 값을 [0,1] 혹은 [-1,1]로 표현할 수 있는데, 식 (5.4.29)에 [-1,1] 모델을 적용하면 식 (5.4.1)로 변형된다. 따라서, 식 (5.4.1)로 주어진 CE 오차함수는 상대 엔트로피에서 확률변수가 두 가지 값(Two-Alphabets)을 가지는 경우에 해당한다.

예제 5.4-1

아래 그림으로 2차원 공간 상에 주어진 XOR 문제를 입력 2, 은닉노드 4, 출력 1개의 노드를 지닌 다층퍼셉트론으로 학습하기 위하여 초기 가중치를 $\boldsymbol{W} = \begin{pmatrix} w_{10} & w_{11} & w_{12} \\ w_{20} & w_{21} & w_{22} \\ w_{30} & w_{31} & w_{32} \\ w_{40} & w_{41} & w_{42} \end{pmatrix} = \begin{pmatrix} 0 & 1 & 0.5 \\ 0 & 1 & 0.9 \\ 0 & 0.9 & 1 \\ 0 & 0.5 & 1 \end{pmatrix}$와

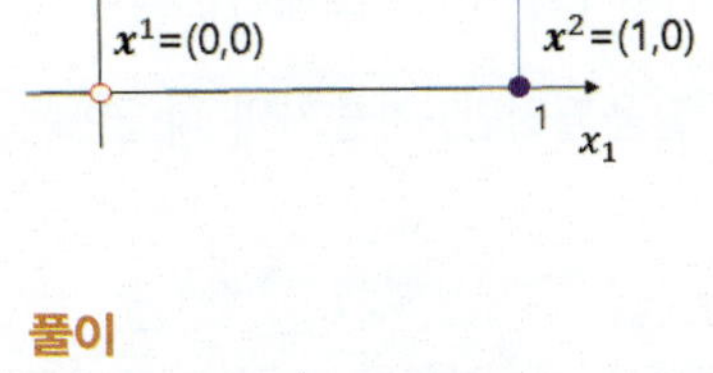

$\boldsymbol{v} = (v_0, v_1, v_2, v_3, v_4) = (0, 0.3, 0.6, 0.9, 1.2)$로 초기화하였다고 가정하자. 출력 목표값은 입력 $\boldsymbol{x}^1$과 $\boldsymbol{x}^4$에 대해서만 -1이고 입력 $\boldsymbol{x}^2, \boldsymbol{x}^3$에 대해서는 1이다. 4개의 입력 중 임의의 하나를 골라서 다층퍼셉트론에 입력하여 MSE, CE, nCE(n=2) 오차함수에 따른 출력노드와 첫 은닉노드의 오류신호를 구하여 보아라.

풀이

$\boldsymbol{x}^3 = (0,1)^T$이 입력되었다고 하자, 4개의 은닉노드에 대한 가중치 합은 식 (5.1.1)에 의해 $\hat{h}_1 = 0.5,\ \hat{h}_2 = 0.9,\ \hat{h}_3 = 1,\ \hat{h}_4 = 1$과 같이 계산되고, 식 (5.1.2)에 의해 $h_j = \tanh(\hat{h}_j/2)$ 활성화함수를 통과한 은닉노드의 출력값은 $h_1 = 0.2449,\ \ h_2 = 0.4219,\ \ h_3 = 0.4621,$

$h_4 = 0.4621$와 같이 계산된다. 그러면 출력노드에 대한 가중치 합 역시 식 (5.1.3)에 따라 $\hat{y} = (0,\ 0.3,\ 0.6,\ 0.9, 1.2)(1,\ 0.2449,\ 0.4219,\ 0.4621, 0.4621)^T = 1.2970$이고 출력은 식 (5.1.4)에 의해 $y = \tanh(\hat{y}/2) = 0.5707$이다.

출력노드의 시그모이드 기울기 항은 $f'(\hat{y}) = (1-y)(1+y)/2 = 0.3372$이고, h_1의 시그모이드 기울기 항은 $f'(\hat{h}_1) = (1-h_1)(1+h_1)/2 = 0.4700$이다. 따라서, 각 오차함수에 대한 출력노드의 오류신호는 식 (5.4.2), (5.3.4), (5.4.4)에 따르고, 은닉노드의 오류신호는 식 (5.3.14)에 따라 다음과 같이 주어진다.

$$\text{CE}: \delta_{CE} = t - y = 0.4293$$
$$\delta_1^{(hidden)} = f'(\hat{h}_1) \times v_1 \times \delta_{CE} = 0.47 \times 0.3 \times 0.4293 = 0.0605$$

$$\text{M.S.E.}: \delta_{MSE} = (t-y)f'(\hat{y}) = 0.4293 \times 0.3372 = 0.1448,\ \delta_1^{(hidden)} = 0.0204$$

$$\text{nCE}(\text{n}=2): \delta_{nCE} = (t-y)^2/2 = 0.0921,\ \delta_1^{(hidden)} = 0.0130$$

5.5 학습에 필요한 사항들

학습을 위하여 수집된 데이터들을 보통 학습패턴집합(Training Set)과 시험패턴집합(Test Set) 그리고 검증패턴집합(Validation Set)으로 구분한다. 학습패턴들은 다층퍼셉트론에 입력되어 오류역전파 학습에 따라 가중치들을 변경시키도록 한다. 시험패턴들은 학습이 잘 이루러졌는지를 평가하는 기준이 되며 학습 과정 혹은 학습 종료조건 설정에 활용되지 않는다. 검증패턴들은 학습 과정 혹은 학습 종료에 개입하여 여러 형태의 판단 기준으로 활용되지만, 가중치의 학습에는 사용되지 않는다.

다층퍼셉트론의 초기화 단계에서 가중치들은 임의의 값으로 할당된다. 만약에 초기 가중치들의 크기가 크다고 하면 전방향 계산에서 은닉노드와 출력노드들에 전달되는 가중치 합들은 시그모이드 활성화 함수의 포화영역에 위치할 가능성이 높아진다. 그러면, 시그모이드의 기울기가 아주 작은 값을 가지게 되어 오류 역전파 학습에서 가중치의 변경량이 미미하여 학습이 진행되지 않는다. CE 혹은 nCE에 기반한 학습방법을 사용하면 출력층의 오류 신호는 시그모이드 기울기와 무관하게 되지만, 은닉노드들의 오류 신호는 시그모이드 기울기와 관련이 있으므로 학습이 진행되지 않게 된다. 이를 "조기포화(Premature Saturation) 현상"이라고 하며, 이를 피하기 위하여 초기 가중치들은 크기가 작은 값을 지니게 임의의 값으로 할당되어 가중치 합들이 시그모이드 활성화 함수의 선형 영역에 위치하도록 하여야 한다.

참조 초기 가중치의 크기와 가중치 합의 관계

계산의 간단함을 위하여 학습초기에 가중치들은 $[-W_{\max}, W_{\max}]$ 사이에서 균일분포를 지니도록 임의로 설정되었다고 하자. 그리고, 입력 x_i는 ± 1의 값을 지닌다고 하면 은닉노드에 입력되는 가중치 합의 평균은

$$E[\hat{h}_j] = 0 \tag{5.5.1}$$

이고, 분산은

$$\sigma^2_{\hat{h}_j} = \frac{N+1}{3} W^2_{\max} \tag{5.5.2}$$

이다. 여기서, $E[.]$는 기대치 연산자이고, σ^2은 분산이다. 위 식을 보면 $W_{\max}$가 커질 때 가중치 합이 시그모이드 활성화 함수의 포화영역에 위치할 확률이 증가한다.

참조 연속확률변수의 평균과 분산

확률밀도함수가 $f(x)$인 연속확률변수 x의 평균은

$$E[x] = \int x f(x) dx \tag{5.5.3}$$

이다. 분산은 정의에 의해

$$\sigma^2 = E[x^2] - E^2[x] \tag{5.5.4}$$

이며

$$E[x^2] = \int x^2 f(x)dx \tag{5.5.5}$$

이다.

학습 유형을 크게 묶음 유형(Batch Type)과 온라인 유형(Online Type)으로 나눈다. 묶음 유형은 각각의 학습패턴이 입력될 때 계산되어지는 가중치 변경량을 축적한다. 묶음 단위에 해당하는 학습패턴의 입력이 다 수행되면 축적된 가중치 변경량을 묶음 단위의 패턴 수로 나눈 후, 그 결과 값으로 가중치들을 변경시킨다. 온라인 유형은 묶음 단위가 1인 경우에 해당하며, 학습패턴이 입력될 때 마다 가중치를 변경시키는 방식이다.

가중치 변경이 시간 *t*에서 일어날 때 *t-1*에서의 가중치 변경량도 고려하여 가중치를 변경시키면 가중치벡터 변경의 방향성을 유지시키고 변동성이 큰 성분은 서로 상쇄되어 학습의 수렴성이 좋아질 것이다. 이를 수용하도록 모멘텀 요인(Momentum Factor) α를 도입하여 가중치 변경식을

$$\Delta v_{kj}(t) = \eta \delta_k h_j + \alpha \Delta v_{kj}(t-1) \tag{5.5.6}$$

$$\Delta w_{ji}(t) = \eta \delta_j^{(hidden)} x_i + \alpha \Delta w_{ji}(t-1) \tag{5.5.7}$$

로 적용한다.

오류역전파 학습은 수렴이 보장되지 않으며 오차의 국소 최소화(Local Minima) 지점에 머무르거나 진동을 하게 된다. 국소 최소화 지점에 빠지는 것을 피하기 위하여 초기가중치들을 다르게 하여 여러 번 학습 시킨 후 좋은 결과를 취하거나, 여러 번 학습시킨 결과를 모아서 종합망(Committee Network)을 구성한 후 시험패턴집합(Test Set)에 대하여 결정을 내리도록 한다. 그리고, 학습과정에 진동 현상이 나타나면 학습률을 감소시켜 진동 현상이 줄어들도록 한다.

그림 5.8은 필기체 숫자 18,468개를 입력 144, 은닉노드 30, 출력노드 10 구조를 지닌 다층퍼

셉트론에 온라인으로 학습시키고 2,214개의 시험패턴으로 성능을 평가한 결과를 보여준다. 수평축은 epoch을 나타내고 수직축은 오인식률이다. Epoch은 오류역전파 학습을 전체 학습패턴을 대상으로 한번 수행한 것을 나타내는 단위이다. 학습방법은 MSE에 기반한 EBP 방법, CE 방법, *n*CE 방법, 그리고 인식률 향상을 위하여 제안된 CFM(Classification Figure of Merit) 방법이다. *n*CE 방법이 가장 좋은 성능을 보임을 볼 수 있다. 한편, 모든 방법에서 정도의 차이를 보이지만 계속된 학습 시 학습패턴에 대한 오인식률은 감소함에도 불구하고 시험패턴에 대한 오인식률은 최저점에 도달 후 오히려 증가하는 현상이 나타남을 볼 수 있다. 즉, 학습 패턴에 대한 과도한 학습(Overtraining)에 의해 시험패턴에 대한 일반화 성능은 오히려 저하됨을 알 수 있다. 따라서, 과도한 학습이 일어나기 전에 학습을 종료시키는 것이 중요하다. 학습의 종료 기준은 정해진 수의 epoch, 학습패턴에 대한 오차의 기준치 도달 여부, 혹은 검증패턴의 오차가 증가하는 경우 등으로 정할 수 있다.

다층퍼셉트론의 학습 성능에 은닉노드의 수도 큰 영향을 미친다. 그렇지만, 은닉노드의 수를 결정하는 원칙은 없으며 대부분의 경우 시행착오를 거쳐 좋은 성능을 보이는 은닉노드 수를 결정한다. 은닉노드 수가 너무 적으면 주어진 문제를 제대로 학습할 수 없다. 그렇지만, 너무 많은 수의 은닉노드를 사용하게 되면 학습패턴에 대한 학습 성능은 좋아지지만, 학습패턴의 아주 자세한 부분까지 학습하게 되어 오히려 시험패턴에 대한 성능은 저하된다. 이를 과도하게 학습패턴에 맞추어 졌다(Over-Fitting)고 한다. 이를 방지하기 위하여 학습 과정 중에 가중치들을 감쇄시키기도 한다.

적당한 수의 은닉노드를 찾아내는 방식으로 다층퍼셉트론의 학습을 진행시킬 수도 있다. 즉, 적은 수의 은닉노드를 지닌 다층퍼셉트론을 학습시키면서 성능이 정체되면 은닉노드를 추가하는 방식과 많은 수의 은닉노드를 지닌 다층퍼셉트론을 학습시키면서 특정 기준에 따라 은닉노드를 제거하는 방식을 적용시킬 수 있다.

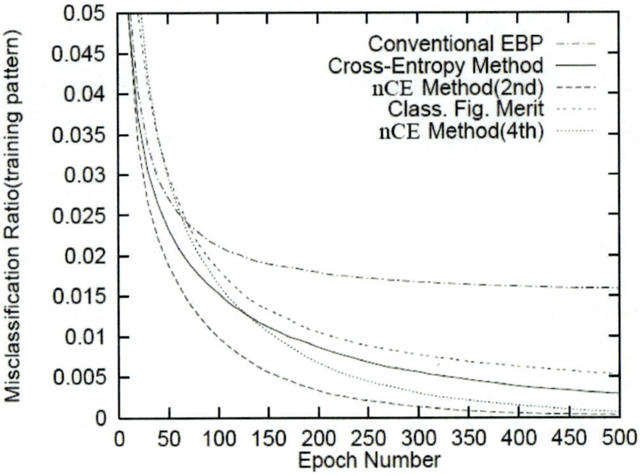

(a) 학습패턴에 대한 오인식률

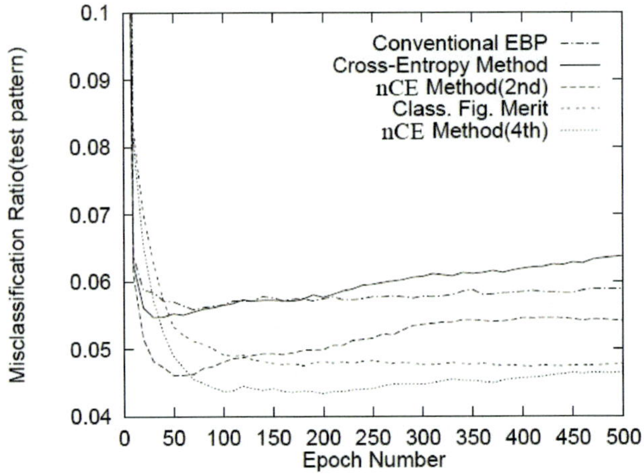

(b) 시험패턴에 대한 오인식률

그림 5.8. 필기체 숫자인식 문제의 학습 시뮬레이션 결과
[8. Sang-Hoon Oh 1997]

5.6 시계열 데이터와 신경회로망

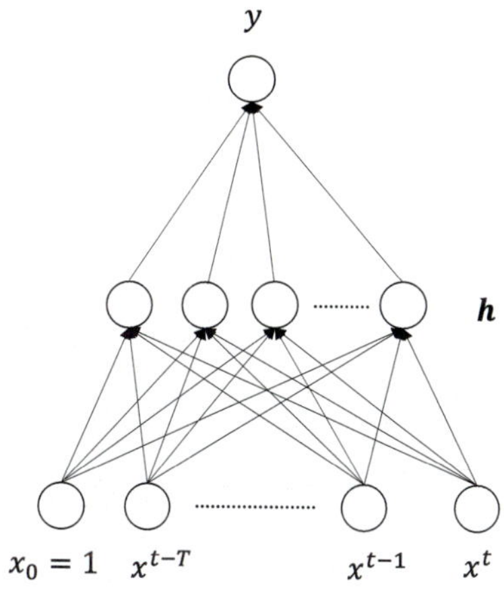

그림 5.9. TDNN의 구조

다층퍼셉트론에 벡터 형태의 다차원 입력이 주어지는 경우가 아니라 일차원으로 변하는 시계열(Time Series) 데이터를 다루기 위해서는 구조를 일부 변경하여야 한다. 즉, 입력층 노드들을 일차원 데이터의 시간 지연 항에 해당하도록 수정하면 된다. 이 구조를 TDNN(Time Delay Neural Network)이라 하며, 그 구조를 그림 5.9에 나타내었다. 즉, 다층퍼셉트론과 구조는 같으나 입력 노드에는 시간 지연된 일차원 데이터가 벡터를 형성하여 입력된다.

5.7 심층 신경회로망(Deep Neural Networks)

전방향 신경회로망은 은닉층 노드들에 의해 복잡한 기능을 수행한다. 만약 은닉층의 수가 늘어나면 전방향 신경회로망은 더 복잡한 기능을 수행할 수 있을 것이다. 이러한 목적으로 1980년대 이후 은닉층을 많이 사용한 심층 신경회로망(DNN: Deep Neural Network)의 학습을 시도하여 왔지만, 학습의 어려움 때문에 큰 진전이 없었다. 심층 신경회로망의 학습이 어려워지는 대표적인 이유는 출력층의 오류신호가 역전파 되어 아래층으로 전달되는 과정 중에 사라지는 문제를 들 수 있다.

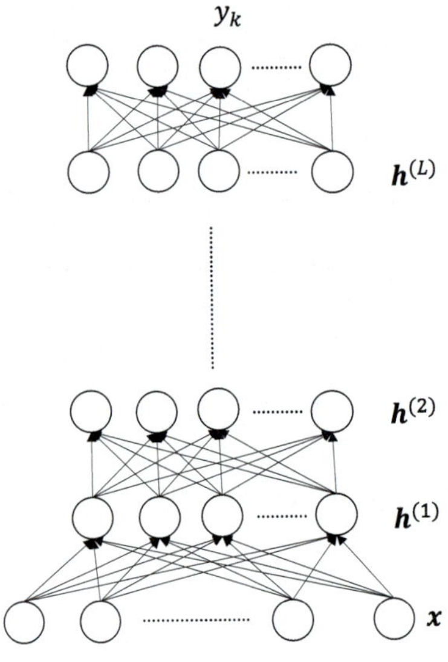

그림 5.10. 심층 신경회로망의 구조

Hinton과 Salakhutdinov가 RBM(Restricted Boltzmann Mahine)에 의해 심층신경회로망을 사전학습(Pre-Training) 시킨 후 오류역전파 알고리즘으로 학습을 완료시키는 방법을 제시하여 주목을 받았다. 또한, 은닉층의 비선형활성화 함수를 시그모이드 함수가 아니라 ReLU(Rectified Linear Unit)을 사용하여 오류역전파 학습을 하면 RBM에 근거한 사전 학습 후 오류역전파 학습을 한 결과와 유사한 결과를 보여준다는 결과가 보고되었다. 여기서는 ReLU를 지닌 심층신경회로망의 오류역전파 학습을 설명하겠다.

그림 5.10은 L개의 은닉층을 가진 심층 신경회로망의 구조를 보여주며, 그림 5.11은 ReLU 활성화함수의 그림이다. 이를 수식으로 표현하면

$$f(x) = \max(0, x) = \begin{cases} x & \text{if} \quad x > 0 \\ 0 & \text{otherwise} \end{cases} \tag{5.7.1}$$

와 같이 되며, 이의 미분은

$$f'(x) = \begin{cases} 1 & \text{if} \quad x > 0 \\ 0 & \text{otherwise} \end{cases} \tag{5.7.2}$$

이다. 오류역전파 학습에서 은닉층의 기울기 함수 대신에 식 (5.7.2)를 사용하면 ReLU 은닉층을 지닌 심층 신경회로망의 학습 알고리즘이 된다. 또한, 심층신경회로망을 분류 문제에 적용할 경우 출력의 활성화 함수로 SoftMax 함수

$$y_k = \frac{e^{\hat{y_k}}}{\sum_j e^{\hat{y_j}}} \tag{5.7.3}$$

를 많이 사용하며 오차함수는

$$E_{CE} = -\sum_k t_k \log(y_k) \tag{5.7.4}$$

로 정의되는 CE 오차함수를 사용한다. 학습은 CE가 감소하도록 가중치들을 변경시키는 형태로 진행된다. 이를 위하여 먼저 SoftMax 함수의 미분을 구해보면

$$\partial y_k / \partial \hat{y_j} = \begin{cases} y_k(1 - y_k) & \text{if} \quad j = k \\ -y_k y_j & \text{otherwise} \end{cases} \tag{5.7.5}$$

이 된다. 그러면, CE 오차함수의 미분은

$$\frac{\partial E_{CE}}{\partial \hat{y_k}} = y_k - t_k \tag{5.7.6}$$

가 되며, 출력노드의 오류신호가

$$\delta_k = -\frac{\partial E_{CE}}{\partial \hat{y_k}} = t_k - y_k \tag{5.7.7}$$

로 구해진다. 다층퍼셉트론에서 적용하였던 오류 역전파 알고리즘에 출력노드의 오류신호는

식 (5.7.7)를 대입하고, 은닉노드의 시그모이드 기울기 항 대신에 식 (5.7.2)를 대입하면 심층 신경회로망의 오류역전파 알고리즘이 된다.

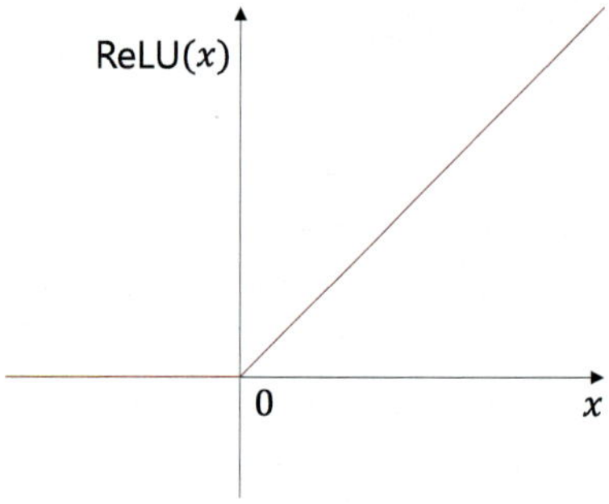

그림 5.11. ReLU 활성화 함수

참조 SoftMax의 미분

식 (5.7.3)으로 주어진 SoftMax 함수의 미분을 구해보자. 먼저

$$\frac{\partial y_k}{\partial \hat{y_k}} = \frac{\partial \dfrac{e^{\hat{y_k}}}{\sum_j e^{\hat{y_j}}}}{\partial \hat{y_k}} = \frac{e^{\hat{y_k}} \sum_j e^{\hat{y_j}} - e^{\hat{y_k}} e^{\hat{y_k}}}{\left[\sum_j e^{\hat{y_j}}\right]^2} \tag{5.7.8}$$

이 된다. 여기서,

$$\frac{d}{dx}\frac{f(x)}{g(x)} = \frac{f'(x)g(x) - f(x)g'(x)}{g^2(x)} \tag{5.7.9}$$

를 사용하였다. 식 (5.7.3)을 이용하여 식 (5.7.8)을 정리하면

$$\frac{\partial y_k}{\partial \hat{y_k}} = y_k(1 - y_k) \tag{5.7.10}$$

이다. 또한, $k \neq i$ 일때

$$\frac{\partial y_k}{\partial \hat{y_i}} = \frac{\partial \dfrac{e^{\hat{y_k}}}{\sum_j e^{\hat{y_j}}}}{\partial \hat{y_i}} = \frac{-e^{\hat{y_k}} e^{\hat{y_i}}}{\left[\sum_j e^{\hat{y_j}}\right]^2} = -y_k y_i \tag{5.7.11}$$

이다. 이를 정리하면,

$$\frac{\partial y_k}{\partial \hat{y_i}} = \begin{cases} y_k(1-y_k) & \text{if } k=i \\ -y_k y_i & \text{otherwise} \end{cases} = y_i(\delta_{ki} - y_k) \tag{5.7.12}$$

이다. 여기서,

$$\delta_{ki} = \begin{cases} 1 & \text{if } k=i \\ 0 & \text{otherwise} \end{cases} \tag{5.7.13}$$

는 Kronecker delta 이다.

참조 교차 엔트로피 오차함수의 미분

SoftMax 함수를 지닌 출력층에서 CE 오차함수가 식 (5.7.4)로 주어진 경우, $\hat{y_k}$에 대한 미분을 계산하면

$$\frac{\partial E_{CE}}{\partial \hat{y_k}} = -\sum_j t_j \frac{\partial \log(y_j)}{\partial \hat{y_k}} = -\sum_j t_j \frac{\partial \log(y_j)}{\partial y_j} \frac{\partial y_j}{\partial \hat{y_k}} \tag{5.7.14}$$

이며, 미분에서 연쇄법칙(Chain Rule)을 이용하면 마지막 항을 얻게 된다. 이를 $j \neq k$일 때와 $j=k$ 때를 구분하여 정리하면

$$\begin{aligned} \frac{\partial E_{CE}}{\partial \hat{y_k}} &= -\sum_j \frac{t_j}{y_j} \frac{\partial y_j}{\partial \hat{y_k}} = -\frac{t_k}{y_k} y_k(1-y_k) - \sum_{j \neq k} \frac{t_j}{y_j}(-y_j y_k) \\ &= \sum_j t_j y_k - t_k \end{aligned} \tag{5.7.15}$$

이다. $\sum_j t_j = 1$이므로,

$$-\frac{\partial E_{CE}}{\partial \hat{y_k}} = t_k - y_k \tag{5.7.16}$$

이 된다.

참조 다층퍼셉트론과 SoftMax 심층신경회로망의 오차함수 미분 비교

시그모이드 출력을 지닌 다층퍼셉트론과 SoftMax 함수를 지닌 심층신경회로망에서 출력 층의 오차함수를 가중치 합 $\hat{y_k}$에 대하여 미분하는 과정에 연쇄법칙을 사용할 때, 차이점을 설명하고자 한다. 출력 층의 오차함수를 출력 노드에 관련된 항의 합으로

$$E = \sum_j E_j(t_j, y_j) \tag{5.7.17}$$

와 같이 표현할 수 있다. 다층퍼셉트론은 시그모이드 출력이 식 (5.1.4)에 나타난 바와 같으므로

$$\hat{y_k} = f^{-1}(y_k) \tag{5.7.18}$$

이다. 따라서, 오차함수의 가중치 합 $\hat{y_k}$에 대한 미분은

$$\frac{\partial E}{\partial \hat{y_k}} = \sum_j \frac{\partial E_j(t_j, y_j)}{\partial y_j} \frac{\partial y_j}{\partial \hat{y_k}} = \sum_{j \neq k} \frac{\partial E_j(t_j, y_j)}{\partial y_j} \frac{\partial y_j}{\partial \hat{y_k}} + \frac{\partial E_k(t_k, y_k)}{\partial y_k} \frac{\partial y_k}{\partial \hat{y_k}} \tag{5.7.19}$$

와 같이 항을 분리시킬 수 있다. 여기서, $j \neq k$일 때 $\frac{\partial y_j}{\partial \hat{y_k}} = 0$를 위 식에 대입하면

$$\frac{\partial E}{\partial \hat{y_k}} = \sum_j \frac{\partial E_j(t_j, y_j)}{\partial y_j} \frac{\partial y_j}{\partial \hat{y_k}} = \frac{\partial E_k(t_k, y_k)}{\partial y_k} \frac{\partial y_k}{\partial \hat{y_k}} \tag{5.7.20}$$

이 된다.

한편 SoftMax를 지닌 심층신경회로망에서는 출력이 식 (5.7.3)에 따르므로

$$\hat{y_k} = f^{-1}(y_1, y_2, \ldots, y_k, \ldots, y_M) \tag{5.7.21}$$

이 된다. 이 경우 오차함수의 가중치 합 $\hat{y_k}$에 대한 미분은

$$\frac{\partial E}{\partial \hat{y_k}} = \sum_j \frac{\partial E_j(t_j, y_j)}{\partial y_j} \frac{\partial y_j}{\partial \hat{y_k}} = \sum_{j \neq k} \frac{\partial E_j(t_j, y_j)}{\partial y_j} \frac{\partial y_j}{\partial \hat{y_k}} + \frac{\partial E_k(t_k, y_k)}{\partial y_k} \frac{\partial y_k}{\partial \hat{y_k}} \tag{5.7.22}$$

이다. 여기서, $j \neq k$일 때 $\frac{\partial y_j}{\partial \hat{y_k}} \neq 0$이므로 이를 반영하여 식 (5.7.15)와 같이 미분을 구하여야 한다.

참조 **교차 엔트로피(Cross-Entropy)와 상대 엔트로피(Relative Entropy)**

식 (5.7.4)로 주어진 CE 오차함수와 상대 엔트로피(Relative Entropy)의 관계를 알아보자. 상대 엔트로피는

$$D(p \| q) \equiv \sum_x p(x) \log \frac{p(x)}{q(x)} = \sum_x p(x) \log p(x) - \sum_x p(x) \log q(x) \tag{5.7.23}$$

이다. 한편, 교차 엔트로피는

$$H(p, q) \equiv -\sum_x p(x) \log q(x) \tag{5.7.24}$$

와 같이 정의된다. 따라서, 식 (5.7.23)에 식 (5.4.22)를 대입하면

$$D(p \| q) = H(p, q) - H(X) \tag{5.7.25}$$

의 관계를 가진다. 그리고, 상대 엔트로피는 $p(x) = q(x)$일 때 최소값 0이 되며 이는 교차 엔트로피가 최소화 되는 것과 같다. 식 (5.7.24)에서 $p(x)$를 목표값 t_k로, $q(x)$를 출력값 y_k로 대치하면 식 (5.7.4)가 된다.

참조 시그모이드(Sigmoid) 함수와 SoftMax 함수

식 (4.6.3)으로 주어진 시그모이드 함수와 식 (5.7.3)으로 주어진 SoftMax 함수의 관계에 대하여 알아보자. 입력 $\boldsymbol{x}$가 두 클래스 C_1과 C_2 중 어디에 속하는 지를 다루는 경우 확률 $P(C_1|\boldsymbol{x}) = y$라고 하면 $P(C_2|\boldsymbol{x}) = 1-y$가 된다. C_1은 이득에 해당하고 C_2는 손실에 해당한다고 가정하면, logit 함수('logistic'+'probit')는

$$\text{logit}(y) = \log\frac{y}{1-y} = \log\frac{P(C_1|\boldsymbol{x})}{P(C_2|\boldsymbol{x})} \tag{5.7.26}$$

와 같이 정의된다. 이 함수 값을 $\hat{y} = \text{logit}(y)$라고 두자. 그러면, $\frac{y}{1-y} = \exp(\hat{y})$이 되고 연산에 의해

$$y = \frac{1}{1+\exp(-\hat{y})} \tag{5.7.27}$$

을 얻게 된다. 위 식이 시그모이드(sigmoid) 함수이다.

이제, 클래스 수가 M개로 확장한 경우를 생각하자. 변수 $\hat{y}_k = \log\frac{P(C_k|\boldsymbol{x})}{P(C_M|\boldsymbol{x})}$라고 두면 $\exp(\hat{y}_k) = \frac{P(C_k|\boldsymbol{x})}{P(C_M|\boldsymbol{x})}$이 된다. 그러면,

$$\sum_{k=1}^{M-1}\exp(\hat{y}_k) = \sum_{k=1}^{M-1}\frac{P(C_k|\boldsymbol{x})}{P(C_M|\boldsymbol{x})} \tag{5.7.28}$$

이다. $\sum_{k=1}^{M-1} P(C_k|\boldsymbol{x}) = 1 - P(C_M|\boldsymbol{x})$이므로, 연산에 의해

$$P(C_M|\boldsymbol{x}) = \frac{1}{1+\sum_{k=1}^{M-1}\exp(\hat{y}_k)} \tag{5.7.29}$$

이 된다. 한편, $P(C_k|\boldsymbol{x}) = \exp(\hat{y}_k)P(C_M|\boldsymbol{x})$이고 $\exp(\hat{y}_M) = \frac{P(C_M|\boldsymbol{x})}{P(C_M|\boldsymbol{x})} = 1$이므로

$$P(C_k|\boldsymbol{x}) = \frac{\exp(\hat{y}_k)}{1+\sum_{j=1}^{M-1}\exp(\hat{y}_j)} = \frac{\exp(\hat{y}_k)}{\exp(\hat{y}_M)+\sum_{j=1}^{M-1}\exp(\hat{y}_j)} = \frac{\exp(\hat{y}_k)}{\sum_{j=1}^{M}\exp(\hat{y}_j)} \tag{5.7.30}$$

이 된다. 위 식이 SoftMax 함수이다.

참조 ELUs(Exponential Linear Units)와 GELUs(Gaussian Error Linear Units)

식 (5.7.1)로 주어진 ReLU 활성화 함수는 입력 값 $x<0$의 영역에서 0을 출력하며 기울기도 0이다. 즉, $x<0$에서 정보의 전달과 학습을 위한 가중치의 변경이 이루어지지 않으며, 이를 "dead ReLU" 문제라고 한다. 이 단점을 해결하기 위하여 제안된 활성화 함수가 ELUs(Exponential Linear Units)[17]이며, 그 수식은

$$\mathrm{ELU}_{\alpha}(x)=\begin{cases}x, & \text{if } x>0 \\ \alpha(\exp(x)-1), & \text{otherwise}\end{cases} \tag{5.7.31}$$

이다. ELU 활성화 함수는 $x<0$이어도 값이 출력되며, 기울기가 0이 아니어서 dead ReLU 문제가 해결된다. 또한, ReLU 활성화 함수는 $x=0$에서 급격하게 변하는 단점이 있는데, ELU는 이 문제도 해결되어 학습의 수렴 속도가 빠르다.

GELUs(Gaussian Error Linear Units)[18] 역시 ReLU 보다 뛰어난 학습 성능을 지니도록 제안된 활성화 함수이다. 식 (5.7.1)의 ReLU는

$$\mathrm{ReLU}(x)=\max(x,0)=x1(x>0) \tag{5.7.32}$$

와 같이 표현할 수 있다. 여기서, 1은 지시함수(indicator function)로써 1과 0을 출력한다. GELU는 지시함수 대신에 평균 μ이 0이고 표준편차 σ가 1인 Guassian 확률변수의 CDF(Cummulative Distribution Function) $\Phi(x)$을 사용하여

$$\mathrm{GELU}(x)=x\Phi(x)=x\frac{1}{2}\left[1+\mathrm{erf}(x/\sqrt{2})\right] \tag{5.7.33}$$

와 같이 주어진다. 여기서, $\Phi(x)$는 erf(error function)으로 계산할 수 있다. GELU의 정확한 값 계산보다 계산 속도를 중시하면

$$\mathrm{GELU}(x)\approx 0.5x\left(1+\tanh\left[\sqrt{2/\pi}\,(x+0.044715x^3)\right]\right) \tag{5.7.34}$$

혹은

$$\mathrm{GELU}(x)\approx x\sigma(1.702x) \tag{5.7.35}$$

와 같이 근사치를 사용해도 된다. 여기서, $\sigma(.)$는 식 (4.6.3)으로 주어진 시그모이드 함수이다.

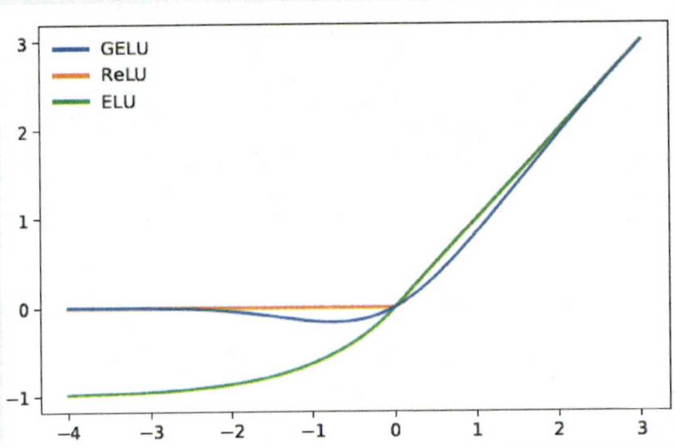

ReLU, ELU($\alpha=1$), GELU($\mu=0,\sigma=1$)를 그림으로 그렸다. 그림에서 보는 바와 같이 ELU는 음의 입력에 대하여 $-\alpha$로 수렴한다. GELU는 ReLU를 매끄러운 모양으로 만들은 형태이다. GELU는 단조함수가 아니며 모든 지점에서 곡률을 지닌 것이 ReLU 및 ELU와 다른 특징이다. 이 특징이 GELU가 ReLU 및 ELU보다 더 뛰어난 학습 성능을 지니도록 해준다[18].

예제 5.7-1

그림 5.10과 같이 심층신경회로망이 주어졌다. $h_j^{(l)}(l=,1,2,,,,L)$과 아래층 사이의 연결 가중치를 $w_{ji}^{(l)}(l=,1,2,,,,L)$이라 하고 마지막층 출력노드 y_k와 아래층 $h_j^{(L)}$ 사이의 연결 가중치를 v_{kj} 라고 할 때, 정방향 전파의 계산 과정을 적어보아라. 또한, 출력노드의 오류신호가 $\delta_k=t_k-y_k$로 주어지면 역방향 전파에 의한 은닉노드의 오류신호를 적어보아라.

풀이

먼저 입력노드 x_i와 첫 은닉층 노드 $h_j^{(1)}$ 사이의 가중치는 $w_{ji}^{(1)}$이므로 첫 은닉층 노드에 입력되는 가중치 합은 $\hat{h}_j^{(1)}=\sum_i w_{ji}^{(1)}x_i$ 이 되고, 은닉노드의 활성화 함수는 식 (5.7.1)과 같이 ReLU 함수로 주어졌다고 하면, $h_j^{(1)}=f(\hat{h}_j^{(1)})$이 된다. $l=2,3,4,\ldots,L$에 위치한 은닉노드들은 가중치 합이 $\hat{h}_j^{(l)}=\sum_i w_{ji}^{(l)}h_i^{(l-1)}$와 같이 계산된 후, ReLU 함수에 의해 $h_j^{(l)}=f(\hat{h}_j^{(l)})$ 로 주어진다. 마지막 층 출력노드는 가중치 합이 $\hat{y}_k=\sum_j v_{kj}h_j^{(L)}$ 로 계산되고 SoftMax 활성화 함수 식 (5.7.3)과 같이 $y_k=Softmax(\hat{y}_k)$로 주어진다.

역전파 계산 과정은 출력노드의 오류신호가 $\delta_k = t_k - y_k$ 로 주어졌으므로 L 번째 은닉층의 오류신호는 $\delta_j^{(L)} = f'(\hat{h}_j^{(L)})\sum_k v_{kj}\delta_k = f'(\hat{h}_j^{(L)})\sum_k v_{kj}(t_k - y_k)$이 된다. $l = 1,3,4,\ldots,L-1$ 층 은닉노드들의 오류신호는 윗 층의 오류신호로부터 $\delta_j^{(l)} = f'(\hat{h}_j^{(l)})\sum_k w_{kj}^{(l+1)}\delta_k^{(l+1)}$와 같이 계산된다.

예제 5.7-2

SoftMax 함수는 벡터 요소들 중에서 큰 값은 더 크게, 작은 값은 더 작게 상대적으로 조정하며 그 값들의 합은 1이 되게 한다. SoftMax 함수에 4차원 벡터 [4 10 6 5]가 입력되었을 때, SoftMax 함수를 통과한 후의 4차원 벡터를 구하여 보아라.

풀이

먼저 $\hat{y_1} = 4,\ \hat{y_2} = 10,\ \hat{y_3} = 6,\ \hat{y_4} = 5$로 두고서 식 (5.7.3)에 따라 $y_k, (k = 1,2,3,4)$를 계산하면 $y_1 = 0.0024,\ y_2 = 0.9732,\ y_3 = 0.0178,\ y_4 = 0.0066$이 되며, $y_1 + y_2 + y_3 + y_4 = 1$이다. SoftMax에 입력되는 값들과 SoftMax 출력 값을 그림으로 비교하여 보면 다음과 같다. 이 그림에서 SoftMax 함수에 의해 요소들 간의 차이가 확연하게 변한 것을 볼 수 있다.

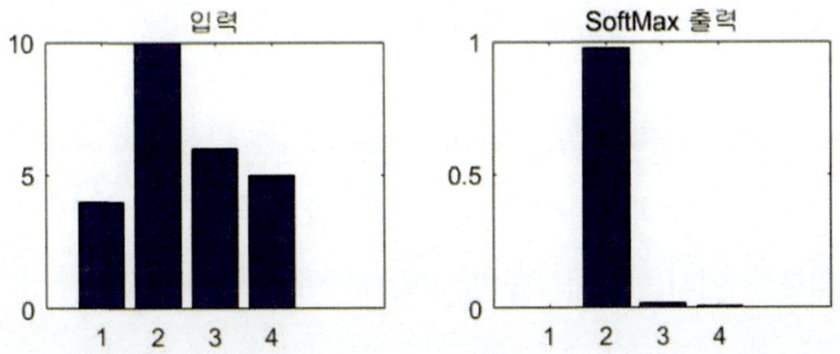

5.8 RBFN(Radial Basis Function Networks)

다층퍼셉트론은 은닉층이 가중치 합과 연이은 비선형 활성화 함수를 적용하는 과정을 수행함으로 입력 공간에 넓게 퍼진 형태의 경계면들을 형성하는 형태로 표현하는 방식(Distributed Representation)의 전방향 신경회로망이다. 이와 다르게, 입력공간을 국소적인 영역으로 나누어 표현하는 방식(Local Representation)의 전방향 신경회로망이 RBFN(Radial Basis Function Network)이다. 그림 5.12는 RBFN의 구조를 보여준다.

RBFN에서 입력 x에 대하여 은닉층 노드는

$$h_j = \exp\left[-\frac{\|x - m_j\|^2}{2s_j^2} \right] \tag{5.8.1}$$

와 같이 계산된다. 은닉층 노드 h_j는 x와 m_j사이의 거리에 대한 함수 모양을 지녔음을 알 수 있다. 출력 노드는

$$y_k = \sum_j w_{kj} h_j \tag{5.8.2}$$

로 주어진다. 식 (5.8.1)에서 보는 바와 같이 은닉 노드의 값들은 다층퍼셉트론의 경우와 다른 형태임을 알 수 있으며, 이를 그림 5.13과 5.14에 나타내었다.

RBFN의 학습은 은닉층과 출력층 모두를 교사학습 시키는 방식과 은닉층은 비교사 학습에 의해 중심에 해당하는 m_j와 표준편차에 해당하는 s_j를 학습시키고 출력층은 교사학습을 하는 혼합방식이 있다. 여기서는 교사학습 방식에 대하여 설명하겠다.

학습 방법은 다층퍼셉트론의 오류역전파 학습과 유사하다. 즉, 오차함수의 미분에 대한 역방향으로 파라미터를 변경시킨다. 출력 노드의 MSE는

$$E_{MSE} = \frac{1}{2} \sum_{k=1}^{M} (t_k - y_k)^2 \tag{5.8.3}$$

으로 출력과 목표값 사이의 거리를 측정한다. 먼저, 출력층 가중치들은 이 거리를 최소화시키기

위하여 경사 강하법(Gradient Descent)에 의해 변경된다. MSE를 출력층 가중치에 대하여 미분하면

$$\frac{\partial E_{MSE}}{\partial w_{kj}} = -(t_k - y_k)h_j \qquad (5.8.4)$$

이므로, 가중치 변경식은

$$\Delta w_{kj} = -\eta \frac{\partial E_{MSE}}{\partial w_{kj}} = \eta(t_k - y_k)h_j \qquad (5.8.5)$$

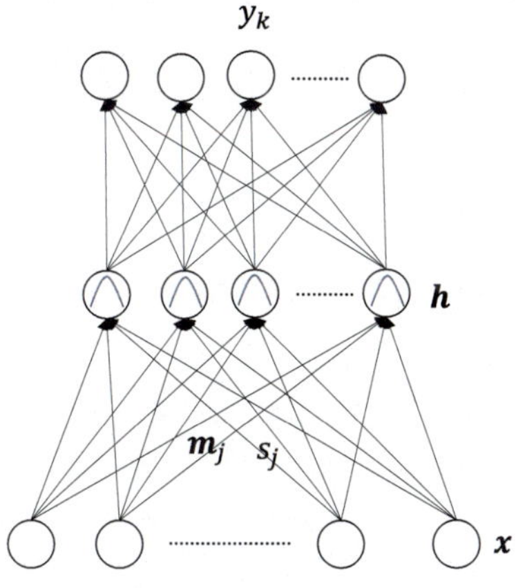

그림 5.12. RBFN의 구조

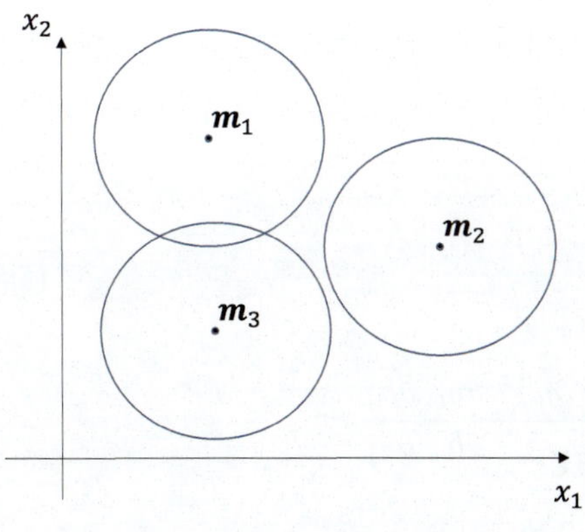

그림 5.13. RBFN의 국소 표현

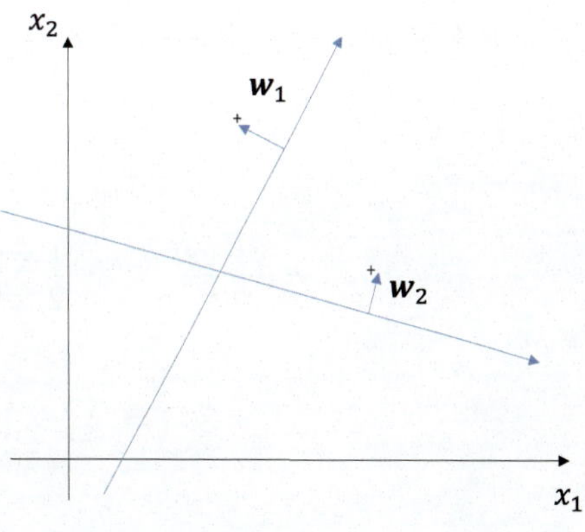

그림 5.14. 다층퍼셉트론의 분포된 표현

이 된다. 은닉노드의 $\boldsymbol{m}_j = [m_{j1}, m_{j2}, \cdots, m_{jh}, \cdots, m_{jH}]^T$ 변경식을 구하기 위해 MSE를 m_{jh}에 대하여 미분하면

$$
\begin{aligned}
-\frac{\partial E_{MSE}}{\partial m_{jh}} &= -\frac{1}{2}\sum_k \frac{\partial (t_k - y_k)^2}{\partial m_{jh}} \qquad (5.8.6)\\
&= \sum_k -\frac{1}{2}\frac{\partial (t_k - y_k)^2}{\partial y_k}\frac{\partial y_k}{\partial h_j}\frac{\partial h_j}{\partial m_{jh}}\\
&= \sum_k (t_k - y_k) w_{kj} \frac{\partial h_j}{\partial m_{jh}}
\end{aligned}
$$

이다. 식 (5.8.6)에서 마지막 항의 미분은

$$
\frac{\partial h_j}{\partial m_{jh}} = \frac{\partial \exp\left(-\frac{\sum_i (x_i - m_{ji})^2}{2s_j^2}\right)}{\partial m_{jh}} = h_j \frac{x_h - m_{jh}}{s_j^2} \qquad (5.8.7)
$$

이 되므로

$$
\Delta m_{jh} = \eta h_j \frac{x_h - m_{jh}}{s_j^2} \sum_k w_{kj}(t_k - y_k) \qquad (5.8.8)
$$

이다. 식 (5.8.8)을 보면 출력층의 오류 신호가 가중치를 통하여 은닉노드로 역전파되어 m_{jh}의 변경에 사용된다. 은닉노드의 표준편차 파라미터의 변경식을 구하기 위해 미분을 계산하면

$$
\begin{aligned}
-\frac{\partial E_{MSE}}{\partial s_j} &= -\frac{1}{2}\sum_k \frac{\partial (t_k - y_k)^2}{\partial s_j} \qquad (5.8.9)\\
&= \sum_k -\frac{1}{2}\frac{\partial (t_k - y_k)^2}{\partial y_k}\frac{\partial y_k}{\partial h_j}\frac{\partial h_j}{\partial s_j}\\
&= \sum_k (t_k - y_k) w_{kj} \frac{\partial h_j}{\partial s_j}
\end{aligned}
$$

이다. 마지막 항은

$$\frac{\partial h_j}{\partial s_j} = \frac{\partial \exp\left(-\frac{\|\boldsymbol{x}-\boldsymbol{m}_j\|^2}{2s_j^2}\right)}{\partial s_j} = h_j \frac{\partial\left(-\frac{\|\boldsymbol{x}-\boldsymbol{m}_j\|^2}{2s_j^2}\right)}{\partial s_j} = h_j \frac{\|\boldsymbol{x}-\boldsymbol{m}_j\|^2}{s_j^3} \tag{5.8.10}$$

이므로,

$$\Delta s_j = \eta h_j \frac{\|\boldsymbol{x}-\boldsymbol{m}_j\|^2}{s_j^3} \sum_k (t_k - y_k) w_{kj} \tag{5.8.11}$$

이다.

참고문헌

1. Rumelhart, David E., Geoffrey E. Hinton, and R. J. Williams. "Learning Internal Representations by Error Propagation". David E. Rumelhart, James L. McClelland, and the PDP research group. (editors), Parallel distributed processing: Explorations in the microstructure of cognition, Volume 1: Foundation. MIT Press, 1986.

2. Cybenko, G. 1989. Approximation by superpositions of a sigmoidal function Mathematics of Control, Signals, and Systems, 2(4), 303–314.

3. Hastie, Trevor. Tibshirani, Robert. Friedman, Jerome. The Elements of Statistical Learning: Data Mining, Inference, and Prediction. Springer, New York, NY, 2009.

4. Haykin, Simon (1998). Neural Networks: A Comprehensive Foundation (2 ed.). Prentice Hall. ISBN 0-13-273350-1.

5. Neural networks. II. What are they and why is everybody so interested in them now?; Wasserman, P.D.; Schwartz, T.; Page(s): 10-15; IEEE Expert, 1988, Volume 3, Issue 1

6. R. Collobert and S. Bengio (2004). Links between Perceptrons, MLPs and SVMs. Proc. Int'l Conf. on Machine Learning (ICML).

7. Y. Lee, S.-H. Oh, and M. W. Kim (1993). "An analysis of premature saturation in back-propagation learning". Neural networks, 6, 719-728.

8. S.-H. Oh (1997). "Improving the error back-propagation algorithm with a modified error function," IEEE Trans. Neural Networks, 8, 799-803.

9. S.-H. Oh (2011). " Statistical Analyses of Various Error Functions for Pattern Classifiers " Proc. Convergence on Hybrid Information Technology, Daejon, Korea, CCIS 206, 129-133, Sept. 22-24, 2011.

10. Bengio, Y.; Courville, A.; Vincent, P. (2013). "Representation Learning: A Review and New Perspectives". IEEE Transactions on Pattern Analysis and Machine Intelligence. 35 (8): 1798–1828. arXiv:1206.5538 Freely accessible. doi:10.1109/tpami.2013.50.

11. Schmidhuber, J. (2015). "Deep Learning in Neural Networks: An Overview". Neural Networks. 61: 85–117. arXiv:1404.7828 Freely accessible. doi:10.1016/j.neunet.2014.09.003. PMID 25462637.

12. Bengio, Yoshua; LeCun, Yann; Hinton, Geoffrey (2015). "Deep Learning". Nature. 521: 436–444. doi:10.1038/nature14539. PMID 26017442.

13. Broomhead, D. S.; Lowe, David (1988). Radial basis functions, multi-variable functional interpolation and adaptive networks (Technical report). RSRE. 4148.

14. Broomhead, D. S.; Lowe, David (1988). "Multivariable functional interpolation and adaptive networks". Complex Systems. 2: 321–355.

15. Schwenker, Friedhelm; Kestler, Hans A.; Palm, Günther (2001). "Three learning phases for radial-basis-function networks". Neural Networks. 14: 439–458. CiteSeerX 10.1.1.109.312 Freely accessible. doi:10.1016/s0893-6080(01)00027-2.

16. Park, J.; I. W. Sandberg (Summer 1991). "Universal Approximation Using Radial-Basis-Function Networks". Neural Computation. 3 (2): 246–257. doi:10.1162/neco.1991.3.2.246. Retrieved 26 March 2013.

17. Clevert, D.-A.; Unterthiner, T.; Hochreiter, S. (2016). "Fast and Accurate Deep Network Learning by Exponential Linear Units (ELUs)". Proc. International Conference on Learning Reprsentations, 2016.

18. Hendrycks, D.; Gimpel, K.(2020). "Gaussian Error Linear Units (GELUs)". arXiv:1606.08415.

연습문제

5.1. 입력노드 2, 은닉노드 2, 출력노드 1인 다층퍼셉트론으로 XOR 문제를 해결하는 논리게이트를 설계하여 보라.

5.2. 다층퍼셉트론의 출력층 오차함수가 식 (5.4.1)과 (5.4.3)으로 주어진 경우 각각에 대하여 δ_k를 유도하여 그 결과가 식 (5.4.2)와 (5.4.4)와 같음을 보여라.

5.3. 다층퍼셉트론에서 초기 가중치들은 $[-W_{\max}, W_{\max}]$ 사이에서 균일분포를 지니도록 임의로 설정되었다고 하자. 그리고, 입력 x_i는 ± 1의 값을 지닌다고 가정하고, 은닉노드에 입력되는 가중치 합이 시그모이드 활성화 함수의 포화영역에 위치할 확률을 유도하라. 포화영역은 그림 5.4.에서 보는 바와 같이 가중치 합의 크기가 4보다 큰 경우로 정의할 수 있다. 유도한 확률은 초기 가중치 크기의 함수로 plot 하라. Central Limit Theorem을 이용하면 은닉노드의 가중치 합에 대한 확률밀도함수를 구할 수 있다.

5.4. 입력노드 2, 은닉노드 2, 출력노드 1와 각 노드를 연결하는 6개의 가중치로 구성된 다층퍼셉트론이 있다. 바이어스는 없다고 가정한다. E_{MSE}의 6개의 가중치에 대한 편미분을 각각 구하라.

5.5. 다층퍼셉트론을 Classifier로 사용하기 위하여 오차함수를

$$E = \frac{1}{2P}\sum_{p=1}^{P}\sum_{j=1}^{M}\sum_{k=1}^{M} n_{pk}(t_{jk} - y_{jk})^2 \qquad \text{(문 5.5.1)}$$

와 같이 정의하였다. 여기서, n_{pk}는 입력 $\boldsymbol{x}_p$가 클래스 k로 분류된 횟수를 뜻하며, P는 학습패턴 수이며, M은 출력노드 수 (=클래스 수) 이다. 클래스 k와 연관된 j번째 출력노드의 목표값 t_{jk}는

$$t_{jk} = \begin{cases} 1 & k = j \\ 0 & k \neq j \end{cases} \qquad \text{(문 5.5.2)}$$

로 정의된다. 이때, 오차함수를 최소화시키는 최적 출력노드는

$$y_{jp}^{opt} = \frac{n_{pj}}{\sum_{k=1}^{M} n_{pk}} \qquad \text{(문 5.5.3)}$$

임을 보여라.

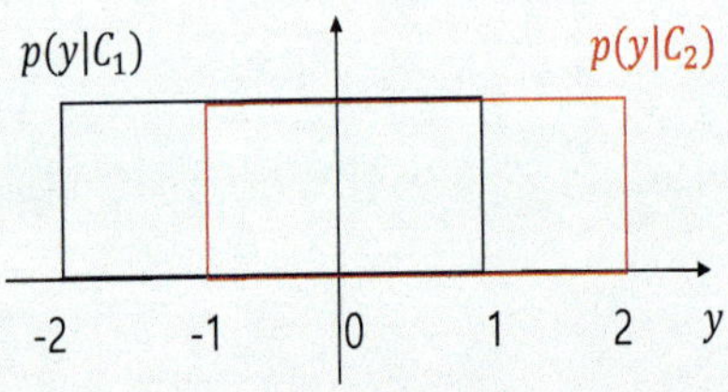

그림 [문 5.6.1]

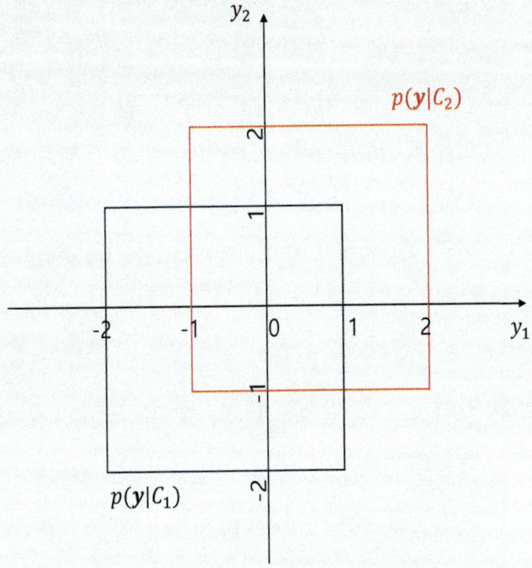

그림 [문 5.6.2]

5.6. 다층퍼셉트론으로 two-class 문제를 풀고자 한다. 출력노드가 하나인 경우에 클래스 1에 해당하는 입력에 대한 출력은 -2와 1 사이에서 균일분포를 가지고, 클래스 2에 해당하는 입력에 대한 출력은 -1과 2사이에서 균일분포를 가지며, $P(C_1)=P(C_2)=1/2$이라고 하면 오류가 발생할 확률은 얼마인가? 그림 [문 5.6.1]은 1차원 출력노드의 확률밀도함수를 보여준다. 또한, 출력노드를 두 개로 사용하였으며 각 출력노드는 해당 클래스 입력에 대하여 그림 [문 5.6.2]에서 보여주

는 영역 내에서 균일분포를 가지며 $P(C_1) = P(C_2) = 1/2$이라고 하면 오류가 발생할 확률은 얼마인가?

5.7. 상대 엔트로피가 $D(p\|q) \equiv \sum_x p(x)\log\frac{p(x)}{q(x)} \geq 0$임을 증명하라.

5.8. CE 오차함수에 대한 최적해를 식(5.4.10)으로부터 구하라.

5.9. nCE 오차함수에 대한 최적해를 식(5.4.11)으로부터 구하라.

5.10. 입력노드 2, 은닉노드 4, 출력노드 1인 RBFN으로 XOR 문제를 해결하는 논리게이트를 설계하여 보라.

5.11. RBFN에서 은닉노드가 $h_j = \|\boldsymbol{x} - \boldsymbol{m}_j\|^2$로 주어진 경우 학습을 위한 변경식을 유도하라.

제 6 장

회귀 신경회로망

Recurrent Neural Networks

6.1 회귀 신경회로망(Recurrent Neural Networks)

다층퍼셉트론에서 가중치가 회귀연결을 지니도록 한 것이 회귀 신경회로망(RNN: Recurrent Neural Network)이다. 다층퍼셉트론이 특정 시간의 입력을 받아 은닉층을 거쳐 출력층으로 정보를 보내는 기능을 수행함에 반하여, 회귀 신경회로망은 이전 입력의 전체적인 정보가 출력에 영향을 미치게 된다. 다층퍼셉트론의 보편적인 근사화 이론(Universal Approximation Theorem)을 회귀 신경회로망에 적용하면 충분한 수의 숨겨진 노드가 있는 회귀 신경회로망은 어떤 시계열 데이터의 사상(Mapping)을 임의의 정확도로 근사화할 수 있다는 결론을 얻게 된다.

회귀 신경망은 은닉노드 혹은 출력노드가 회귀 성분을 지니도록 할 수 있으며, 출력노드에서 은닉노드로 회귀 성분을 연결하기도 한다. 이를 그림 6.1~3에 나타내었다. 회귀성분을 지닌 은닉노드(그림 6.1)는 가중치 합이

$$\hat{h_j}(t) = \sum_i w_{ji} x_i + \sum_k T_{jk} h_k (t-1) \qquad (6.1.1)$$

와 같이 입력노드로 부터의 가중치 합에 은닉노드의 회귀성분에 대한 가중치 합이 더해진 형태이다. 여기서, T_{jk}는 j번째 은닉노드와 시간 지연된 k번째 은닉노드 사이의 연결 가중치이다. 이 경우 이전 입력의 정보가 신경망의 내부에 저장되어 출력에 영향을 미친다. 마찬가지로, 회귀성분을 지닌 출력 노드(그림 6.2)는 가중치 합이

$$\hat{y_k}(t) = \sum_j v_{kj} h_j + T_k y_k (t-1) \qquad (6.1.2)$$

로 표현된다. 만약 출력노드에서 은닉노드로 회귀 성분이 연결되면(그림 6.3) 은닉노드의 가중치 합은

$$\hat{h_j}(t) = \sum_i w_{ji} x_i + \sum_k T_{jk} y_k (t-1) \qquad (6.1.3)$$

이 된다. 식 (6.1.1)에서 (6.1.3)으로 주어진 가중치 합은 다층퍼셉트론에서처럼 비선형 변환을 거치게 된다.

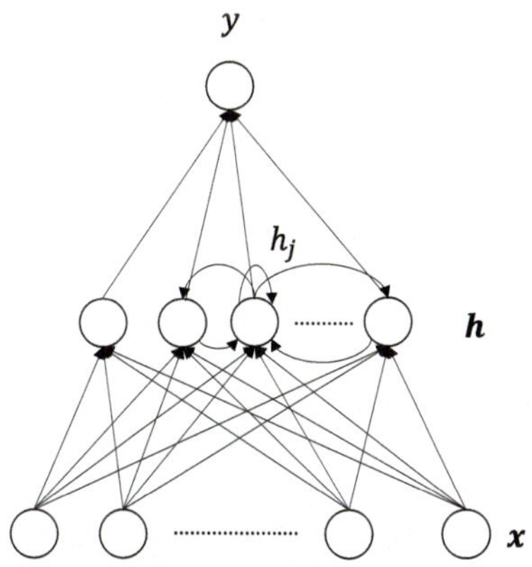

그림 6.1. 은닉노드 사이의 회귀 연결 신경회로망

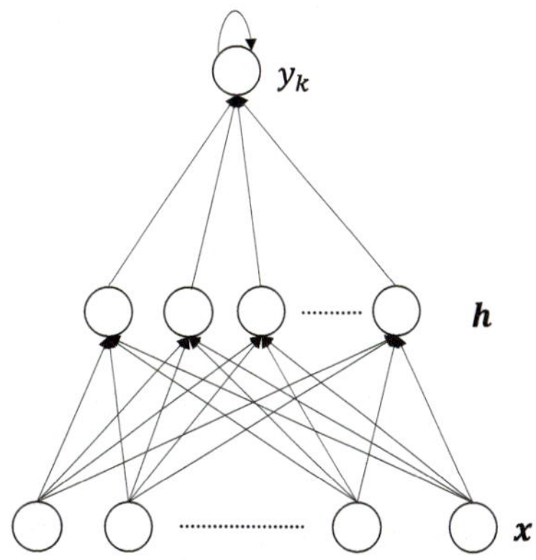

그림 6.2. 회귀연결 출력노드를 지닌 신경회로망

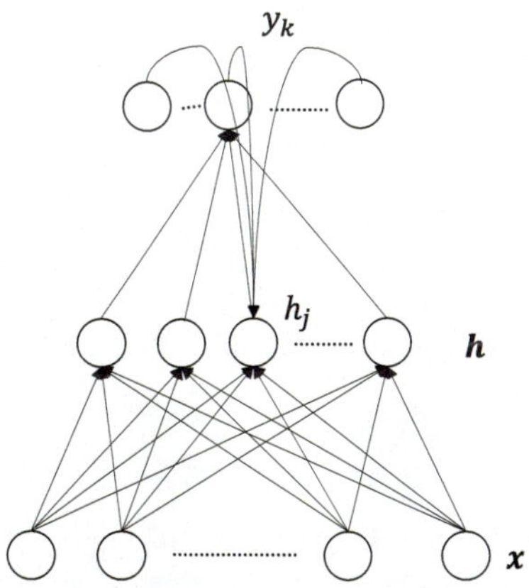

그림 6.3. 출력 노드에서 은닉노드로 회귀 연결된 신경회로망

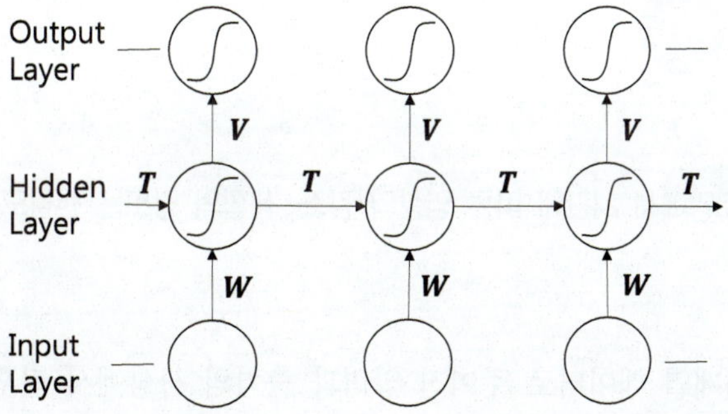

그림 6.4. 시간에 대하여 펼쳐진 은닉노드 회귀연결 신경회로망. 각 원은 특정 시간의 해당 층 노드들을 뜻함. W는 입력층에서 은닉층으로의 연결 가중치, V는 은닉층에서 출력층으로의 연결 가중치, T는 은닉층 내부의 회귀연결 가중치를 각각 뜻함.

식 (6.1.1)로 주어진 회귀 연결을 지닌 은닉노드에 대하여 역전파 학습을 위한 오류 신호는

$$\delta_j^{(hidden)}(t) = f'(\widehat{h_j^{(t)}})(\sum_{k=1}^{M} v_{kj}\delta_k + \sum_{k=1}^{H} T_{jk}\delta_k^{(hidden)}(t+1)) \quad (6.1.4)$$

로 주어진다. 여기서 $f'(\widehat{h_j^{(t)}})$는 은닉노드 활성화 함수의 미분이다. 은닉노드의 오류 신호는 다층퍼셉트론에서 유도된 바와 같이 출력노드로 부터의 영향에 대한 항(첫째 항)과 다음 시간 은닉노드로 부터의 영향에 의한 항(둘째 항)으로 구성됨을 위 식으로부터 알 수 있다. 이는 시간에 대하여 펼쳐진 회귀 신경회로망을 그린 그림 6.4로부터 명확해진다. 즉, 특정시간 은닉노드의 오류 신호는 화살표의 역방향을 따라 전파되어 오는 오류 신호의 합으로 주어짐을 알 수 있다.

6.2 LSTM(Long Short-Term Memory)의 구조

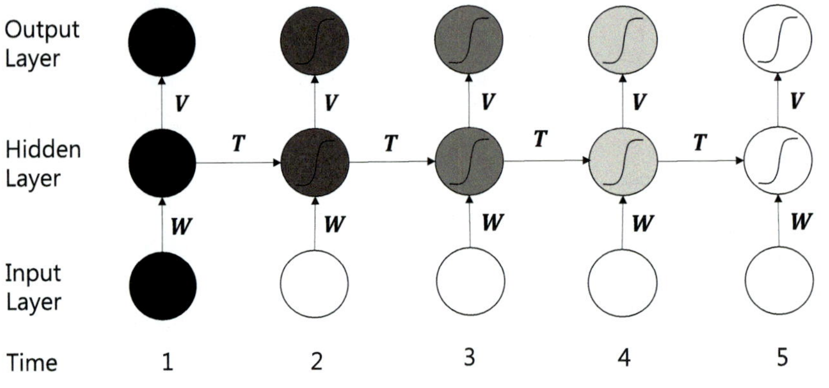

그림 6.5. 회귀신경회로망에서 시간에 따른 영향의 감소. 색깔의 강도는 민감도의 강도를 나타냄.

회귀신경회로망은 시계열 데이터로 주어진 입력과 출력의 사상에서 전후관계 정보를 활용하는 장점이 있다. 그렇지만, 그림 6.5에서 보여주는 바와 같이 특정 시간에 입력층이 은닉층과 출력층에 대하여 미치는 영향은 시간이 지날수록 급격하게 감소된다. 이를 해결하는 방법 중 하나로 제시된 LSTM(Long Short-Term Memory)에 대하여 설명하겠다.

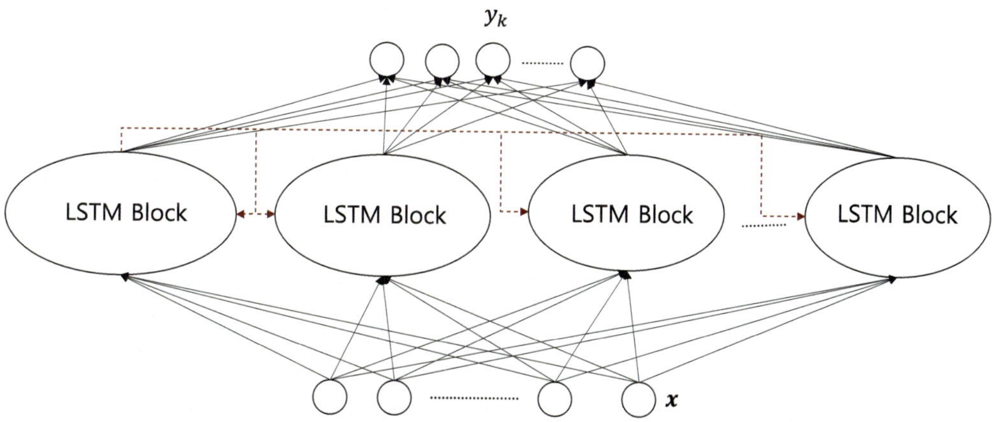

그림 6.6. LSTM 블록을 지닌 회귀 신경회로망. LSTM 블록 사이의 연결은 한 방향 만을 표현하였지만, 모든 LSTM 블록들은 서로 연결되어 있음.

위 그림은 LSTM 블록을 지닌 회귀 신경회로망을 보여준다. 입력이 주어지면 LSTM 블록을 거쳐 출력으로 전방향 계산이 이루어진다. 여기서, LSTM 블록은 내부에 입력 게이트(Input Gate), 출력 게이트(Output Gate), 기억상실 게이트(Forget Gate)와 하나 이상의 회귀연결 기억 셀(Cell)을 지니며, 그림 6.7에 하나의 셀을 지닌 LSTM 블록을 예시하였다. 각 게이트들은 블록 내부와 외부로부터 정보를 받아들여 가중치 합을 계산 후 비선형 변환을 수행한다. 입력과 출력 게이트는 기억 셀의 입력과 출력에 각각 곱하기 과정을 수행하는 반면에, 기억 상실 게이트는 셀의 이전 시간 값에 대하여 곱하기 과정을 수행한다. 게이트는 활성화 함수 f를 지니며, 셀의 입력과 출력에 각각 활성화 함수 g와 h가 있다. 셀로부터 각 게이트로의 옹이구멍(peephole) 연결은 단속선(dashed line)으로 표현하였다. LSTM 블록에서 회로망의 출력 노드 혹은 다른 부분으로의 연결은 셀의 출력이 출력 게이트의 곱하기를 통하여 이루어진다.

LSTM 블록의 전방향 계산을 설명하기 전에 먼저 각 파라미터들을 설명하겠다. w_{ij}는 노드 i에서 노드 j로의 연결 가중치이다. 시간 t에서 노드 j에 입력되는 가중치 합은 a_j^t로 표현하였으며, 그 활성화 함수 값은 b_j^t로 나타내었다. l, ϕ, ω는 각각 블록의 입력 게이트, 기억상실 게이트, 출력 게이트를 지시하는 변수이다. c는 블록 내부에서 C 개의 기억 셀을 지시하는 변수이다. $w_{cl}, w_{o\phi}, w_{c\omega}$는 각각 셀 c로부터 입력 게이트, 기억상실 게이트, 출력 게이트로의 옹이구멍 연결 가중치이다. s_c^t는 시간 t에서 셀 c의 상태를 나타낸다.

I는 입력 노드의 수이고, K는 출력 노드의 수이다. H는 특정 LSTM 블록으로 연결된 은닉층 셀 수이며, 이를 지시하는 변수는 h를 사용하였다. G는 은닉층에 연결된 입력(셀과 세 종류의 게이트를 포함한)의 총 수이며, 이를 지시하는 변수는 g를 사용하였다. 만약, 블록 당 하나의 셀만 존재한다면, G는 $4H$가 된다.

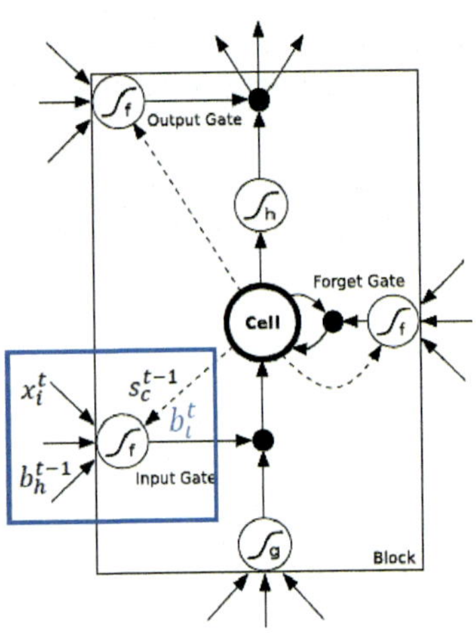

그림 6.7. LSTM 블록과 입력 게이트

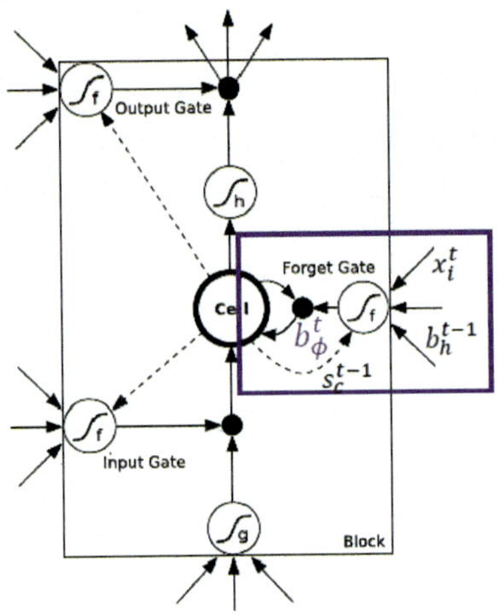

그림 6.8. 기억상실 게이트

6.3 LSTM의 전방향 계산

이제 전방향 계산식을 설명하겠다. 그림 6.7에 표시된 입력 게이트의 가중치 합은

$$a_l^t = \sum_{i=1}^{I} w_{il} x_i^t + \sum_{h=1}^{H} w_{hl} b_h^{t-1} + \sum_{c=1}^{C} w_{cl} s_c^{t-1} \tag{6.3.1}$$

로 계산된다. 이 수식을 보면, 입력 노드 x_i^t로부터의 연결 항, 은닉층 LSTM 블록의 셀 출력 b_h^{t-1}로부터의 회귀연결 항, 같은 블록 내의 셀 s_c^{t-1}로부터의 옹이구멍 연결 항으로 구성되어

있다. 이 결과는 활성화 함수를 거쳐

$$b_l^t = f(a_l^t) \tag{6.3.2}$$

이 된다. 그림 6.8에 표시된 기억상실 게이트 역시 입력 게이트와 같은 형태로

$$a_\phi^t = \sum_{i=1}^{I} w_{i\phi} x_i^t + \sum_{h=1}^{H} w_{h\phi} b_h^{t-1} + \sum_{c=1}^{C} w_{c\phi} s_c^{t-1} \tag{6.3.3}$$

로 주어지며, 활성화 함수를 거쳐

$$b_\phi^t = f(a_\phi^t) \tag{6.3.4}$$

가 구해진다. 셀의 상태 값을 구하기 위하여 그림 6.9에 표시된 바와 같이 우선 블록 외부로부터 셀에 연결된 입력을

$$a_c^t = \sum_{i=1}^{I} w_{ic} x_i^t + \sum_{h=1}^{H} w_{hc} b_h^{t-1} \tag{6.3.5}$$

와 같이 구한다. 이 값이 활성화 함수 $g(a_c^t)$를 통과 후 입력 게이트 b_l^t와의 곱셈이 이루어진 항과 기억상실 게이트 b_ϕ^t에 의한 회귀연결 항의 합으로 셀의 상태 값이

$$s_c^t = b_\phi^t s_c^{t-1} + b_l^t g(a_c^t) \tag{6.3.6}$$

와 같이 결정된다. 그림 6.10에 표시된 출력 게이트의 가중치 합은 입력 노드 x_i^t로부터의 연결 항, 은닉층 LSTM 블록의 셀 출력 b_h^{t-1}로부터의 회귀연결 항, 같은 블록 내의 셀 s_c^t로부터의 옹이구멍 연결 항으로

$$a_\omega^t = \sum_{i=1}^{I} w_{i\omega} x_i^t + \sum_{h=1}^{H} w_{h\omega} b_h^{t-1} + \sum_{c=1}^{C} w_{c\omega} s_c^t \tag{6.3.7}$$

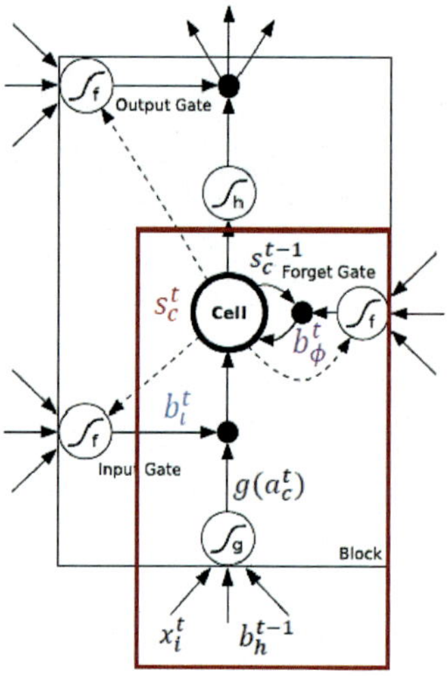

그림 6.9. 블록 내부 셀 상태

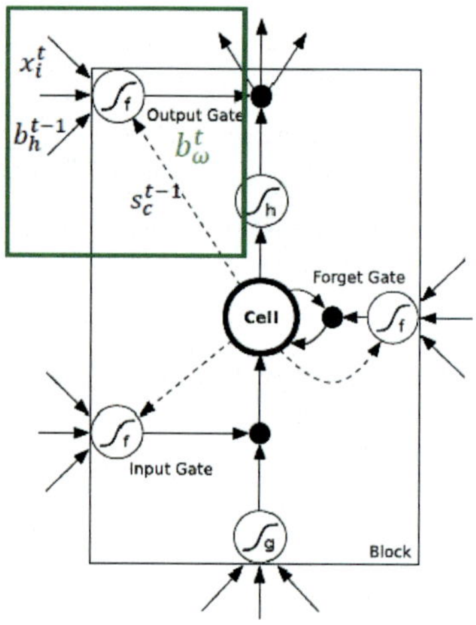

그림 6.10. 출력 게이트

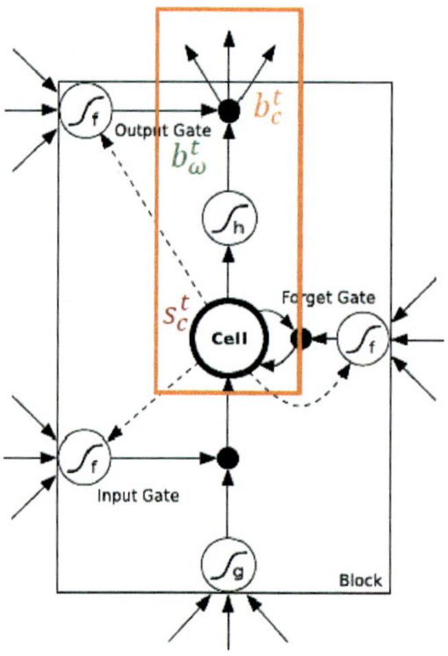

그림 6.11. 블록 외부로의 셀 출력

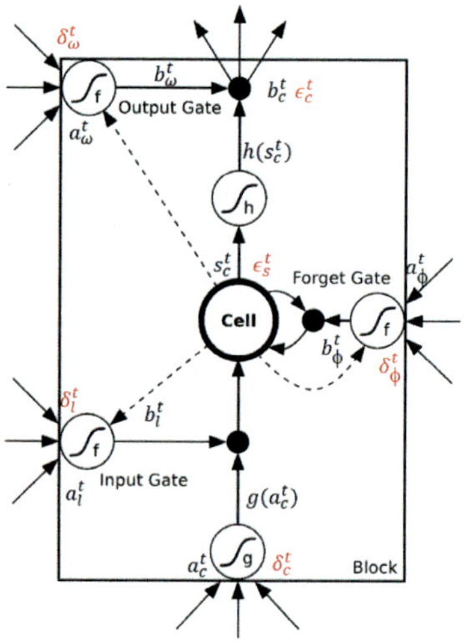

그림 6.12. 전방향 및 역방향 변수

로 계산되고, 활성화 함수를 거쳐

$$b_\omega^t = f\left(a_\omega^t\right) \tag{6.3.8}$$

이 된다. 마지막으로, LSTM 블록에서 각 셀의 출력은 그림 6.11에 표시된 바와 같이 셀 상태

값이 비선형 변환 h을 거친 후 b_ω^t와의 곱셈에 의해

$$b_c^t = b_\omega^t h(s_c^t) \tag{6.3.9}$$

와 같이 구해진다. 위 식으로 구해진 b_c^t는 그림 6.6.에서 보여주는 바와 같이 출력층을 비롯한 회로망의 다른 부분으로 연결된다.

6.4 LSTM의 역방향 계산

LSTM 회귀 신경회로망의 손실함수를 L이라고 정의하자. 그러면, 손실함수의 b_c^t에 대한 미분은

$$\epsilon_c^t \equiv \frac{\partial L}{\partial b_c^t} = \sum_{k=1}^{K} w_{ck}\delta_k^t + \sum_{g=1}^{G} w_{cg}\delta_g^{t+1} \tag{6.4.1}$$

로 주어진다. 여기서, 첫 번째 항은 출력층에서 역전파되어 온 항이며, 두 번째 항은 식 (6.3.1), (6.3.3), (6.3.5), (6.3.7)에 따라 LSTM의 셀 출력 b_c^t가 시간 지연된 후 은닉층에 위치한 모든 LSTM 블록의 게이트와 입력으로 연결된 지점에서 역전파되어 온 항이다.

손실함수의 출력 게이트에 대한 미분은 식 (6.3.9)에 의해서

$$\delta_\omega^t \equiv \frac{\partial L}{\partial a_\omega^t} = f'(a_\omega^t)\sum_{c=1}^{C} h(s_c^t)\epsilon_c^t \tag{6.4.2}$$

이 된다. 여기서, $\sum_{c=1}^{C} h(s_c^t)\epsilon_c^t$ 형태가 된 이유는 출력 게이트가 블록 내의 모든 셀에 연결되기 때문이다. 다음으로, 손실함수의 셀 상태에 대한 미분은

$$\epsilon_s^t \equiv \frac{\partial L}{\partial s_c^t} = b_\omega^t h'(s_c^t)\epsilon_c^t + b_\phi^{t+1}\epsilon_s^{t+1} + w_{cl}\delta_l^{t+1} + w_{c\phi}\delta_\phi^{t+1} + w_{c\omega}\delta_\omega^t \tag{6.4.3}$$

이 된다. 첫째 항은 ϵ_c^t가 $h(s_c^t)$를 통하여 역전파된 항이며, 두 번째 항은 식 (6.3.6)의 첫 번째 항이 역전파된 항이며, 세 번째 항은 식 (6.3.1)로부터, 네 번째 항은 식 (6.3.3)으로부터, 마지막 항은 식 (6.3.7)로부터 각각 역전파된 항이다. 다음으로 셀의 가중치 합에 대한 손실함수의 미분은

$$\delta_c^t \equiv \frac{\partial L}{\partial a_c^t} = b_l^t g'(a_c^t)\epsilon_s^t \tag{6.4.4}$$

이 된다. 기억상실 게이트에 대한 미분은

$$\delta_\phi^t \equiv \frac{\partial L}{\partial a_\phi^t} = f'(a_\phi^t)\sum_{c=1}^{C} s_c^{t-1}\epsilon_s^t \tag{6.4.5}$$

이다. 마지막으로 입력 게이트에 대한 미분은 출력 게이트에서와 마찬가지로

$$\delta_l^t \equiv \frac{\partial L}{\partial a_l^t} = f'(a_l^t)\sum_{c=1}^{C} g(a_c^t)\epsilon_s^t \tag{6.4.6}$$

이다. 식 (6.4.2), (6.4.5), (6.4.6)은 같은 형태를 가짐을 알 수 있다. 그림 6.12는 역방향 계산의 이해를 돕기 위하여 변수 위치를 표시한 그림이다.

참고문헌

1. Graves, A.; Liwicki, M.; Fernandez, S.; Bertolami, R.; Bunke, H.; Schmidhuber, J. (2009). "A Novel Connectionist System for Improved Unconstrained Handwriting Recognition". IEEE Transactions on Pattern Analysis and Machine Intelligence. 31 (5).

2. Li, Xiangang; Wu, Xihong (2014-10-15). "Constructing Long Short-Term Memory based Deep Recurrent Neural Networks for Large Vocabulary Speech Recognition". arXiv:1410.4281.

3. Miljanovic, Milos (Feb–Mar 2012). "Comparative analysis of Recurrent and Finite Impulse Response Neural Networks in Time Series Prediction". Indian Journal of Computer and Engineering. 3 (1).

4. Hochreiter, Sepp; Schmidhuber, Jürgen (1997-11-01). "Long Short-Term Memory". Neural Computation. 9 (8): 1735–1780. doi:10.1162/neco.1997. 9.8.1735.

5. Fernández, Santiago; Graves, Alex; Schmidhuber, Jürgen (2007). "An Application of Recurrent Neural Networks to Discriminative Keyword Spotting". Proceedings of the 17th International Conference on Artificial Neural Networks. ICANN'07. Berlin, Heidelberg: Springer-Verlag: 220–229. ISBN 978-3-540-74693-5.

6. Schmidhuber, Jürgen (January 2015). "Deep Learning in Neural Networks: An Overview". Neural Networks. 61: 85–117. arXiv:1404.7828 Freely accessible. doi:10.1016/j.neunet.2014.09.003. PMID 25462637.

7. Graves, Alex; Schmidhuber, Jürgen (2009). Bengio, Yoshua; Schuurmans, Dale; Lafferty, John; Williams, Chris editor-K. I.; Culotta, Aron, eds. "Offline Handwriting Recognition with Multidimensional Recurrent Neural Networks". Neural Information Processing Systems (NIPS) Foundation: 545–552.

8. Hannun, Awni; Case, Carl; Casper, Jared; Catanzaro, Bryan; Diamos, Greg; Elsen, Erich; Prenger, Ryan; Satheesh, Sanjeev; Sengupta, Shubho (2014-12-17). "Deep Speech: Scaling up end-to-end speech recognition". arXiv:1412.5567.

연습문제

6.1. 그림 6.2와 같은 구조를 지닌 신경회로망에서 출력노드 회귀 성분이 식 (6.1.2)로 주어졌다. 출력노드의 오류신호 $\delta_k(t)$를 유도하라.

6.2. 그림 6.3과 같은 구조를 지닌 신경회로망에서 출력노드로 부터 은닉노드로 회귀 성분이 식 (6.1.3)으로 주어졌다. 은닉노드의 오류신호 $\delta_j^{(hidden)}(t)$를 유도하라.

6.3. 임의의 시계열 데이터를 생성하고, 이를 대상으로 One-step 과 Two-step 예측 회귀 신경회로망을 학습하여 보아라.

6.4. LSTM에서 블록 당 두 개의 셀이 존재한다면 은닉층에 연결된 입력의 총 수 G는 얼마인가?

6.5. 입력이 2개, 출력이 1개이고 LSTM 블록은 2개인 경우의 회귀신경회로망 구조를 그려보아라. 단, LSTM블록은 하나의 셀만을 지닌다.

제 7 장

SVM

Support Vector Machine

7.1 SVM(Support Vector Machine)의 특징

SVM(Support Vector Machine)과 (다층)퍼셉트론의 특징을 비교하여 보자. 4장과 5장에서 설명한 퍼셉트론과 다층퍼셉트론은 학습패턴 집합이 주어지면 가중치들을 비결정론적(Nondeterministic)으로 구하는 알고리즘이다. 가중치들은 오차함수의 미분에 기반하여 아주 많은 횟수의 반복학습에 의해 구해지며, 학습패턴에 의해 얻어진 결과에서 시험패턴에 대한 일반화 성능을 향상시키기 위하여 많은 튜닝(Tuning)이 필요하다. 복잡한 기능을 수행하기 위해서는 충분한 수의 은닉노드를 지닌 다층퍼셉트론이 필요하다.

이에 반하여 SVM은 학습패턴 집합이 주어지면 결정론적(Deterministic)으로 가중치를 구하는 알고리즘이다. 즉, 학습패턴 집합을 근거로 가중치가 직접 계산된다. 또한 파라미터의 튜닝으로 좋은 일반화 성능을 얻을 수 있다. 그렇지만, 학습시키기는 매우 어려우며, 2차 계획법 최적화(Quadratic Programming)을 통하여 학습이 이루어진다. 그리고, 커널(Kernel)을 이용하여 복잡한 함수도 학습할 수 있다.

7.2 선형 구분자(Linear Separator)와 퍼셉트론 학습

구별함수를 2차원 공간에서 기하학적으로 분석해보자. 두 부류(클래스)를 구분하는 선형 구분자(Linear Separator) 함수를

$$g(\boldsymbol{x}) = \boldsymbol{w}^T\boldsymbol{x} + w_0 \qquad (7.2.1)$$

라고 하자. 점집합 $L = \{\boldsymbol{w}^T\boldsymbol{x} + w_0 = 0\}$로 주어지는 클래스의 경계면에 두 점 $\boldsymbol{x}_1$과 $\boldsymbol{x}_2$가 위치하면

$$\boldsymbol{w}^T(\boldsymbol{x}_1 - \boldsymbol{x}_2) = 0 \qquad (7.2.2)$$

이다. 즉, 경계면 L과 벡터 w는 수직이다. 그러면, L과 수직인 단위 벡터는 $w^* = w/\|w\|$로 주어진다. 그림 7.1에 나타난 바와 같이 L상의 한 점을 x_0이라 하면

$$\boldsymbol{w}^T\boldsymbol{x}_0 = -w_0 \tag{7.2.3}$$

이다. 그러면, $\boldsymbol{x}$에서 경계면 L까지의 거리는

$$\boldsymbol{w}^{*T}(\boldsymbol{x}-\boldsymbol{x}_0) = \frac{\boldsymbol{w}^T\boldsymbol{x}+w_0}{\|\boldsymbol{w}\|} \tag{7.2.4}$$

로 구해진다. 따라서, 입력패턴 쌍 $<\boldsymbol{x}_i, y_i>$이 식 (7.2.1)로 주어진 경계면과 이루는 기하학적 이득(Geometric Margin)은

$$y_i \cdot \frac{\boldsymbol{w}^T\boldsymbol{x}+w_0}{\|\boldsymbol{w}\|}, \quad y_i \in \{-1, +1\} \tag{7.2.5}$$

이다. 여기서, $y_i \in \{-1, +1\}$은 클래스 정보를 나타내는 출력이다. 식 (7.2.5)로 주어진 이득이 양이면 인식이 된 것이며, 만약 음이면 해당 점(혹은 데이터)은 오인식된 것이다.

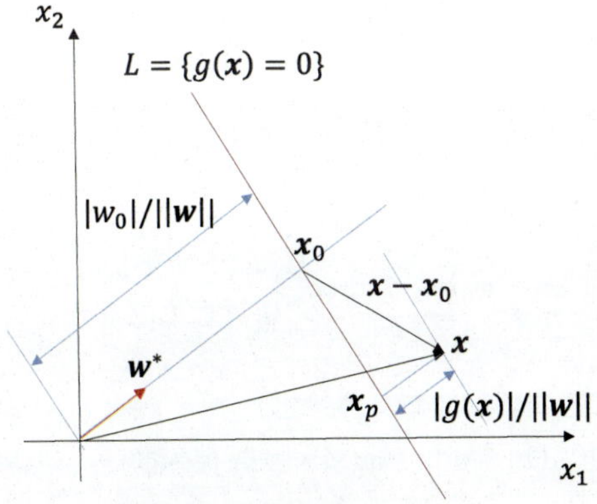

그림 7.1. 선형 구분자

4장에서 설명한 바와 같이 퍼셉트론 알고리즘은 선형 구분자를 학습시킨다. 즉, 퍼셉트론은

$$D(\boldsymbol{w}, w_0) = -\sum_{i \in M} y_i(\boldsymbol{w}^T \boldsymbol{x}_i + w_0) \tag{7.2.6}$$

와 같이 오인식된 입력들의 이득을 최소화 시키도록 학습된다. 여기서, M은 오인식된 입력 집합을 나타낸다. 식 (7.2.6)을 $\boldsymbol{w}$와 w_0에 대하여 각각 미분하면

$$\frac{\partial D(\boldsymbol{w}, w_0)}{\partial \boldsymbol{w}} = -\sum_{i \in M} y_i \boldsymbol{x}_i \tag{7.2.7}$$

와

$$\frac{\partial D(\boldsymbol{w}, w_0)}{\partial w_0} = -\sum_{i \in M} y_i \tag{7.2.8}$$

를 얻는다. 위 두 식으로 주어진 미분을 근거로 $D(\boldsymbol{w}, w_0)$를 최소화시키기 위하여 경사 강하법(Gradient Descent)에 따라 가중치들을 변경하면 학습이 된다. 이를 정리하면 다음과 같다.

퍼셉트론 알고리즘

입력과 목표 값의 쌍으로 구성된 학습패턴 $<\boldsymbol{x}_i, y_i>$를 저장한다.

① 가중치 $\boldsymbol{w}$와 w_0를 임의의 값으로 초기화 시킨다.

② n개의 학습패턴에 대하여 가중치를 다음과 같이 변경시킨다.

$$\text{If } y_i(\boldsymbol{w}^T \boldsymbol{x}_i + w_0) \le 0 \text{ then } \begin{cases} \boldsymbol{w} := \boldsymbol{w} + y_i \boldsymbol{x}_i \\ w_0 := w_0 + y_i \end{cases} \tag{7.2.9}$$

③ 오인식된 학습패턴이 있으면 과정 ②를 다시 수행한다.

④ 새로운 입력 $\boldsymbol{x}$가 주어지면 $g(\boldsymbol{x}) = \boldsymbol{w}^T \boldsymbol{x} + w_0$의 부호로 예측한다.

위에 설명한 퍼셉트론 학습 알고리즘의 이중적 표현(Dual Representation)에 대하여 설명하여 보자. 초기 가중치들은 모두 영의 값을 지닌다고 하고 α_i는 $\boldsymbol{x}_i$가 오인식된 횟수라고 하면 가중

치들은

$$\boldsymbol{w} = \sum_{i=1}^{n} \alpha_i y_i \boldsymbol{x}_i \tag{7.2.10}$$

와

$$w_0 = \sum_{i=1}^{n} \alpha_i y_i \tag{7.2.11}$$

로 주어진다. 그리고, 선형 구분자의 예측기는

$$h(\boldsymbol{x}) = sign(\boldsymbol{w}^T \boldsymbol{x} + w_0) = sign \sum_{i=1}^{n} \alpha_i y_i (\boldsymbol{x}_i^T \boldsymbol{x} + 1) \tag{7.2.12}$$

이 된다. 이를 알고리즘으로 정리하면 다음과 같다.

퍼셉트론 알고리즘의 이중적 표현

입력과 목표값의 쌍으로 구성된 학습패턴 $<\boldsymbol{x}_i, y_i>$를 저장한다.

① α_i는 영으로 초기화 시킨다.

② 학습 패턴 n개에 대하여 가중치를 다음과 같이 변경시킨다.

$$\text{If } \sum_{j=1}^{n} y_i \alpha_j y_j (\boldsymbol{x}_j^T \boldsymbol{x}_i + 1) \le 0 \text{ then } \alpha_i := \alpha_i + 1 \tag{7.2.13}$$

$$\boldsymbol{w} = \sum_{i=1}^{n} \alpha_i y_i \boldsymbol{x}_i \text{ and } w_0 = \sum_{i=1}^{n} \alpha_i y_i$$

③ 오인식된 학습패턴이 있으면 과정 ②를 다시 수행한다.

④ 새로운 입력 $\boldsymbol{x}$가 주어지면 $h(\boldsymbol{x})$로 예측한다.

7.3 SVM

데이터 공간에서 두 부류 C_1과 C_2를 나누는 예를 그림 7.2에 나타내었다. 이 그림에서 나타낸 바와 같이 두 부류를 구분하는 선형 구분자는 무한히 많을 것이다. 그러면, 무한히 많은 선형 구분자들 중 어느 것이 좋은 것이며, 이를 어떻게 측정할 수 있나? 직관적으로 a, b, c, d 중 c가 가장 좋음을 알 수 있으며, 이는 이득이 큰 선형 구분자가 좋은 구분자의 기준이 됨을 알 수 있다. 즉, 구분 경계면에서 $\boldsymbol{x}$ 까지의 거리가 $(\boldsymbol{w}^T\boldsymbol{x}+w_0)/\|\boldsymbol{w}\|$이므로 이를 판단의 기준으로 삼으면 된다.

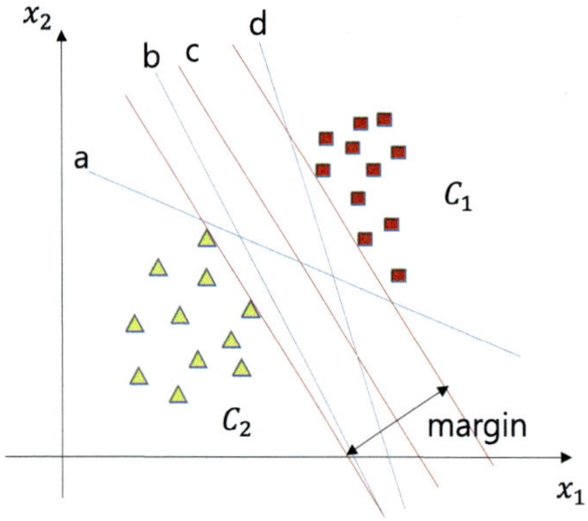

그림 7.2. 선형 구분자와 이득

SVM이란 이득이 최대가 되는 구분자를 찾아주는 모든 알고리즘을 명명한다. 즉, 모든 데이터로부터 이득이 최대가 되는 구분자를 찾아주는 알고리즘이다. 이를 수식화 하여

$$\max_{w_0,\boldsymbol{w}} C \text{ subject to } \frac{1}{\|\boldsymbol{w}\|} y_i(\boldsymbol{w}^T\boldsymbol{x}_i+w_0) \geq C \;\; i=1,2,..,n \tag{7.3.1}$$

를 최적화 하는 문제로 볼 수 있다. $\|\boldsymbol{w}\|$를 $1/C$로 두면 위 식은

$$\min_{w_0,\boldsymbol{w}} \frac{1}{2}(\|\boldsymbol{w}\|)^2 \text{ subject to } y_i(\boldsymbol{w}^T\boldsymbol{x}_i+w_0) \geq 1 \;\; i=1,2,..,n \tag{7.3.2}$$

로 된다. 그림 7.3은 위 식에 따라 구해지는 가중치에 의한 경계면과 이득을 보여준다.

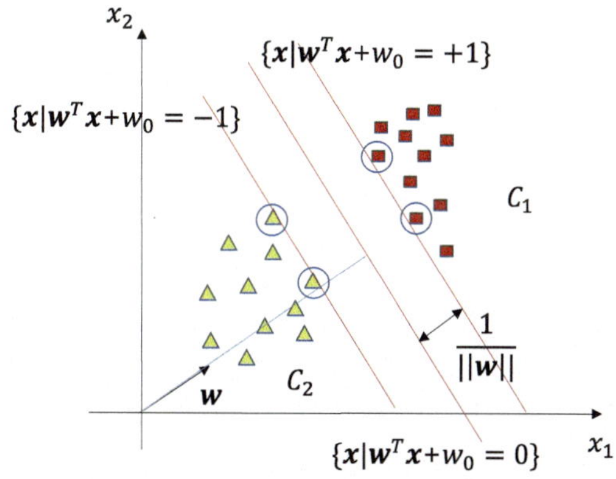

그림 7.3. SVM의 경계면과 이득

식 (7.3.2)를 라그랑주 공식화(Lagrangia Formulation)로 표현하면

$$\min_{w_0, \boldsymbol{w}} \max_{\alpha \geq 0} L(w_0, \boldsymbol{w}, \alpha) = \frac{1}{2}(||\boldsymbol{w}||)^2 - \sum_{i=1}^{n} \alpha_i \left[y_i (\boldsymbol{w}^T \boldsymbol{x}_i + w_0) - 1 \right] \tag{7.3.3}$$

이 된다. 여기서, α_i는 라그랑주 승수이며, 식 (7.3.2)의 제한조건이 만족되면 식 (7.3.3)의 마지막 [ ] 항은 양수이다. 쿤-터커 이론(Kuhn-Tucker Theorem)에 의하면

$$\min_{w_0, \boldsymbol{w}} \max_{\alpha} L(w_0, \boldsymbol{w}, \alpha) = \max_{\alpha} \min_{w_0, \boldsymbol{w}} L(w_0, \boldsymbol{w}, \alpha) \tag{7.3.4}$$

이다. $L(w_0, \boldsymbol{w}, \alpha)$를 미분하여 $\min_{w_0, \boldsymbol{w}} L(w_0, \boldsymbol{w}, \alpha)$의 해를 구하면

$$\frac{\partial L(w_0, \boldsymbol{w}, \alpha)}{\partial \boldsymbol{w}} = \boldsymbol{w} - \sum_{i=1}^{n} \alpha_i y_i \boldsymbol{x}_i = 0 \tag{7.3.5}$$

에서

$$\boldsymbol{w} = \sum_{i=1}^{n} \alpha_i y_i \boldsymbol{x}_i \tag{7.3.6}$$

이 되고,

$$\frac{\partial L(w_0, \boldsymbol{w}, \alpha)}{w_0} = -\sum_{i=1}^{n} \alpha_i y_i = 0 \tag{7.3.7}$$

이므로

$$\sum_{i=1}^{n} \alpha_i y_i = 0 \tag{7.3.8}$$

을 얻게 된다. 이를 식 (7.3.3)에 대입하면 L은 α 만의 함수

$$L(\alpha) = \sum_{i=1}^{n} \alpha_i - \frac{1}{2} \sum_{j=1}^{n} \sum_{k=1}^{n} \alpha_j \alpha_k y_j y_k \left(\boldsymbol{x}_j^T \boldsymbol{x}_k\right) \tag{7.3.9}$$

이 된다. 결국 최적화 문제는

$$\text{Maximize}\, L(\alpha) \;\; \text{subject to} \;\; \boldsymbol{\alpha} \geq \boldsymbol{0} \;\; \text{and} \;\; \sum_i \alpha_i y_i = 0 \tag{7.3.10}$$

으로 정리된다. 식 (7.3.6)은 퍼셉트론의 이중적 표현에서와 마찬가지로 가중치 벡터는 데이터의 가중치 합으로 표현됨을 보여준다. 식 (7.3.10)에서 2차 계획법 최적화(Quadratic Optimization) 문제의 해법으로 α_i를 구한다. 이득이 1이 되는 데이터를 서포트 벡터(Support Vectror)라고 하며, 그림 7.3에서 서포트 벡터를 원으로 표시하였다. 그러면, 서포트 벡터 $\boldsymbol{x}_i$에 대하여

$$y_i(\boldsymbol{w}^T \boldsymbol{x}_i + w_0) = 1 \tag{7.3.11}$$

로부터

$$w_0 = y_i - \boldsymbol{w}^T \boldsymbol{x}_i \tag{7.3.12}$$

를 구한다.

SVM은 선형적으로 구분 가능한 문제에 대하여 최적화된 해를 구해준다. 한편, 아래 그림에서 보여주는 바와 같이 선형적으로 구분이 될 수 없는 문제인 경우에는 식 (7.3.2)에서 제한조건을

$$y_i(\boldsymbol{w}^T \boldsymbol{x}_i + w_0) \geq 1 - \xi_i \quad i = 1, 2, .., n \tag{7.3.13}$$

으로 수정하여 적용한다.

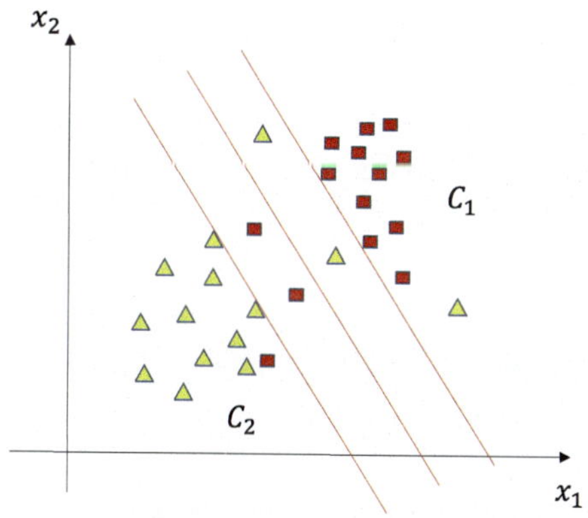

그림 7.4. 선형적으로 구분이 불가한 문제

만약에 클래스 구분 경계면이 직선이 아닌 경우에는 이를 해결하기 위하여 커널(Kernel)을 사용하여 더 높은 차원의 데이터로 변형하여 학습한다.

예제 7.3-1

그림과 같이 2차원 공간상에 두 개의 클래스에 해당하는 점집합이 주어졌다. 사각형 클래스는 $y_i = 1$, 원형 클래스는 $y_i = -1$이라고 두고서 퍼셉트론의 이중적 표현에 의한 학습을 두 epoch 동안 반복하여 보아라. 그리고, Support Vector의 지점을 구하고, 이를 근거로 SVM에 의한 구분자를 구하여라.

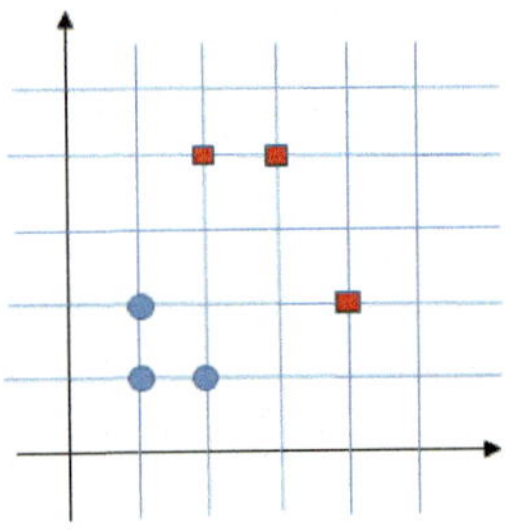

내적	x_1	x_2	x_3	x_4	x_5	x_6
x_1	20	6	22	10	16	8
x_2	6	2	7	3	6	3
x_3	22	7	25	11	20	10
x_4	10	3	11	5	81	4
x_5	16	6	20	8	20	10
x_6	8	3	10	4	10	5

풀이

먼저, 6개의 점들의 순서를 각 클래스가 섞이도록 $\boldsymbol{x}_1(2,4)$, $\boldsymbol{x}_2(1,1)$, $\boldsymbol{x}_3(3,4)$, $\boldsymbol{x}_4(1,2)$, $\boldsymbol{x}_5(4,2)$, $\boldsymbol{x}_6(2,1)$와 같이 정하였다. 이 점들 사이의 내적을 표로 만들면 위와 같다. 이 표를 활용하여 수식 $\alpha_i(i=1,2,..,6)$를 변경시킨다. 여기서, $\boldsymbol{x}_1$, $\boldsymbol{x}_3$, $\boldsymbol{x}_5$는 $y_i = 1$이고 나머지 점들은 $y_i = -1$이다.

우선, 첫 단계로 모든 $\alpha_i(i=1,2,..,6)$를 영으로 설정한다.

첫 epoch에서 $\boldsymbol{x}_i(i=1,2,..,6)$을 순차적으로 입력하면

$$\boldsymbol{x}_i(i=1)\text{입력}: \text{모든 } \alpha_i\text{는 영이므로 } y_1\sum_{j=1}^{n}\alpha_j y_j(\boldsymbol{x}_j^T\boldsymbol{x}_1+1)=0,\ \alpha_1 := \alpha_1+1=1$$

$$\boldsymbol{x}_i(i=2)\text{입력}: y_2\sum_{j=1}^{n}\alpha_j y_j(\boldsymbol{x}_j^T\boldsymbol{x}_2+1)=-1[1\times(6+1)]=-7,\ \alpha_2 := \alpha_2+1=1$$

$$\boldsymbol{x}_3\text{입력}: y_3\sum_{j=1}^{n}\alpha_j y_j(\boldsymbol{x}_j^T\boldsymbol{x}_3+1)=1[1\times(22+1)-1\times(7+1)]=15,\ \alpha_3 := \alpha_3=0$$

$$\boldsymbol{x}_4\text{입력}: y_4\sum_{j=1}^{n}\alpha_j y_j(\boldsymbol{x}_j^T\boldsymbol{x}_4+1)=-7,\ \alpha_4 := \alpha_4+1=1$$

x_5 입력 : $y_5 \sum_{j=1}^{n} \alpha_j y_j (\boldsymbol{x}_j^T \boldsymbol{x}_5 + 1) = 1, \ \alpha_5 := \alpha_5 = 0$

x_6 입력 : $y_6 \sum_{j=1}^{n} \alpha_j y_j (\boldsymbol{x}_j^T \boldsymbol{x}_6 + 1) = 0, \ \alpha_6 := \alpha_6 + 1 = 1$

두 번째 epoch에서 다시 $\boldsymbol{x}_i (i = 1,2,..,6)$을 순차적으로 입력하면

x_1 입력 : $y_1 \sum_{j=1}^{n} \alpha_j y_j (\boldsymbol{x}_j^T \boldsymbol{x}_1 + 1) = -6, \ \alpha_1 := \alpha_1 + 1 = 2$

x_2 입력 : $y_2 \sum_{j=1}^{n} \alpha_j y_j (\boldsymbol{x}_j^T \boldsymbol{x}_2 + 1) = -3, \ \alpha_2 := \alpha_2 + 1 = 2$

x_3 입력 : $y_3 \sum_{j=1}^{n} \alpha_j y_j (\boldsymbol{x}_j^T \boldsymbol{x}_3 + 1) = 7, \ \alpha_3 := \alpha_3 = 0$

x_4 입력 : $y_4 \sum_{j=1}^{n} \alpha_j y_j (\boldsymbol{x}_j^T \boldsymbol{x}_4 + 1) = -3, \ \alpha_4 := \alpha_4 + 1 = 2$

x_5 입력 : $y_5 \sum_{j=1}^{n} \alpha_j y_j (\boldsymbol{x}_j^T \boldsymbol{x}_5 + 1) = -11, \ \alpha_5 := \alpha_5 + 1 = 1$

x_6 입력 : $y_6 \sum_{j=1}^{n} \alpha_j y_j (\boldsymbol{x}_j^T \boldsymbol{x}_6 + 1) = 5, \ \alpha_6 := \alpha_6 + 1 = 2$

그림에서 Support Vector는 사각 클래스의 $\boldsymbol{x}_1(2,4), \boldsymbol{x}_5(4,2)$와 원 클래스의 $\boldsymbol{x}_4(1,2)$, $\boldsymbol{x}_6(2,1)$이다. 이 4개의 점들을 기준으로 $\boldsymbol{x}_1, \boldsymbol{x}_5$에서는 +1의 값을 가지고 $\boldsymbol{x}_4, \boldsymbol{x}_6$에서는 -1의 값을 가지는 선형 구분자는 $g(\boldsymbol{x}) = \frac{2}{3}(x_1 + x_2) - 3$이다. 이를 그림으로 그리면 아래와 같다.

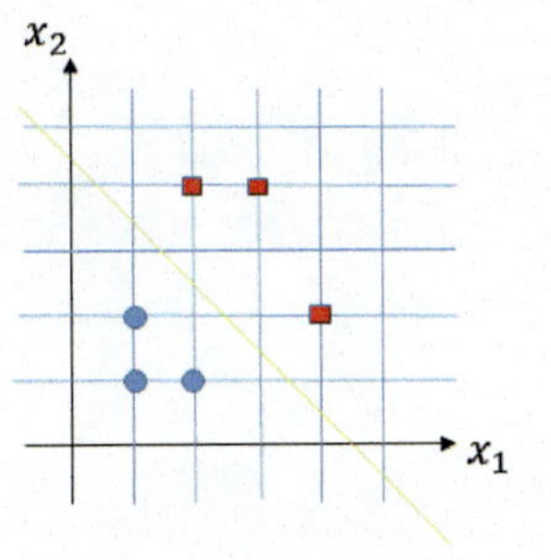

7.4 SVM 적용 예

SVM의 적용 예로 EEG 신호로부터 사람의 묵시적 의도(Implicit Intention)를 판별하는 실험 결과를 보여주고자 한다. 9명의 건강한 한국 사람으로부터 문장을 보여 주고 동의 여부를 답하도록 하였으며, 동시에 EEG와 fMRI 신호도 기록하였다. 기록된 fMRI와 EEG 신호로부터 의미 있는 시간-주파수 성분을 추출하였으며, 이를 Scalp Topographic Map으로 그려 그림 7.5에 보이고 있다. 이를 근거로 한 번의 실험 측정치는 30개의 Electrode에서 측정된 5가지 성분으로 구성된 150차원의 벡터로 구성되었으며, 총 653개의 Trial Data를 저장하였다. 이 데이터를 5-fold cross validation으로 Linear SVM과 RBF 커널 SVM에 실험한 결과를 그림 7.6에서 보여주고 있다. RBF커널을 이용한 SVM이 Linear SVM보다 더 좋은 성능을 보이는 이유는 이 문제가 선형적으로 분리가능하지 않은 문제이기 때문이다.

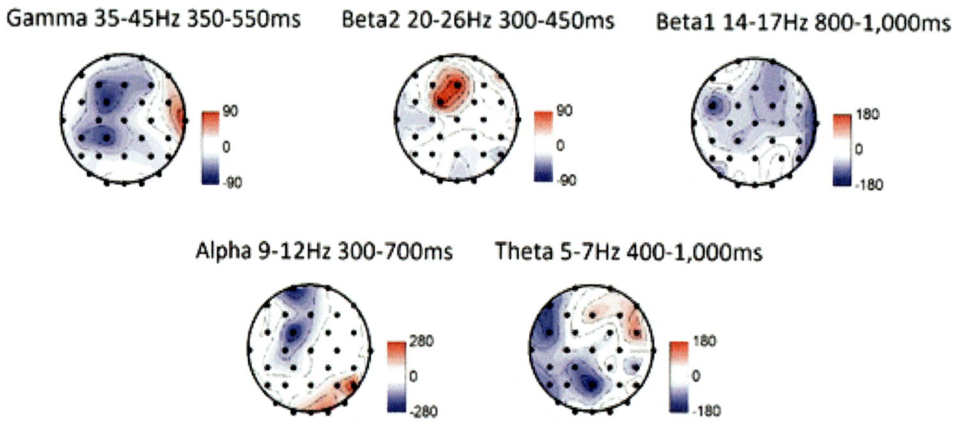

그림 7.5. 5가지 EEG 성분의 평균에 대한 Scalp Topographic Map
[10. Suh-Yeon Dong, et al. 2016].

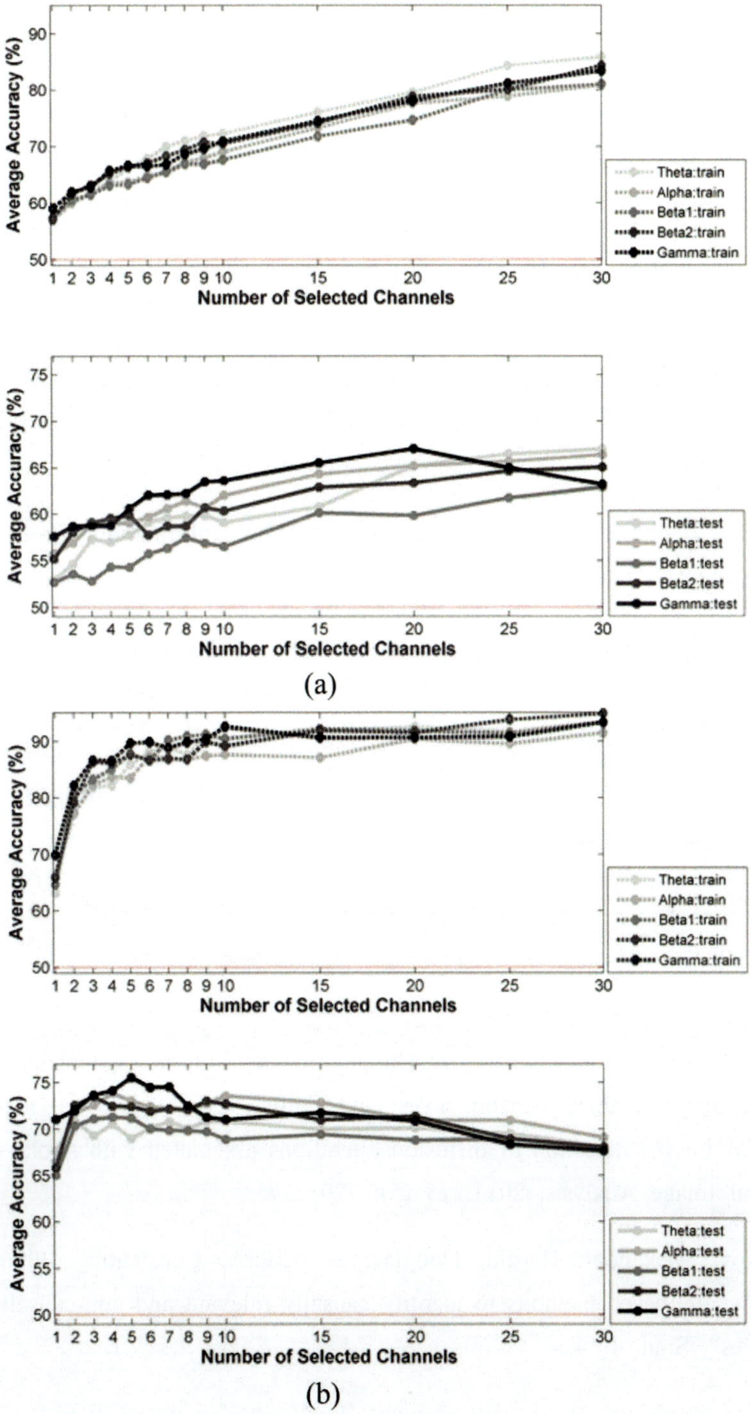

그림 7.6. (a) Linear SVM과 (b) RBF SVM에 의한 인식 결과
[10. Suh-Yeon Dong, et al. 2016]

참고문헌

1. Cortes, Corinna; Vapnik, Vladimir N. (1995). "Support-vector networks". Machine Learning. 20 (3): 273–297. doi:10.1007/BF00994018.

2. Ben-Hur, Asa; Horn, David; Siegelmann, Hava; and Vapnik, Vladimir N.; "Support vector clustering"; (2001); Journal of Machine Learning Research, 2: 125–137

3. *Press, William H.; Teukolsky, Saul A.; Vetterling, William T.; Flannery, Brian P. (2007). "Section 16.5. Support Vector Machines". Numerical Recipes: The Art of Scientific Computing (3rd ed.). New York: Cambridge University Press. ISBN 978-0-521-88068-8. Archived from the original on 2011-08-11.

4. Vapnik, Vladimir N.: Invited Speaker. IPMU Information Processing and Management 2014)

5. Barghout, Lauren. "Spatial-Taxon Information Granules as Used in Iterative Fuzzy-Decision-Making for Image Segmentation." Granular Computing and Decision-Making. Springer International Publishing, 2015. 285-318.

6. DeCoste, Dennis (2002). "Training Invariant Support Vector Machines". Machine Learning. 46: 161–190.

7. Gaonkar, Bilwaj; Davatzikos, Christos; "Analytic estimation of statistical significance maps for support vector machine based multi-variate image analysis and classification"

8. Cuingnet, Rémi; Rosso, Charlotte; Chupin, Marie; Lehéricy, Stéphane; Dormont, Didier; Benali, Habib; Samson, Yves; and Colliot, Olivier; "Spatial regularization of SVM for the detection of diffusion alterations associated with stroke outcome", Medical Image Analysis, 2011, 15 (5): 729–737

9. Statnikov, Alexander; Hardin, Douglas; & Aliferis, Constantin; (2006); "Using SVM weight-based methods to identify causally relevant and non-causally relevant variables", Sign, 1, 4

10. Dong, Suh-Yeon; Kim, Bo-Kyeong; Lee, Soo-Young; (2016); "EEG-based classification of implicit intention during self-relevant sentence reading," IEEE Trans. Cybernetics, 46: 2535-2542

11. Cheong, Sungmoon; Oh, Sang Hoon; Lee, Soo-Young; (2004); "Support vector machine with binary tree archicture for multi-class classigication," Neural Information Processing-Letters and Reviews, 2: 47-51

연습문제

7.1. 그림 [문 7.1]에서 데이터의 점집합의 경계면 L에 대하여 수직인 벡터를 구하라. 그리고, 점 (5.5,1.3)에서 경계면까지의 거리를 구하여라.

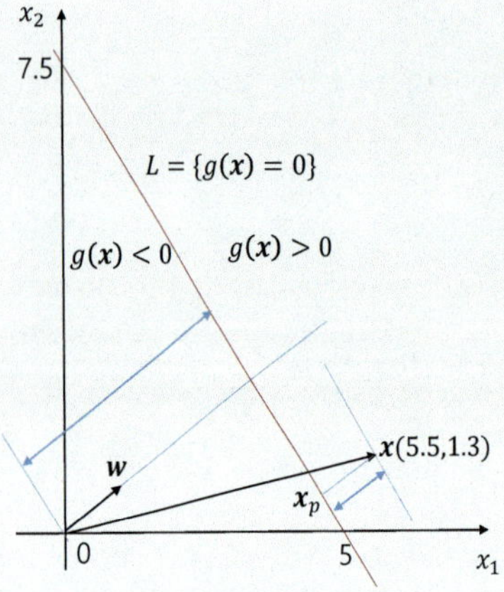

그림 [문 7.1]

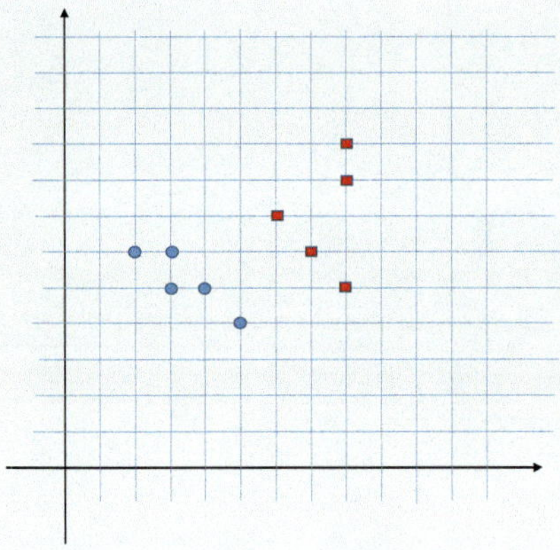
그림 [문 7.2]

7.2. 그림 [문 7.2]와 같이 두 클래스에 해당하는 데이터 점집합이 주어졌다. 퍼셉트론의 이중적 표현에 의해 가중치와 바이어스를 구하여라. 이를 근거로 그림 [문 7.2]에 경계면을 그려보아라.

7.3. 그림 [문 7.2]를 대상으로 SVM에 의한 선형 구분자를 그려보아라. 그리고, Support Vector도 원으로 표현하여 보아라.

제 8 장

앙상블 학습

Ensemble Learning

8.1 앙상블이 필요한 이유

2장부터 7장까지 여러 형태의 교사학습 모델을 설명하였으며, 이외에도 다양한 형태의 교사학습 모델이 있다. 이러한 교사 학습 모델들은 서로 다른 학습 알고리즘과 파라미터를 사용한다. 따라서, 다른 학습 알고리즘과 파라미터 뿐 만 아니라 다른 데이터 표현 방식과 학습패턴 집합을 기반으로 한 다른 학습기들을 만들어낼 수 있다.

한편으로, 각각의 학습기들은 특정 모델을 가정하기에 하나의 알고리즘이 모든 문제에서 최고의 성능을 나타낼 수 없다(No Free Lunch Theorem). 비록, 알고리즘을 미세조정 하더라도, 그 알고리즘이 정확하게 예측하지 못하는 입력 패턴이 다른 알고리즘에서는 정확하게 예측될 수 있을 것이다. 따라서, 기본 학습기들의 그룹을 생성하고, 이들을 결합시키면 더 좋은 성능을 기대할 수 있을 것이다. 이 장에서는 여러 학습기를 모아서 최종 성능을 향상시키는 앙상블 방법에 대하여 다루겠다.

8.2 투표에 의한 결정(Voting)

학습이 완료된 학습기 $d_1, d_2, ..., d_L$에 $\boldsymbol{x}$가 입력되었다. 이때, 각 학습기의 출력 값의 가중치 합에 의한 선형적 계산으로 최종 결정 출력 값 y를 구하는 방식을 수식으로 적으면

$$y = \sum_{j=1}^{L} w_j d_j \tag{8.2.1}$$

이 된다. 여기서 가중치의 조건은

$$w_j \geq 0 \text{ and } \sum_{j=1}^{L} w_j = 1 \tag{8.2.2}$$

이다. 학습기가 패턴 분류기로 동작하는 경우에는 i번째 클래스에 대한 출력 값은

$$y_i = \sum_{j=1}^{L} w_j d_{ji} \tag{8.2.3}$$

으로 주어진다. 여기서, d_{ji}는 j번째 학습기의 i번째 클래스에 대한 출력 값이다. 가중치는 각 학습기의 역할에 따라 조정할 수 있다. 만약 단순 투표 방식이면 가중치들은 같은 값을 지닐 것이다. 이를 통하여 득표를 많이 한 결과로 결정을 한다.

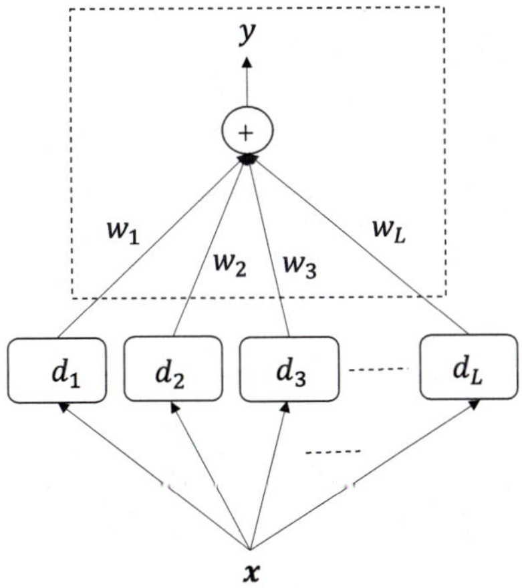

그림 8.1. 투표에 의한 결정

식 (8.2.3)을 베이시안 모델로 표현하면

$$P(C_i|\boldsymbol{x}) = \sum_{\text{all models } M_j} P(M_j)P(C_i|\boldsymbol{x}, M_j) \tag{8.2.4}$$

이 된다. 여기서, $P(M_j)$는 w_j에 해당하고, $P(C_i|\boldsymbol{x}, M_j)$는 d_{ji}에 해당한다. 식 (8.2.1)에서 d_j가 i.i.d.(independent, identically distributed)이고 $w_j = 1/L$이면

$$E[y] = E\left[\sum_{j=1}^{L} \frac{1}{L} d_j\right] = \frac{1}{L} E\left[\sum_{j=1}^{L} d_j\right] = E[d_j] \tag{8.2.5}$$

이고,

$$Var[y] = Var\left[\sum_{j=1}^{L}\frac{1}{L}d_j\right] = \left(\frac{1}{L}\right)^2 Var\left[\sum_{j=1}^{L}d_j\right] = \frac{1}{L}Var[d_j] \tag{8.2.6}$$

이다. 여기서, $Var[.]$은 분산 연산자이다. 즉, 단순 투표에 의한 방식은 바이어스는 변하지 않고, 분산은 $1/L$ 만큼 감소되어 변동성이 줄어든다. 만약 기본 학습기가 학습 대상이 되는 함수에 상관관계 계수가 0이고 평균이 0인 잡음이 섞인 형태이면, 기본 학습기의 가중치 합에 의해 잡음의 영향을 제거할 수 있다.

식(8.2.1)에서 임의의 입력 $\boldsymbol{x}$가 주어졌을 때, 최적의 가중치는

$$\hat{\boldsymbol{w}} = \arg\min_w E\left[\left(r^* - \sum_{j=1}^{L}w_j d_j(\boldsymbol{x})\right)^2\right] \tag{8.2.7}$$

를 찾는 것이다. 여기서 기대치 연산자 $E[.]$는 실제 입력 공간에 대하여 적용한다. 그러면,

$$E[(r^* - \sum_{j=1}^{L}\hat{w}_j d_j(\boldsymbol{x}))^2] \le E[(r^* - \sum_{j=1}^{L}\frac{1}{L}d_j(\boldsymbol{x}))^2] \tag{8.2.8}$$

일 것이다. 한편, 실제 입력 공간의 데이터 분포는 알 수 없어서 실험적인 분포를 사용하여야 한다.

참조 **독립 확률변수의 분산**

N개의 독립 확률변수 $\boldsymbol{x}_1, \boldsymbol{x}_2, \ldots, \boldsymbol{x}_N$가 있으며 이들의 평균과 분산을 각각 $m_i = E[\boldsymbol{x}_i]$와 $\sigma_i^2 = E[(\boldsymbol{x}_i - m_i)^2]$이라고 하자. 이를 합한 것을 $\boldsymbol{z}$라고 하면

$$\boldsymbol{z} = \sum_{i=1}^{N}\boldsymbol{x}_i \tag{8.2.9}$$

이다. 그러면, 평균은

$$E[\boldsymbol{z}] = \sum_{i=1}^{N} E[\boldsymbol{x}_i] = \sum_{i=1}^{N} m_i \tag{8.2.10}$$

이다. 분산은

$$\sigma_z^2 = E[(\boldsymbol{z} - E[\boldsymbol{z}])^2] = E[(\sum_{i=1}^{N}(\boldsymbol{x}_i - m_i))^2] \tag{8.2.11}$$

이다. 여기서, $\boldsymbol{x}_i$와 $\boldsymbol{x}_j(i \neq j)$는 독립이므로

$$E[(\boldsymbol{x}_i - m_i)(\boldsymbol{x}_j - m_j)] = E[(\boldsymbol{x}_i - m_i)]E[(\boldsymbol{x}_j - m_j)] = 0 \tag{8.2.12}$$

인 것을 이용하면 식 (8.2.11)는

$$\sigma_z^2 = \sum_{i=1}^{N} E[(\boldsymbol{x}_i - m_i)^2] = \sum_{i=1}^{N} \sigma_i^2 \tag{8.2.13}$$

이 된다.

이제 $\boldsymbol{x}_i$의 가중치 합에 의해

$$y = \sum_{i=1}^{N} w_i \boldsymbol{x}_i \tag{8.2.14}$$

로 주어진 경우의 평균을 구하면

$$E[y] = E[\sum_{i=1}^{N} w_i \boldsymbol{x}_i] = \sum_{i=1}^{N} w_i E[\boldsymbol{x}_i] = \sum_{i=1}^{N} w_i m_i \tag{8.2.15}$$

이고, 분산은 식 (8.2.13)을 이용하면

$$\sigma_y^2 = E\left[\left(\sum_{i=1}^{N}(w_i \boldsymbol{x}_i - w_i m_i)\right)^2\right] = \sum_{i=1}^{N} E[(w_i \boldsymbol{x}_i - w_i m_i)^2] = \sum_{i=1}^{N} w_i^2 \sigma_i^2 \tag{8.2.16}$$

으로 구해진다.

참조 **확률변수의 상관관계 계수**

2개의 확률변수 $\boldsymbol{x}$와 $\boldsymbol{y}$ 사이의 상관관계 계수(correlation coefficient)는

$$r_{xy} = \frac{E[\boldsymbol{xy}] - E[\boldsymbol{x}]E[\boldsymbol{y}]}{\sigma_x \sigma_y} \tag{8.2.17}$$

로 정의된다. 여기서,

$$C_{xy} = E[\boldsymbol{xy}] - E[\boldsymbol{x}]E[\boldsymbol{y}] \tag{8.2.18}$$

를 공분산이라고 한다. $r_{xy} = 0$이면 $\boldsymbol{x}$와 $\boldsymbol{y}$는 상관관계가 없다고 한다.

8.3 배깅(Bagging)

앙상블 학습에서, 입력 데이터를 여러 종류로 나누어 처리하는 방법이 배깅이다. 배깅의 첫 번째 단계로 전체 입력 데이터 집합 $X = \{\boldsymbol{x}^t, r^t\}_{t=1}^N$로부터 중복 샘플링을 허용하면서 $X_l, l = 1, 2, \ldots, L$을 생성한다. 이때, X_l을 부츠트랩(bootstrap) 샘플이라 한다. 다음으로, X_l로부터 기초 학습기 $g_l(\boldsymbol{x})$를 각각 학습시킨다. 마지막 단계로 투표에 의해 최종 출력을

$$g_{bag}(\boldsymbol{x}) = \frac{1}{L}\sum_{l=1}^{L} g_l(\boldsymbol{x}) \tag{8.3.1}$$

로 결정한다.

배깅을 하는 이유를 간단하게 분석하여 보면, $g^*(\boldsymbol{x})$를 가장 성능이 뛰어난 기초 학습기라고 할 때

$$\begin{aligned} E[(r^* - g^*(\boldsymbol{x}))^2] &= E[(r^* - g_{bag}(\boldsymbol{x}) + g_{bag}(\boldsymbol{x}) - g^*(\boldsymbol{x}))^2] \\ &= E[(r^* - g_{bag}(\boldsymbol{x}))^2] + E[(g_{bag}(\boldsymbol{x}) - g^*(\boldsymbol{x}))^2] \\ &\geq E[(r^* - g_{bag}(\boldsymbol{x}))^2] \end{aligned} \tag{8.3.2}$$

에서 보는 바와 같다.

8.4 분류기의 성능평가

교사 학습이 완료된 분류기(Classifier)의 성능을 평가하는 방법에 대하여 설명하고자 한다. 가장 간단한 방법은 분류기의 정확도(Accuracy) 혹은 인식률(Recognition Ratio)이다. 학습이 완료된 분류기에 시험 샘플을 입력하여 제대로 판별한 비율을

$$Accuracy = \frac{No.(Correctly\ \ Classified\ \ Samples)}{No.(Presented\ \ Samples)} \tag{8.4.1}$$

와 같이 계산하면 된다. 그렇지만, 정확도는 분류기의 모든 특징을 다 담아내는 성능 평가 기준으로는 부족하다. 또한, 클래스에 속한 샘플의 수가 크게 불균형을 지닌 경우에 여러 분류기의 성능을 비교하는 기준으로 사용할 수 없다. 따라서, 성능평가 기준으로 자주 사용되는 "정밀도와 상기율(Precision and Recall)"과 "ROC 곡선(Receiver Operating Characteristic Curve)"에 대하여 알아보자.

설명을 간단하게 하기 위하여 분류문제의 대상이 2개의 클래스라고 가정하자. 즉, 클래스 1을 P(Positive) 클래스라고 하고 클래스 2를 N(Negative)라고 하자. 그러면, 샘플이 분류기에 입력되어 판정이 내려진 경우를 그림 8.2와 같이 4가지 경우로 나누어 표시할 수 있다. 이를 혼동 행렬(Confusion Matrix)이라고 한다. 여기서, True Class는 샘플의 실제 클래스를 나타내며, Hypothesized Class는 분류기의 출력에 의해 판별된 클래스를 나타낸다. TP(True Positive)는 실제 p 클래스인데 분류기도 P 클래스로 판별한 가지 수를 나타내며, FP(False Positive)는 실제 n 클래스인데 분류기는 P 클래스로 판별한 가지 수이다. 마찬가지로, FN(False Negative)은 실제 p인데 N으로 판별한 가지 수이며, TN(True Negative)은 실제 n인데 N으로 판별된 가지 수 이다. 여기서 판별 결과와 실제를 대·소문자로 구분하였다.

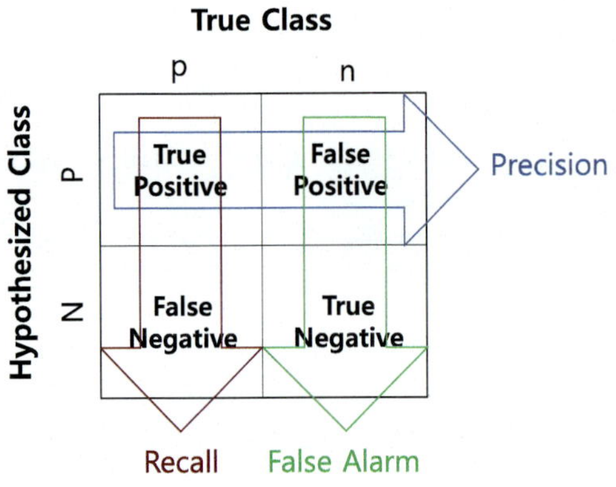

그림 8.2. 혼동 행렬(Confusion Matrix)

그러면, 정밀도(Precision)와 상기율(Recall)는 각각

$$Precision = \frac{TP}{TP+FP} \tag{8.4.2}$$

와

$$Recall = \frac{TP}{TP+FN} \tag{8.4.3}$$

로 정의된다. 그리고, 그림 8.2에서 정확도(Accuracy)는

$$Accuracy = \frac{TP+TN}{TP+TN+FP+FN} \tag{8.4.4}$$

와 같이 정의된다. 정밀도가 1이면 P 클래스로 판별된 모두 샘플은 실제 p 임을 뜻하지만, 실제 p 클래스인데 제대로 판별되지 못한 부분(FN)에 대하여는 알 수 없다. 상기율이 1.0이면 실제 p인 것은 모두 P로 판별되었지만 실제 n인데 P로 판별된 경우(FP)에 대하여는 알 수 없다.

정밀도와 상기율 사이에는 역의 관계를 지닌다. 외과 의사가 뇌종양을 제거하는 수술을 한다고 가정하고 정밀도와 상기율의 관계를 설명하겠다. 외과의사는 모든 종양세포(p 클래스)를 제거하고 정상 세포(n 클래스)는 제거되지 않기를 원한다. 외과 의사가 종양세포로 의심 가는 경우 이를 제거하고자 하면 P클래스로 판별하는 가지 수가 증가하므로, TP와 FP가 증가하여 상기율은 증가되지만 정밀도는 감소한다. 외과 의사가 엄격하게 종양세포 만을 제거하고자 한다면 FP가 감소하고 FN은 증가하므로 정밀도는 증가하지만 상기율은 감소한다. 정리하면, 상기율이 커지면 정상세포 제거 증가(부정적 효과)와 종양세포 제거 증가(긍정적 효과)가 이루어진다. 정밀도가 커지면 정상세포 제거 감소(긍정적 효과)와 종양세포 제거 감소(부정적 효과)가 나타난다.

ROC(Receiver Operating Characteristic)는 신호 검출기에서 검출 확률(Detection Probability)과 오류 경보율(False Alarm Rate) 사이의 이율 배반성(Trade-Off)를 나타내기 위하여 사용된 방법인데, 이 방법이 기계학습 분야에서 분류기의 성능을 보여주고 비교하기 위하여 채택되었다. 이 역시 두 개의 부류를 판별하는 분류기(Two-Class Classifier)를 대상으로 설명하고자 한다. 분류기에 입력되는 샘플의 실제 클래스는 {p,n}로 나타내고, 분류기는 이 샘플의 클래스를 {P,N}으로 판별한다고 하자. 이 관계는 역시 그림 8.2와 같이 혼동행렬로 표시된다. 한편, 분류기의 출력은 실수(Real Number)이며, 문턱값(Threshold)을 사용하여 판별한다고 하자. 즉, P 클래스의 출력노드 값은 N클래스의 출력노드 값에 비하여 문턱값 보다 더 큰 경우에 P 클래스로 판별되며, 그렇지 않으면 N 클래스로 판별된다. ROC에서 TPR(True Positive Rate)은 식 (8.4.3)으로 주어진 상기율과 동일하게

$$TPR = \frac{TP}{TP + FN} \tag{8.4.5}$$

로 정의된다. 그리고, FPR(False Positve Rate) 혹은 FAR(False Alarm Rate)은

$$FPR = \frac{FP}{FP + TN} \tag{8.4.6}$$

로 정의된다. 이렇게 얻어진 (TPR,FPR)을 2차원 평면 상에 그림 8.3과 같이 점으로 나타낼 수 있다. 분류기에서 문턱값을 조절하면 (TPR,FPR)이 변하게 되며, 그 결과는 그래프로 그릴 수 있다. 이를 ROC 곡선이라고 한다. TPR은 판별의 결과 얻게 되는 이득이고 FPR은 판별의

결과에 동반되는 비용이라고 볼 수 있다. 분류기가 임의로 판별을 내리면 TPR=FPR이 될 것이다. 즉, 그림 8.3에서 대각선은 임의로 판별하는 경우에 해당한다. 대각선보다 아래에 위치하는 지점은 임의 판별보다 성능이 나쁨을 의미한다.

그림 8.3에서 (0,1) 지점은 모든 p와 n클래스가 제대로 판별된 경우이므로 완벽한 분류기(Perfect Classifier)에 해당한다. 이에 반해, (1,0) 지점은 모든 p클래스는 N이라고 판별하며 n클래스는 P로 판별하므로 절대 부정확 분류기(Never-Guessing Classifier)이다. (0,0) 지점은 P클래스로 전혀 판별하지 않는 분류기이며, (1,1) 지점은 무조건 P클래스로 판별하는 분류기에 해당한다.

이제, ROC 곡선에 대하여 알아보자. 그림 8.4는 클래스 P(환자)와 클래스 N(정상인)의 채혈검사로 측정된 수치의 확률밀도함수를 나타낸다고 하자. 환자의 경우는 확률밀도함수가 $f_1(x)$이고 정상인의 확률밀도함수는 $f_0(x)$로 주어졌다. 측정 수치가 어느 문턱값(T) 이상이면 환자라고 판정한다고 하면, TPR은

$$TPR(T) = \int_T^\infty f_1(x)dx \tag{8.4.7}$$

이고, FPR은

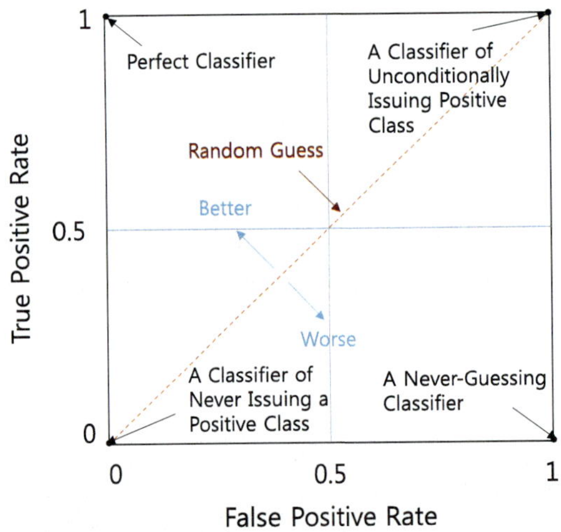

그림 8.3. ROC 공간

$$FPR(T) = \int_{T}^{\infty} f_0(x)dx \tag{8.4.7}$$

이다. 그림 8.4에 해당하는 혼동행렬을 색으로 나타내면 그림 8.5와 같다. T를 변화시키면서 $(FPR(T), TPR(T))$를 그래프로 그리면 그림 8.6과 같은 ROC 곡선을 얻게 된다.

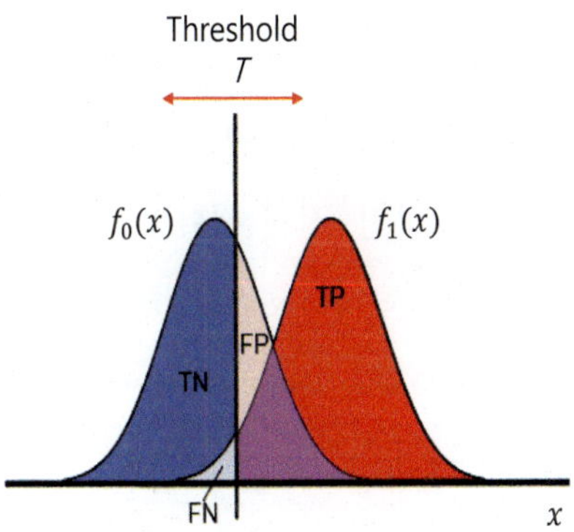

그림 8.4. 클래스별 확률밀도함수

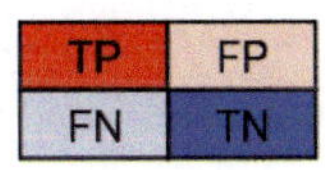

그림 8.5. 혼동행렬

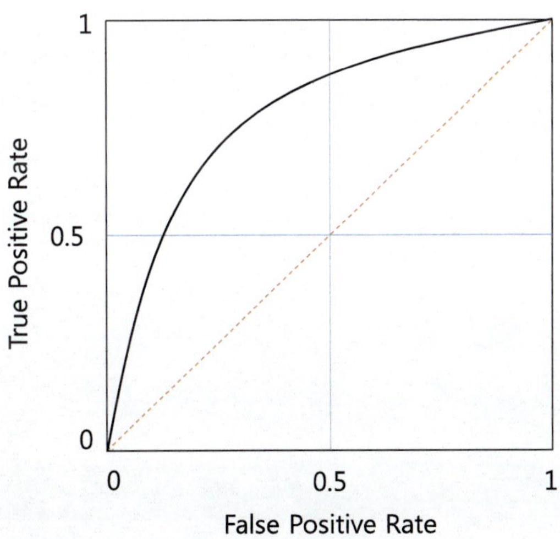

그림 8.6. ROC 곡선

ROC 곡선이 대각선 보다 위에 있는 것은 임의 판별보다 성능이 좋음을 나타낸다. 이 곡선이 완벽한 분류기에 해당하는 (0,1) 지점을 지나게 되는 것이 제일 좋으나 실제 문제에서 완벽한 분류기는 얻을 수 없다. 따라서, 분류기들의 성능을 비교할 경우 ROC 곡선이 (0,1) 방향으로 위에 있는 것을 좋은 분류기로 선택한다. 또한, ROC 곡선의 아래 영역 면적을 ROC AUC(Area Under the Curve)라고 부르며, ROC AUC가 큰 값을 지닌 분류기를 선택하기도 한다.

ROC 곡선의 장점은 클래스의 샘플 수가 불균형을 이루는 경우에 성능 평가 혹은 비교에 아주 유용하다. 클래스의 샘플 수가 균형을 이루면 정확도(Accuracy), 정밀도와 상기율(Precision and Recall), ROC 모두 성능 평가의 기준으로 활용할 수 있다. 그렇지만, 클래스의 샘플 수가 크게 불균형을 이루어 다수 클래스와 소수 클래스가 존재하면, 전체 정확도(Total Accuracy)는 다수 클래스의 정확도에 의해 크게 좌우되어 성능평가 기준으로 활용하기 어렵다. 이때, ROC는 TPR과 FPR 모두 혼동행렬의 행(Column) 방향으로 계산되는 수치이므로 클래스 샘플 수의 불균형에 의한 영향을 받지 않기에 성능평가의 기준으로 활용할 수 있다. 한편, 정밀도는 열(Row) 방향으로 계산되므로 샘플 수의 불균형에 영향을 받는다.

기계학습에서 분류기의 학습은 파라미터의 초기화를 달리 하면서 여러 번 실시한다. 그러면, ROC 곡선 역시 여러 개를 얻게 된다. 이때, 2차원 상에 존재하는 곡선을 평균하여 분류기의 성능으로 제시되어야 한다. 평균 방법으로는 수직평균법(Vertical Averaging)과 문턱평균법(Threshold Averaging)이 있다. 수직평균법은 FPR을 특정 값으로 고정하고, 이에 해당하는 TPR들의 평균을 구하는 방법이다. 만약, FPR을 조절할 수 없으면 이 방법은 사용할 수 없으며, 문턱평균법을 사용하여야 한다. 즉, 문턱값은 직접 조절할 수 있으므로, 각 문턱값에 해당하는 ROC 지점들을 평균하는 방법이다.

예제 8.4-1

혼동행렬이 그림과 같이 주어진 경우에 정확도, 정밀도와 상기율, TPR, FPR을 계산하여라. 그리고, (FPR,TPR)을 ROC 공간상에 점으로 표시하라.

TP=80	FP=10
FN=5	TN=20

풀이

식 (8.4.4)에 의해 정확도는

$$Accuracy = \frac{TP + TN}{TP + TN + FP + FN} = \frac{100}{115} = 0.870$$

이다. 정밀도와 상기율은 식 (8.4.2)와 (8.4.3)에 의해

$$Precision = \frac{TP}{TP + FP} = \frac{80}{90} = 0.89,\ Recall = \frac{TP}{TP + FN} = \frac{80}{85} = 0.94$$

이다. TPR은 식 (8.4.5)에서와 같이 상기율과 같은 값이고, FPR은 식 (8.4.6)에 의해

$$FPR = \frac{FP}{FP + TN} = \frac{10}{30} = 0.33$$

이다. 이를 ROC 공간상에 표시하면

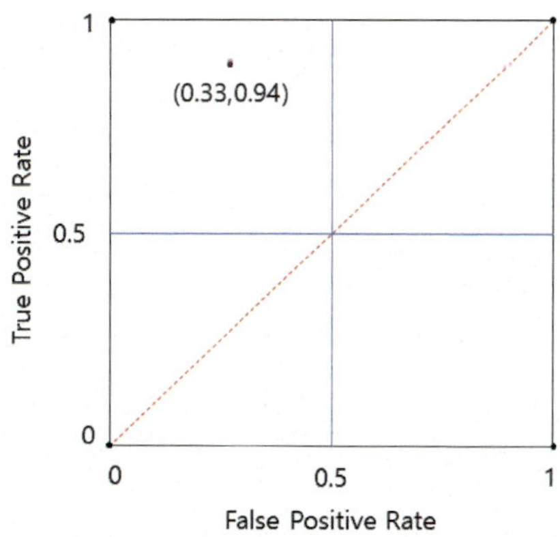

와 같다. p 클래스는 인식률이 80/85 = 0.941이고, n 클래스는 인식률이 20/30 = 0.667으로 n클래스의 인식률이 낮지만, p 클래스의 샘플 수가 n클래스의 샘플 수 보다 월등히 많아 정확도는 0.870로 높게 나온다. 즉, 클래스의 샘플 수가 불균형을 이루어 정확도에 의해 인식기의 성능을 제대로 표현할 수 없다.

참고문헌

1. Opitz, D.; Maclin, R. (1999). "Popular ensemble methods: An empirical study". Journal of Artificial Intelligence Research. 11: 169–198. doi:10.1613/jair.614.

2. Polikar, R. (2006). "Ensemble based systems in decision making". IEEE Circuits and Systems Magazine. 6 (3): 21–45. doi:10.1109/MCAS.2006.1688199.

3. Rokach, L. (2010). "Ensemble-based classifiers". Artificial Intelligence Review. 33 (1-2): 1–39. doi:10.1007/s10462-009-9124-7.

4. Kuncheva, L. and Whitaker, C., Measures of diversity in classifier ensembles, Machine Learning, 51, pp. 181-207, 2003

5. Sollich, P. and Krogh, A., Learning with ensembles: How overfitting can be useful, Advances in Neural Information Processing Systems, volume 8, pp. 190-196, 1996.

6. Brown, G. and Wyatt, J. and Harris, R. and Yao, X., Diversity creation methods: a survey and categorisation., Information Fusion, 6(1), pp.5-20, 2005.

7. Accuracy and Diversity in Ensembles of Text Categorisers. J. J. García Adeva, Ulises Cerviño, and R. Calvo, CLEI Journal, Vol. 8, No. 2, pp. 1 - 12, December 2005.

8. R. Bonab, Hamed; Can, Fazli (2016). A Theoretical Framework on the Ideal Number of Classifiers for Online Ensembles in Data Streams. CIKM. USA: ACM. p. 2053.

9. Bonab, Hamed; Can, Fazli (2017). Less Is More: A Comprehensive Framework for the Number of Components of Ensemble Classifiers. TNNLS. USA: IEEE.

10. Breiman, L., Bagging Predictors, Machine Learning, 24(2), pp.123-140, 1996.

11. Hoeting, J. A.; Madigan, D.; Raftery, A. E.; Volinsky, C. T. (1999). "Bayesian Model Averaging: A Tutorial". Statistical Science. 14 (4): 382–401. doi:10.2307/2676803. JSTOR 2676803.

12. Wolpert, D., Stacked Generalization., Neural Networks, 5(2), pp. 241-259., 1992

13. Breiman, L., Stacked Regression, Machine Learning, 24, 1996 doi:10.1007/

BF00117832

14. Wolpert, D.H., and Macready, W.G., An Efficient Method to Estimate Bagging's Generalization Error, Machine Learning Journal, 35, 41-55, 1999

15. Clarke, B., Bayes model averaging and stacking when model approximation error cannot be ignored, Journal of Machine Learning Research, pp 683-712, 2003

16. Sill, J.; Takacs, G.; Mackey, L.; Lin, D. (2009). "Feature-Weighted Linear Stacking". arXiv:0911.0460.

17. "Classification Ensembles". MATLAB & Simulink. Retrieved June 8, 2017.

18. Powers, David M W (2011). "Evaluation: From Precision, Recall and F-Measure to ROC, Informedness, Markedness & Correlation". Journal of Machine Learning Technologies. 2 (1): 37–63.

19. Perruchet, P.; Peereman, R. (2004). "The exploitation of distributional information in syllable processing". J. Neurolinguistics. 17 (2-3): 97-119. doi:10.1016/s0911-6044(03)00059-9.

20. Powers, David M. W. (2012). "The Problem with Kappa". Conference of the European Chapter of the Association for Computational Linguistics (EACL2012) Joint ROBUS-UNSUP Workshop.

21. Fawcett, Tom (2006). "An Introduction to ROC Analysis". Pattern Recognition Letters. 27 (8): 861-874. doi:10.1016/j.patrec.2005.10.010.

22. Peres, D. J.; Cancelliere, A. (2014-12-08). "Derivation and evaluation of landslide-triggering thresholds by a Monte Carlo approach". Hydrol. Earth Syst. Sci. 18 (12): 4913–4931. Bibcode:2014HESS...18.4913P. doi:10.5194/hess-18-4913-2014. ISSN 1607-7938.

23. Powers, David M W (2011) [2007]. "Evaluation: From Precision, Recall and F-Measure to ROC, Informedness, Markedness & Correlation". Journal of Machine Learning Technologies. 2 (1): 37-63. [1]

24. Oh, S.-H. (2014). "Comparison of objective functions for feed-forward neural network classifiers using receiver operating characteristics graph". Int. J. Contents. 10(1): 23-28.

연습문제

8.1. 투표에 의한 결정에서 가중치의 조건이 식 (8.2.2)로 주어진 이유는 무엇인가?

8.2. 식 (8.2.1)에서 d_j가 모두 다 동일한 결과를 나타낼 경우 $Var[y]$는 어떻게 되나?

8.3. 특정 입력 $\boldsymbol{x}$에 대하여 Classifier가 원하는 함수 $h(\boldsymbol{x})$에 오차 $\epsilon_j(\boldsymbol{x})$가 더해진 형태로 동작한다고 가정하면 $d_j(\boldsymbol{x}) = h(\boldsymbol{x}) + \epsilon_j(\boldsymbol{x})$로 표현이 가능하다. 그러면, 식 (8.2.1)과 같이 종합망(Committee Network)이 구성되었고, d_j가 i.i.d.(independent, identically distributed)이고 $w_j = 1/L$이라고 가정하자. 이 경우에, $\varepsilon_j \equiv E\left[(d_j(\boldsymbol{x}) - h(\boldsymbol{x}))^2\right]$ 이고 $\varepsilon_{\mathrm{AV}} \equiv \dfrac{1}{L}\sum_{j=1}^{L}\varepsilon_j$ 이라고 정의하면, 종합망의 출력에 대한 $\varepsilon_{\mathrm{COM}} = E\left[(y(\boldsymbol{x}) - h(\boldsymbol{x}))^2\right]$을 ε_{AV}의 함수로 나타내어라. 이때, $E[\epsilon_j(\boldsymbol{x})] = 0$이고, $E[\epsilon_j(\boldsymbol{x})\epsilon_i(\boldsymbol{x})] = 0 \text{ if } j \neq i$이다.

8.4. 식 (8.2.1)과 같이 종합망(Committee Network)이 구성되었다. 문제 8.3에서와 달리 d_j는 i.i.d.가 아닌 일반적인 경우를 생각하자. 이 경우 $C_{ij} \equiv E[\epsilon_i(\boldsymbol{x})\epsilon_j(\boldsymbol{x})]$라고 정의하고 $\varepsilon_{\mathrm{GEN}} = E\left[(y(\boldsymbol{x}) - h(\boldsymbol{x}))^2\right]$을 구하라.

TP=63	FP=28
FN=37	TN=72

A

TP=77	FP=77
FN=23	TN=23

B

TP=24	FP=88
FN=76	TN=12

C

그림 [문 8.5]

8.5. 그림 [문 8.5]에 여러 가지 분류기의 혼동행렬이 주어졌다. 각 경우에 대하여, 정확도, 정밀도와 상기율, TPR, FPR을 계산하여라. 그리고, (FPR,TPR)을 ROC 공간상에 점으로 표시하고 어느 분류기가 가장 좋은 지 설명하여라.

8.6. 그림 [문 8.6]에 여러 가지 분류기의 혼동행렬이 주어졌다. 각 경우에 대하여, 정확도, 정밀도와 상기율, TPR, FPR을 계산하여라. 그리고, (FPR,TPR)을 ROC 공간상에 점으로 표시하고 문제 8.5의 결과와 비교하여 어떤 특징을 지녔는지 설명하라.

TP=76	FP=12
FN=24	TN=88

C′

TP=76	FP=3
FN=24	TN=22

D

그림 [문 8.6]

8.7. 그림 [문 8.7]에 클래스 P와 N의 확률밀도함수가 각각 $f_1(x)$와 $f_0(x)$로 주어졌다. TPR, FPR을 문턱값 T의 함수로 유도하고, (FPR,TPR)을 ROC 공간상에 그래프로 그려라.

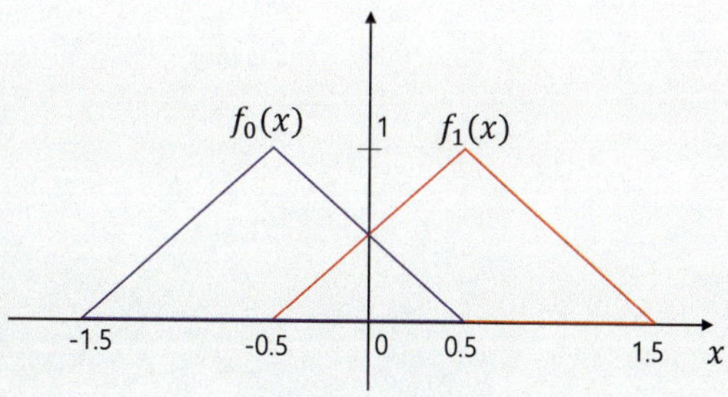

그림 [문 8.7]

8.8. 그림 [문 8.8]에 대하여도 같은 과정을 거쳐 ROC 공간상에 (FPR,TPR)을 그래프로 그리고, 문제 8.7의 결과와 비교하여 보라.

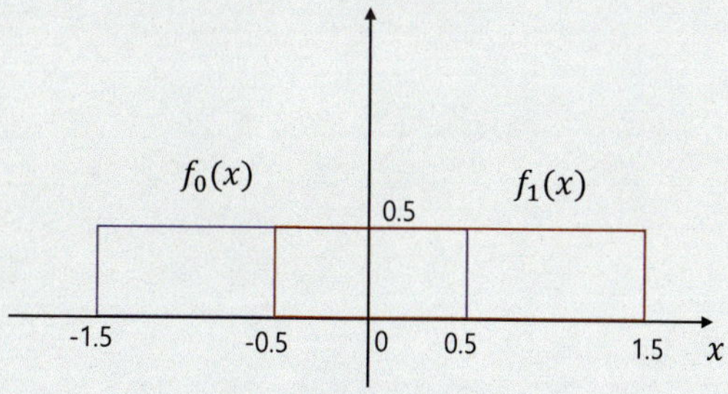

그림 [문 8.8]

제 9 장

컨볼루션 신경회로망

Convolutional Neural Network

9.1 컨볼루션 신경회로망의 역사적 배경과 특징

5장에서 학습한 전방향 신경회로망은 각 층의 노드 간에 가중치들이 모두 연결되어 있다. 이를 완전 연결(Fully Connected)이라고 한다. 완전 연결된 신경회로망을 영상에 적용하는 경우에는 가중치 파라미터의 수가 너무 많아진다. 예를 들면 입력이 100×100 크기의 작은 영상이어도 하나의 은닉노드가 10,000개의 가중치를 가지게 된다. 파라미터 수가 많으면 학습에 필요한 샘플도 그만큼 많아져야 하며 학습시키기도 어렵고 학습 시간도 많이 소요된다. 또한, 파라미터 수의 증가는 학습 샘플에 과도한 학습을 하게 되고 일반화 성능의 저하를 동반하여 만족할 만한 성능을 얻기 어려워진다. 따라서, 완전 연결 신경회로망과 달리 포유류 동물의 시각정보 처리 과정으로부터 아이디어를 가져와서 영상을 대상으로 부분적인 특징을 추출하는 형태로 작용하는 신경회로망을 구성하고자 하는 시도들이 있어 왔다.

동물의 시각 정보처리에 대한 연구 중에서 1950년대와 1960년대에 Hebel과 Wiesel이 고양이와 원숭이를 대상으로 실시한 실험결과가 유명하다. 이 결과에 의하면 뇌의 시각피질(Visual Cortex) 세포들이 시계(Visual Field)의 작은 영역에 대하여 개별적으로 반응을 보였는데, 이 영역을 감수영역(Receptive Field)이라고 한다. 이웃한 시각피질 세포들은 영역을 겹치면서 비슷한 반응을 나타내며, 감수영역의 크기와 위치는 시각공간의 전체를 반영하도록 체계적으로 구성되어 있음을 보였다. 일차시각피질(V1)에는 단순세포(Simple Cell)가 존재하여 감수영역 내에 존재하는 여러 방향의 직선성분에 반응한다. 또한, 복합세포(Complex Cell)들은 V1과 V2 영역에서 발견되는데 단순세포보다 더 넓은 감수영역을 지니며 직선성분의 공간 이동에 둔감한 반응을 보인다.

더 나아가, 1990년대에 Keiji Tanaka는 원숭이 실험을 통하여 시각경로 V1-V2-V4-TEO를 거친 시각정보가 TE 영역에 도달하였을 때 복잡한 특징에 원주형으로 반응함을 보였다. 즉, 특정 특징에 반응하는 세포들은 원주형으로 여러 방향에 대해 반응을 보인다. 또, 입력단(Input End)에 가까운 시각세포는 단순한 특징에 반응하고, 출력단(Output End)에 가까운 시각세포는 복잡한 특징에 반응하며, 중간단계의 세포들은 중간적인 성질을 지닐 것이다. 그림 9.1에 시각경로와 경로 상의 시각세포들의 구성 비율을 나타내었다. 실험결과에 따르면, V2 영역은 단순특징에 반응하는 원시세포(Primary Cell)의 비율이 아주 높으며, TE에서는 복잡한 특징에 반응하는 성숙된 정교 세포(Mature Elaborate Cell)의 비율이 대부분을 차지한다. 중간단계인 V4와 TEO에서는 복잡한 특징에 대한 반응 정도가 성숙된 정교 세포보다는 다소 약한 미성숙 정교 세포(Immature Elaborate Cell)의 비율도 제법 보인다 [17. Keiji Tanaka 1996].

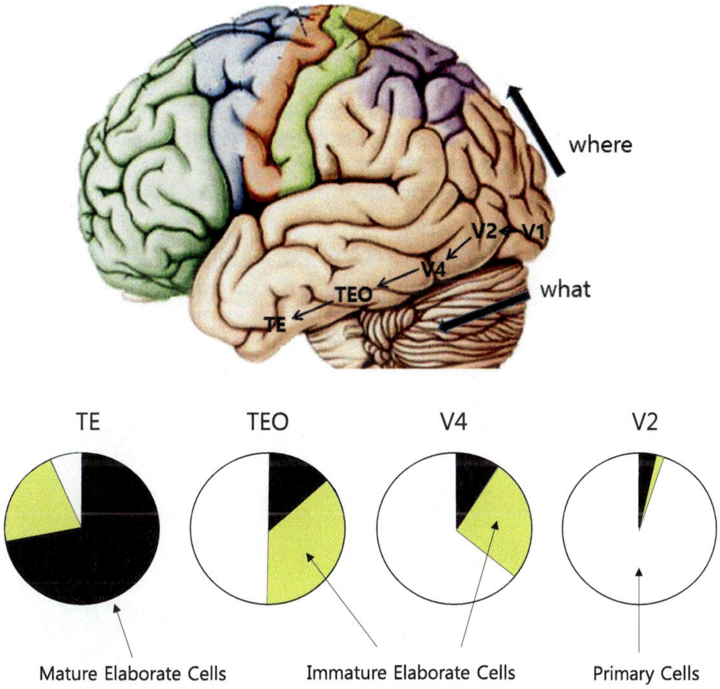

그림 9.1. 시각경로와 시각세포의 구성 [17. Keiji Tanaka 1996]

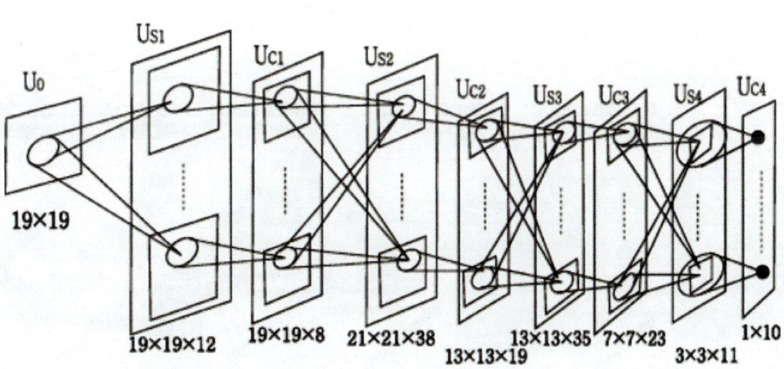

그림 9.2. 네오코그니트론의 계층적 구조

시각피질의 단순세포(Simple Cell)와 복합세포(Complex Cell)에 대한 정보를 활용하여 1980년대에 Fukushima가 필기체 문자 인식과 패턴인식을 위한 신경회로망 네오코그니트론(Neocognitron)을 제안하였다. Neocognitron은 국소 특징(Local Feature)을 추출하는 S-cell과 이 특징들의 변형을 흡수하는 C-cell의 계층적 구조로 이루어져 있다. 입력에서 추출된 국소특징은 위층으로 갈수록 점차적으로 통합되어 최종 층에서 분류의 기능을 수행한다. 국소특징의 점차적 통합은 LeCun의 LeNet에서도 찾아볼 수 있다.

신경회로망으로 영상을 처리하는 과정에서 입력 영상의 이동에 둔감하게 만드는 것도 큰 이슈이며, 이를 위하여 이동에 둔감한 신경회로망(Shift-Invariant Neural Network)의 연구도 1980년대 이후 수행되었다. 그 이후, 1990년대 말에 컨볼루션 신경회로망(CNN: Convolutional Neural Network)의 시초 모델인 LeNet이 LeCun에 의해 제안되었다. 그림 9.3은 LeNet-1의 구조를 보여준다.

CNN은 다층퍼셉트론의 변형으로 볼 수 있으며, 가중치의 공유 및 변형에 강인한 특징을 통하여 입력 영상의 위치 이동 혹은 공간상의 변동에 둔감한 성질을 지닌다. 시각피질 세포의 감수영역을 모방하여 국소 영역에 대한 필터를 학습을 통하여 찾아내며, 특징추출 필터의 감수영역은 부분적으로 겹치면서 입력의 전체 공간을 다 덮을 수 있게 구성된다. 아래층의 필터로부터 추출된 국소 특징들은 위층으로 갈수록 점차적으로 통합하여 더 복잡한 특징들을 찾아내게 되며, 최종적으로 분류의 문제를 해결하게 된다. 마치 시각피질의 단순세포와 복합세포의 기능 뿐만 아니라 TE 영역에서 물체의 복잡한 특징에 반응하는 시각세포 기능들도 다 포함된 모델이라고 볼 수 있다.

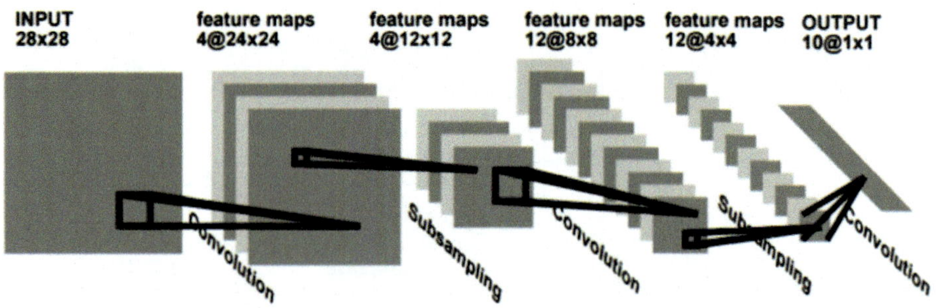

그림 9.3. LeNet-1의 구조

9.2 컨볼루션(Convolution)

컨볼루션 신경회로망을 설명하기 전에 컨볼루션에 대한 개념을 먼저 설명하겠다. 이산신호를 다루는 디지털 신호처리(Digital Signal Processing)에서 임펄스 함수는

$$\delta[n]=\begin{cases}1, n=0\\0, n\neq 0\end{cases} \tag{9.2.1}$$

와 같이 정의 된다. 그러면, 임의의 디지털 신호 $x[n]$은 $\delta[n]$이 각 위치로 이동하고 크기가 조정된 것들의 합으로

$$x[n]=\sum_{k=-\infty}^{\infty}x[k]\delta[n-k] \tag{9.2.2}$$

와 같이 표현된다. 식 (9.2.2)에서 $\delta[n-k]$는 $\delta[n]$이 k만큼 이동한 것을 나타내며, $x[k]$는 이동된 위치 k에서의 크기 정보를 나타낸다. 그림 9.4는 이러한 관계를 보여준다.

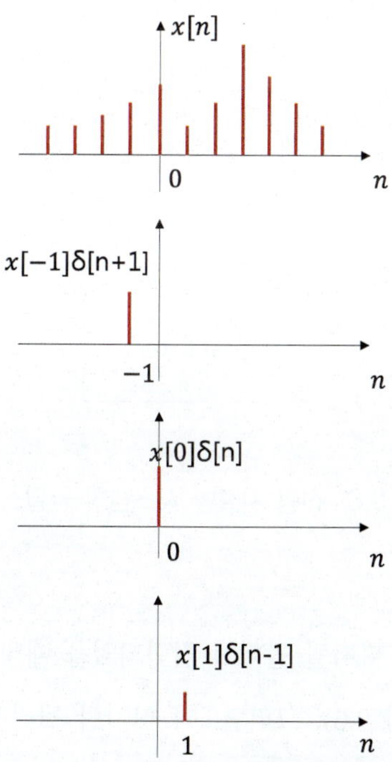

그림 9.4. 디지털 신호와 임펄스 함수

한편, 선형 시불변(LTI: Linear Time-Invariant) 시스템 $T(.)$에 $x_1[n]$이 입력되었을 때의 출력을 $y_1[n] = T(x_1[n])$이라 하고, $x_2[n]$이 입력되었을 때의 출력을 $y_2[n] = T(x_2[n])$이라 하자. 그러면 $x[n] = ax_1[n] + bx_2[n]$이 입력되었을 때의 출력 $y[n]$은

$$y[n] = T(ax_1[n] + bx_2[n]) = a\,T(x_1[n]) + b\,T(x_2[n]) = ay_1[n] + by_2[n] \qquad (9.2.3)$$

이 된다. 즉, 입력이 여러 함수의 합으로 구성되었을 때 LTI 시스템의 출력은 개별 입력함수에 대한 출력의 합으로 구성되며, 입력의 크기가 조절되면 출력도 같은 크기로 조절된다. 그림 9.5는 이러한 관계를 보여준다.

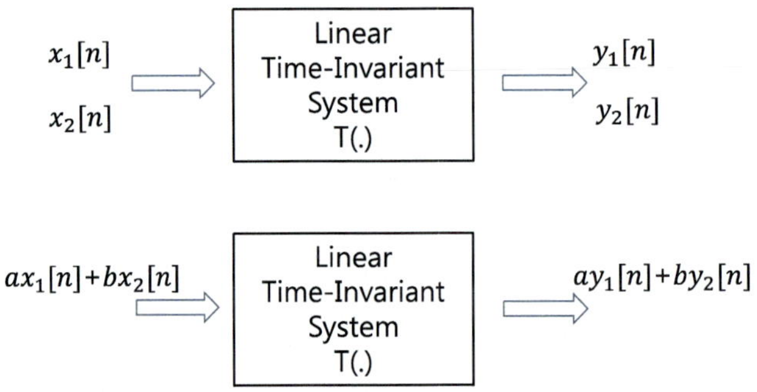

그림 9.5. 선형 시불변 시스템의 입출력 관계

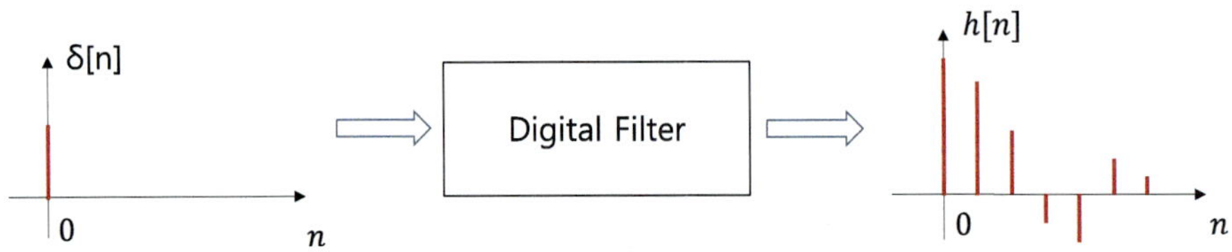

그림 9.6. 선형 시불변 시스템의 임펄스 응답

$\delta[n]$이 선형 시불변 시스템인 디지털 필터에 입력되었을 때의 출력을 임펄스 응답이라고 하고, 이를 $h[n]$이라 하자 (그림 9.6). 그러면, 이 디지털 필터에 임의의 함수 $x[n]$이 입력될 때의 출력은

$$y[n]=\sum_{k=-\infty}^{\infty}x[k]h[n-k] \tag{9.2.4}$$

이 된다. 즉, 선형 시불변 시스템이므로 식 (9.2.2)에서 크기 정보 $x[k]$는 그대로 유지되며 임펄스 입력에 해당하는 $\delta[n-k]$만 임펄스 응답함수 $h[n-k]$로 바뀐 형태이다.

이를 컨볼루션(Convolution)이라고 하며 연산자 $*$를 사용하여 표시한다. 즉,

$$y[n]=\sum_{k=-\infty}^{\infty}x[k]h[n-k]=x[n]*h[n] \tag{9.2.5}$$

이다. 또한, 컨볼루션은 교환법칙이 성립하여

$$x[n]*h[n]=h[n]*x[n] \tag{9.2.6}$$

이다. 입력 $x[n]$에 대한 출력 식 (9.2.5)를 보면, ① 디지털 필터 $h[k]$를 변형하여 $h[-k]$를 만든 후, ② n만큼 이동한 $h[-(k-n)]=h[n-k]$를 입력 $x[k]$에 곱하고, ③ 그 결과들을 모든 k에 대하여 더한 결과를 출력 함수 $y[n]$으로 내어 놓음을 알 수 있다. 즉, 입력 $x[k]$에 필터함수 $h[k]$를 역방향으로 씌워서 필터 출력을 얻어내며, ④ 이를 모든 n에 대하여 이동하면서 출력 함수 $y[n]$을 구한다. 그림 9.7은 $y[2]$ 계산을 위한 $x[k]$와 $h[2-k]$의 상대적 위치를 도식적으로 보여준다. 한편, 컨볼루션의 교환법칙에 따라 식 (9.2.5)는

$$y[n]=\sum_{k=-\infty}^{\infty}h[k]x[n-k]=h[n]*x[n] \tag{9.2.7}$$

와 같이 표현되기도 한다.

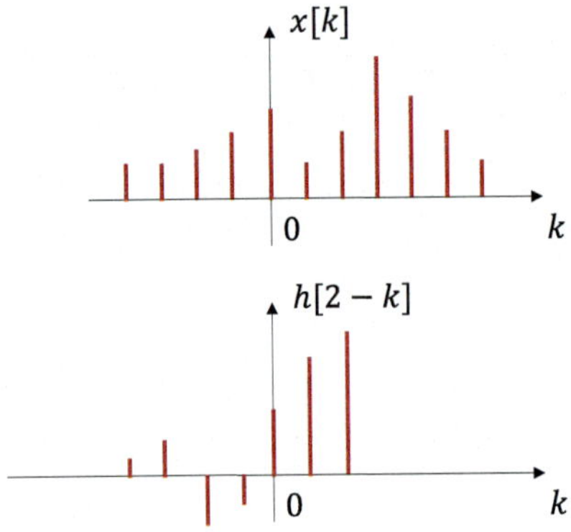

그림 9.7. $y[2]=\sum_{k=-\infty}^{\infty} x[k]h[2-k]$ 계산을 위한 $x[k]$와 $h[2-k]$의 상대적 위치

9.3 컨볼루션 신경회로망 (Convolutional Neural Network)

컨볼루션 신경회로망은 입력층, 컨볼루션층(Convoluiton Layer)과 풀링층(Pooling Layer)으로 구성된 빌딩블록과 완전 연결층(Fully Connected Layer)으로 구성되어진다. 이를 차례로 설명하고자 한다.

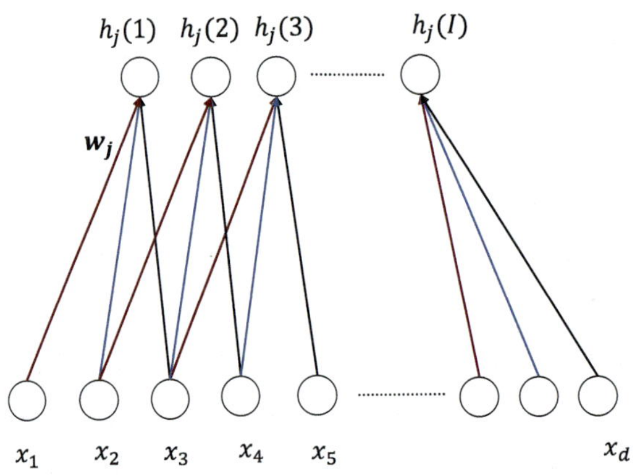

그림 9.8. CNN의 입력과 은닉노드의 1차원 컨볼루션

앞 절에서 설명한 컨볼루션은 입력에 필터의 임펄스응답 함수를 뒤집고 이동하면서 곱한 결과들의 합으로 계산됨을 확인하였다. 컨볼루션 신경회로망에서 컨볼루션층은 임펄스응답 함수를 뒤집는 형태의 과정은 실시하지 않고, 입력에 필터 함수를 곱한 결과들의 합을 노드의 가중치 합으로 가지도록 한다. 즉, 컨볼루션 신경회로망에서 컨볼루션층의 하나의 노드는 입력의 특정 영역에만 작용하는 감수영역을 지닌 디지털 필터 계수를 입력과 곱하고 그 결과들을 더하는 형태로 가중치 합이 계산된다. 이를 그림 9.8에 그렸다. 여기서 입력 $\boldsymbol{x}$은 1차원이며 j번째 컨볼루션 노드 $\boldsymbol{h}_j$는 크기가 3인 1차원 필터를 가정하였다. (가중치 벡터 w_j의 요소가 3). 그러면, 필터의 가중치는 입력의 가장자리부터 3개의 입력노드에 대해서만 가중치 합이 이루어진다. 이를 이동하면서 순차적으로 가중치 합을 얻어내어 전체 입력 영역을 다 덮는 형태로 컨볼루션 노드의 I차원 가중치 합이 얻어진다.

컨볼루션 노드가 H개 이면 (CNN에서 H를 깊이(depth)로 지칭함), 입력층에 대하여 I 요소를 지닌 벡터가 H개 얻어진다. 이를 특징 맵(Feature Map)이라고 한다. 하나의 컨볼루션 노드가 지닌 가중치 벡터의 요소가 z 개이면, 컨볼루션 연산은

$$h_j[i] = \boldsymbol{w}_j * \boldsymbol{x} = \sum_{k=-(z-1)/2}^{(z-1)/2} w_j[k]x[i+k] \tag{9.3.1}$$

이 된다. 보통 z는 홀수를 사용한다.

입력 $\boldsymbol{x}$와 필터를 2차원으로 표현하면, 컨볼루션 연산은 입력 평면에 필터를 평면 형태로 씌우는 계산이 이루어져야 한다. 이를 2차원에서의 수식

$$h_j[\mu,\nu] = \boldsymbol{w}_j * \boldsymbol{x} = \sum_{i=-(z-1)/2}^{(z-1)/2} \sum_{k=-(z-1)/2}^{(z-1)/2} w_j[i,k]x[\mu+i,\nu+k] \tag{9.3.2}$$

으로 표현되며, 그림 9.9에서 도식적으로 보여주고 있다.

필터 함수로 컨볼루션 연산을 수행 시 그림 9.8과 9.9에서는 가장자리에 컨볼루션 필터의 중심을 위치시킬 수 없다. 이를 방지하기 위하여 가장자리 외곽에 특정 값을 추가하여 컨볼루션

필터의 중심이 가장자리에 위치하도록 하여 컨볼루션을 수행하는 방식을 패딩(Padding)이라고 한다. 패딩은 0의 값을 사용하거나 입력에서 대칭 위치의 값을 사용한다. 또한, 필터 함수를 입력에 대하여 이동폭(Stride)을 달리하면서 컨볼루션 결과를 계산할 수도 있다. 그림 9.8과 9.9는 이동폭이 1에 해당하는 경우이다.

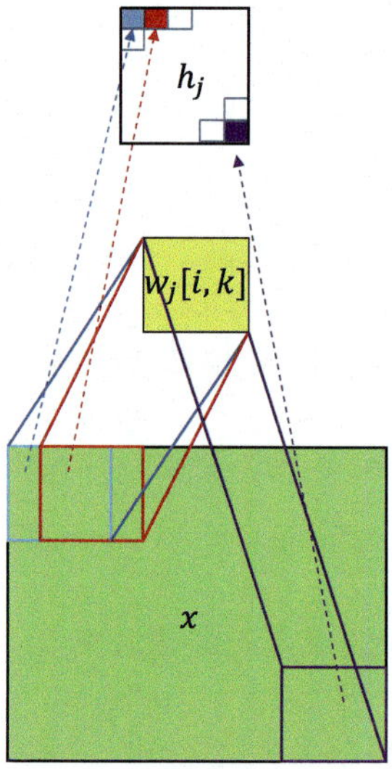

그림 9.9. 2차원 컨볼루션

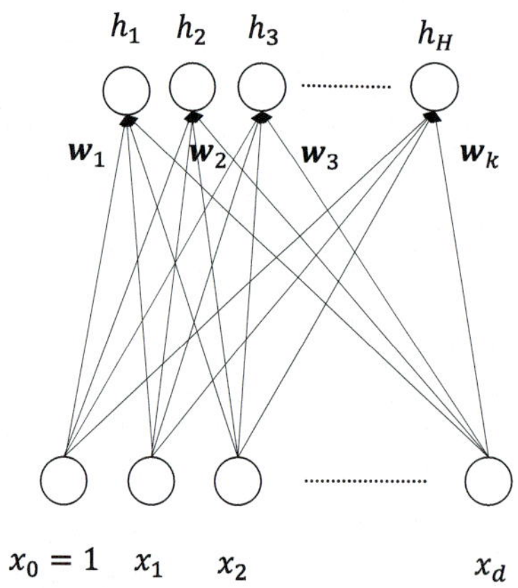

그림 9.10. MLP의 입력과 은닉층

다층퍼셉트론에서는 그림 9.10에서 보는 바와 같이 완전 연결된 입력노드 벡터와 가중치 벡터의 차원이 같으며, 두 벡터의 내적(Inner Product)이 은닉노드의 가중치 합으로 계산된다. 이와 달리 그림 9.8과 9.9에서 보는 바와 같이 컨볼루션 신경회로망에서는 컨볼루션층의 하나의 노드는 입력의 국소 영역에만 연결된다. 이는 필터 계수에 일치하는 특징이 입력의 국소영역에 있을 경우, 컨볼루션 노드가 강한 반응을 보이게 되며, 그 특징이 입력 공간상에서 이동이 이루어질 때 이동된 필터에 의해서 반응을 검출하게 된다. 즉, 입력 공간에서 특징의 위치 이동에 따른 변동을 컨볼루션층이 흡수하는 장점이 있다. 또한, 하나의 컨볼루션 노드는 하나의 국소연결 가중치 벡터를 지니며 이를 전 입력 공간에 적용하므로, 학습시켜야 할 파라미터의 수를 획기적으로 줄여서 CNN의 학습도 용이하게 할 뿐만 아니라 과도한 학습도 방지하는 효과를 제공해준다. 또한, 패턴인식을 위한 국소연결 가중치 필터(패치)를 사람이 직접 디자인한 경우가 많았었는데, 컨볼루션 신경회로망에서는 필터 계수를 학습에 의해 얻게 되는 것도 큰 장점이다.

다음으로 CNN의 풀링층(Pooling Layer)에 대하여 설명하겠다. 풀링층 역시 중요한 역할을 담당하는데, 컨볼루션층에서 얻어진 I 요소를 지닌 벡터 H개를 풀링층의 입력으로 삼아 비선형 다운샘플링을 하게 된다. 풀링층은 입력을 겹치지 않는 여러 영역으로 나눈 후 풀링을 실시하는데, 대표적인 방법은 맥스풀링(Max Pooling)이다. 즉, 다운 샘플링 대상 입력 영역 내에서 최대값을 출력하는 방식이다. 이 방식은 컨볼루션 필터에 의해 추출된 특징의 정확한 위치보다는 다른 특징들과의 대략적인 상대적 관계가 중요하다는 관점에 따른 것이다. 풀링에 따라 다운샘플링을 하면 특징의 표현 영역이 축소되어 파라미터 수와 계산량이 감소하게 된다. 이 역시 과도한 학습을 방지하는 효과를 얻을 수 있다. 또한, 풀링을 거치면 특징 맵이 이동과 왜곡에 강인하도록 하는 효과가 있다. 따라서, CNN의 구조에서 일반적으로 컨볼루션층 다음에는 풀링층을 사용한다.

풀링의 또 다른 방법으로는 평균 풀링(Average Pooling)과 L2-놈 풀링(L2-Norm Pooling)이 있다. 평균 풀링은 영역 내의 값에 대한 평균을 출력하는 방식인데 요즘은 맥스 풀링을 더 많이 사용한다. 그림 9.11과 9.12는 각각 그림 9.8과 9.9에서 보여준 컨볼루션 결과에 대한 풀링을 도식적으로 보여준다.

한편, 컨볼루션층에서 얻어진 특징 맵은 풀링층에 입력되기 전에 각 요소에 대하여 활성화 함수를 거치게 된다. 이는 다층퍼셉트론에서 은닉노드가 가중치 합에 대한 활성화 함수를 적용시키는 것과 같은 개념이다. 활성화 함수로는 ReLU(Rectified Linear Unit)

$$f(x) = \max(0, x) \tag{9.3.3}$$

를 많이 사용한다. 이 외에도, $f(x) = \tanh(x)$ 혹은 $f(x) = (1 + e^{-x})^{-1}$도 사용된다. 이 중, 학습의 용이성 때문에 ReLU를 가장 많이 사용한다. 활성화 함수를 사용하면 컨볼루션층의 감수영역에 대한 영향 없이 비선형적 특징을 강화시키게 된다. CNN에서 입력에 대한 컨볼루션, 활성화 함수, 풀링의 단계를 거치는 과정을 그림 9.13에서 보는 바와 같이 하나의 빌딩 블록으로 구성하며, 이를 여러 층으로 쌓게 되면 심층구조를 이루게 된다.

컨볼루션 신경회로망의 마지막 층은 완전 연결층으로 구성한다. 이는 전방향 신경회로망 다층퍼셉트론에 해당한다고 볼 수 있다. 분류문제의 경우, 출력노드에 입력되는 가중치 합 $\widehat{y_k}$은 SoftMax 활성화 함수

$$y_k = \frac{e^{\widehat{y_k}}}{\sum_j e^{\widehat{y_j}}} \tag{9.3.4}$$

를 거친다. 오차함수로는 CE(Cross-Entropy) 오차함수

$$E_{CE} = -\sum_k t_k \log(y_k) \tag{9.3.5}$$

를 사용한다. SoftMax 출력과 CE 오차함수를 사용한 경우의 미분은 "5.7 심층신경회로망"을 참조하기 바란다. 회귀 문제의 경우에는 출력에 대한 MSE로 학습의 기준을 삼으면 된다.

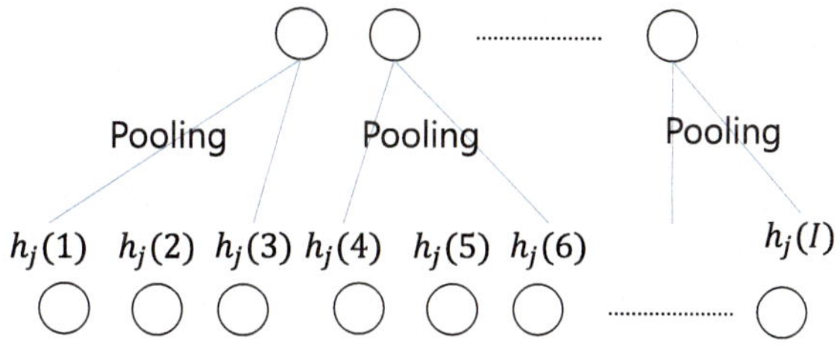

그림 9.11. 1차원 컨볼루션에 대한 3:1 풀링

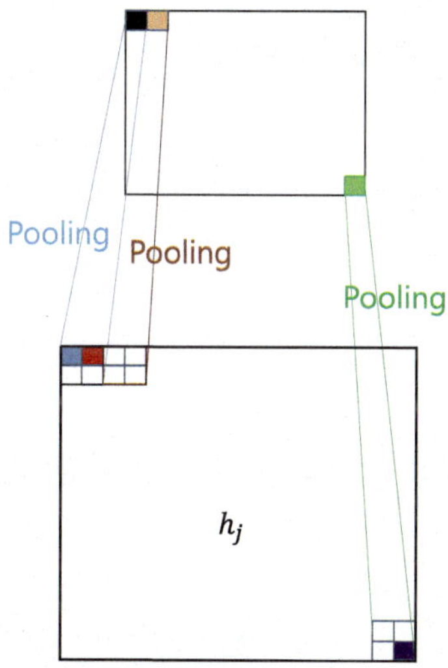

그림 9.12. 2차원 컨볼루션에 대한 2×2풀링

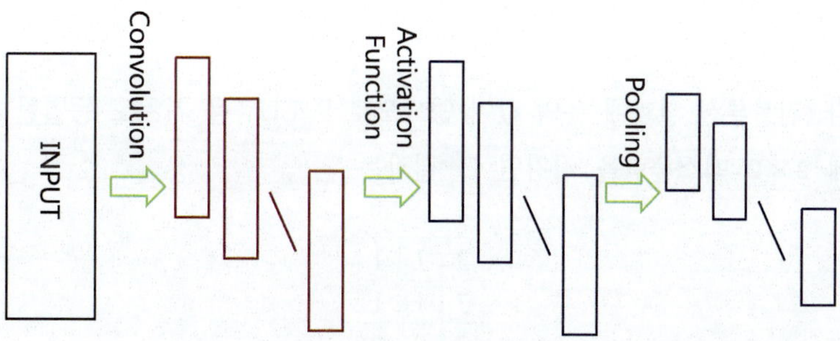

그림 9.13. 컨볼루션, 활성화함수, 풀링으로 구성된 빌딩블록

예제 9.3-1

아래 그림으로 2차원 공간 상에 6×6 크기의 입력과 3×3 크기의 수직성분 추출 필터가 주어졌다. 패딩은 영의 값을 사용하여, 이동 폭은 1로 한 경우 컨볼루션 층의 결과를 구하라. 그 다음에 ReLU 함수를 거친 후 2×2 맥스풀링을 한 결과를 단계적으로 보여라. 여기서, 입력의 픽셀 값과 필터 값은 0(밝은 부분)과 1(어두운 부분)으로 정하였다.

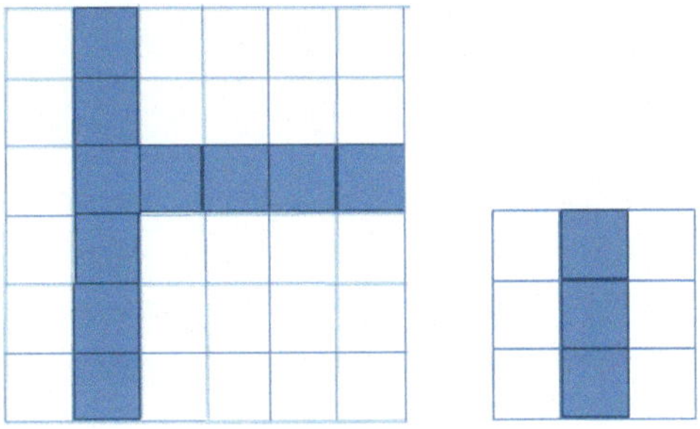

[6×6 입력] [3×3필터]

풀이

6×6 크기의 입력에 패딩을 적용 후 3×3 크기의 필터를 적용한 컨볼루션 층 출력은 6×6으로

0	2	0	0	0	0
0	3	1	1	1	1
0	3	1	1	1	1
0	3	1	1	1	1
0	3	0	0	0	0
0	2	0	0	0	0

와 같이 된다. 컨볼루션 결과에 음의 값이 없으므로 ReLU층을 거쳐도 동일한 결과를 얻게 된다. 여기에 2×2 맥스풀링을 거치면 그 결과는

3	1	1
3	1	1
3	0	0

이 된다.

예제 9.3-2

$n \times n$ 크기의 입력에 패딩 p와 이동폭(stride) s를 사용하여 $f \times f$ 크기의 필터를 적용하였다. 필터 적용결과 얻게 되는 특징 맵의 크기를 구하라.

풀이

먼저 패딩을 적용하지 않고 $n \times n$ 입력에 이동폭 s를 사용하여 $f \times f$ 필터를 $z+1$ 번 적용한 경우 다음 그림과 같이 $n = f + s \times z$이 된다. 즉, 특징 맵 크기는 $\left(\frac{n-f}{s}+1\right) \times \left(\frac{n-f}{s}+1\right)$가 된다.

이제, 패딩 p를 사용하면, 입력의 크기가 $(n+2p) \times (n+2p)$이 되고, 특징 맵 크기는 $\left(\frac{n+2p-f}{s}+1\right) \times \left(\frac{n+2p-f}{s}+1\right)$이 된다.

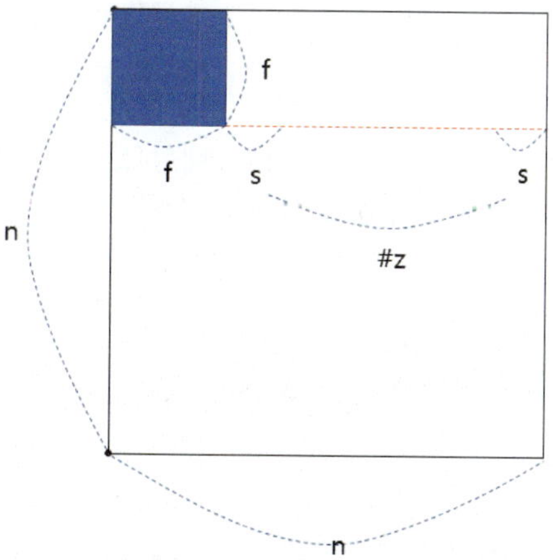

예제 9.3-3

3개의 채널을 가진 3×3 크기의 입력에 3개의 채널을 가진 2×2크기의 필터가 다음 그림과 같이 주어졌다. 패딩은 없으며, 이동 폭은 1로 한 경우의 컨볼루션 결과를 구하라.

[3채널 3×3 입력]

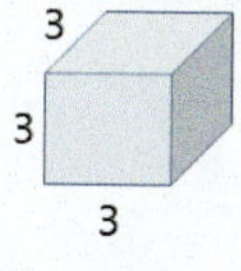

1	2	3
0	1	2
3	0	1

3	4	6
0	1	0
3	0	1

4	2	1
0	3	2
3	0	2

[3채널 2×2 필터]

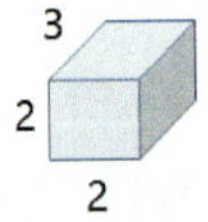

2	0
0	1

0	1
2	0

2	0
0	2

풀이

아래 그림에서 입력의 진한 배경 부분에 해당 채널끼리 컨볼루션을 하면 [필터출력]은 2+1+4+8+6=21이다.

[3채널 입력]

1	2	3
0	1	2
3	0	1

3	4	6
0	1	0
3	0	1

4	2	1
0	3	2
3	0	2

[3채널 필터]

2	0
0	1

0	1
2	0

2	0
0	2

[필터출력]

21	

1칸 이동하여 아래 그림과 같이 진한 영역을 대상으로 컨볼루션을 하면 [필터출력]은 4+2+6+2+4+4=22이다.

[3채널 입력]

1	2	3
0	1	2
3	0	1

3	4	6
0	1	0
3	0	1

4	2	1
0	3	2
3	0	2

[3채널 필터]

2	0
0	1

0	1
2	0

2	0
0	2

[필터출력]

21	22

이 과정을 계속하면 필터 출력(컨볼루션 결과)은

21	22
7	13

을 얻게 된다.

9.4 파라미터 선정과 학습 기법

컨볼루션 신경회로망은 다층퍼셉트론보다 훨씬 더 심층으로 구성되기에 파라미터 선정에도 고려할 점이 더 많다. 여기서는, 컨볼루션 신경회로망의 파라미터 선정 시 반드시 주의해야 할 사항들에 대하여 설명하겠다.

- **필터의 수**: CNN에서 컨볼루션층의 특징 맵 크기는 입력층에서 출력층으로 갈수록 작아진다. 이를 고려하여 각 층에서의 연산량이 일정하게 하려면 입력층에 가까운 컨볼루션층의 필터 수는 적게 사용하고 출력층으로 갈수록 필터의 수를 많이 사용하는 방법이 무방하다. 입력의 정보를 위층으로 잘 전달되기 위하여, 활성화 함수의 출력 수가 다음 층에서 감소되지 않도록 하는 것이 좋다.
- **필터 형태**: 필터의 형태는 응용문제의 데이터 유형에 따라 상당히 다양하게 제안되고 있다. 여러 필터의 형태에 대하여는 9.5에서 더 자세히 다루기로 하자. 여기서 중요한 점은 추상적인 목적을 달성하기 적합하게 필터의 개별적 크기(Granularity)를 찾아내어야 한다.
- **풀링 형태**: 입력이 2차원 영상일 경우에 풀링의 크기는 전형적으로 2×2를 많이 사용하며, 입력 영상의 크기가 큰 경우에는 아래층에 대하여 4×4를 사용하기도 한다. 만약 풀링의 크기를 크게 잡으면 신호의 차원이 급격하게 줄어들어 정보의 손실이 커지게 되니 주의하여야 한다. 풀링 창은 그림 9.12에서 보는 바와 같이 겹치지 않도록 하는 것이 좋은 성능을 보인다고 한다.

다음으로 컨볼루션 신경회로망의 과도한 학습을 방지하기 위한 학습기법에 대하여 설명하겠다.

- **낙오**(Dropout): 컨볼루션 신경회로망의 완전 연결층은 파라미터 수의 많은 부분을 차지하게 되어 과도한 학습에 대한 주요 이유로 작용한다. 이에 대한 방지책 중 하나가 낙오(Dropout)이다. 각각의 노드들은 확률 p로 생존시키고 $(1-p)$의 확률로 낙오를 시킨 후, 남겨진 회로망에 대하여만 입력된 샘플에 대한 학습을 실시한다. 그 다음에 낙오된 노드와 연결 가중치들은 다시 신경회로망에 복원시킨다. 완전 연결 신경회로망의 은닉노드는 확률 0.5로 낙오를 시키며, 입력 노드는 훨씬 더 낮은 확률로 낙오시킨다. 입력 노드의 낙오 확률이 아주 낮은 이유는 입력 노드의 낙오는 정보의 직접적 손실을 의미하기 때문이다.

학습이 완료된 이후 시험 단계에서는 완전연결 회로망의 각 노드에 확률 p를 곱하여 출력값을 정해준다. 이렇게 하면 모든 노드들이 학습단계에서 출력하였던 값들과 기대치가 같게 해주는 효과가 있다.

학습 단계에서 낙오에 의해 모든 노드들이 학습되지 못하도록 하였기에 낙오는 과도한 학습을 방지하게 된다. 또한, 학습시킬 파라미터 수를 줄이는 효과로 학습 속도도 향상된다. 또한, 낙오 기법은 노드 간의 상호작용을 축소시켜 더 강인한 특징을 학습토록 하여 일반화 성능을 향상시키는 효과도 있다.

노드에 대한 낙오 기법을 더 일반화시켜 연결 가중치에 대하여 낙오기법을 적용할 수도 있다.

낙오기법을 노드들이 부분적으로 연결되어 있는 컨볼루션층에 적용시키면, 완전연결층에서처럼 이로운 효과를 기대하기 어렵다.

- **확률적 풀링**(Stochastic Pooling): 결정론적 풀링의 모든 과정을 확률론적으로 대치한 것이 확률론적 풀링이다. 즉, 풀링 영역 내의 모든 활성화함수 값들이 확률 분포에 따라 임의로 선택된다.
- **파라미터 수의 제한**: 각 층의 노드 수 혹은 깊이를 제한하는 등의 방식으로 파라미터 수를 제한하여 과도한 학습을 방지한다. 파라미터 수를 제한하면 회로망의 예측능력을 직접적으로 감축시키는 작용을 하게 되어 데이터에 대하여 수행 가능한 함수의 복잡도가 줄어들고 결국 과도한 학습이 방지된다.
- **가중치의 감쇄**(Weight Decay): 각 노드에 가중치의 합(L1 Norm) 혹은 제곱 크기(L2 Norm)에 비례하는 오차 항을 추가하여 가중치가 감쇄되도록 한다. L2 규칙을 사용하면 크게 튀는 값을 지닌 가중치 벡터가 제재를 받아 가중치 값들이 고르게 분포되도록 한다. 결국 입력 요소들이 고르게 중요도를 지녀서 위층으로 정보가 전해지도록 한다. L1 규칙을 사용하면 가중치들이 희박하게 분포(Sparse)하도록 하여, 입력의 가장 중요한 요소들의 부분집합이 크게 작용하도록 한다. L1 규칙과 L2 규칙을 결합하여 사용하여도 무방하다.

참조 낙오(Dropout)의 수학적 분석

낙오의 효과를 분석하기 위하여 하나의 선형 노드를 가정하자. 그러면 선형 노드에 입력되는 가중치 합에 의한 출력은

$$o = \sum_{i=1}^{n} w_i I_i \tag{9.4.1}$$

와 같이 표현된다. 여기서, I_i는 노드의 i번째 입력이고 w_i는 노드 연결 가중치이다. 이 선형노드에서 각 가중치 w_i가 p_i의 확률로 선택되는 하위 회로망(sub-network)을 구성할 수 있다. 이때, 모든 가능한 하위 회로망의 앙상블은 출력이

$$o_{ENS} = \sum_{i=1}^{n} p_i w_i I_i \tag{9.4.2}$$

로 주어진다. 한편, 입력노드 I_i가 $q_i = 1 - p_i$의 확률로 낙오된다고 가정하면, 낙오가 적용된 선형노드의 출력은

$$o_D = \sum_{i=1}^{n} \delta_i w_i I_i \tag{9.4.3}$$

로 나타나며, 여기서 δ_i는 Bernoulli 확률변수로써

$$\delta_i = \begin{cases} 1, & \text{with probility } p_i \\ 0, & \text{with probility } 1 - p_i \end{cases} \tag{9.4.4}$$

이다.

선형노드의 목표 값을 t라고 하면 하위 회로망의 앙상블에 관련된 오차함수와 낙오와 관련된 오차함수는 각각 MSE로

$$E_{ENS} = \frac{1}{2}(t - o_{ENS})^2 = \frac{1}{2}(t - \sum_{i=1}^{n} p_i w_i I_i)^2 \tag{9.4.5}$$

와

$$E_D = \frac{1}{2}(t - o_D)^2 = \frac{1}{2}(t - \sum_{i=1}^{n} \delta_i w_i I_i)^2 \tag{9.4.6}$$

로 주어진다. 여기서, δ_i는 확률변수이므로 o_D와 E_D 역시 확률변수이지만, E_{ENS}는 확률변수가 아니다.

학습은 오차함수의 기울기에 의해 결정되므로 각 오차함수의 기울기를 연쇄법칙에 따라 계산하면

$$\frac{\partial E_{ENS}}{\partial w_i} = \frac{\partial E_{ENS}}{\partial o_{ENS}} \frac{\partial o_{ENS}}{\partial w_i} = -(t - o_{ENS}) p_i I_i \tag{9.4.7}$$

와

$$\frac{\partial E_D}{\partial w_i} = \frac{\partial E_D}{\partial o_D} \frac{\partial o_D}{\partial w_i} = -(t - o_D)\delta_i I_i = -t\delta_i I_i + w_i \delta_i^2 I_i^2 + \sum_{j \neq i} w_j \delta_i \delta_j I_i I_j \tag{9.4.8}$$

로 주어진다. 식 (9.4.8)의 기대치를 구하기 위하여 Bernoulli 확률변수 δ_i의 평균과 분산을 먼저 구해보자. 식 (9.4.4)에 의해 평균은 $E[\delta_i] = p_i$이고 분산은

$$Var[\delta_i] = E[(\delta_i - p_i)^2] = E[\delta_i^2] - p_i^2 = p_i - p_i^2 = p_i(1 - p_i) \tag{9.4.9}$$

이다. 여기서, $Var[.]$는 분산 연산자이다. 식 (9.4.8)의 기대치는

$$E\left[\frac{\partial E_D}{\partial w_i}\right] = -tp_i I_i + w_i p_i I_i^2 + \sum_{j \neq i} w_j p_i p_j I_i I_j \tag{9.4.10}$$

이고, 여기에 식 (9.4.2)와 (9.4.9)를 적용하면

$$E\left[\frac{\partial E_D}{\partial w_i}\right] = -(t - o_{ENS}) p_i I_i + w_i I_i^2 \, Var[\delta_i] \tag{9.4.11}$$

이 된다. 결국 식 (9.4.7)에 의해

$$E\left[\frac{\partial E_D}{\partial w_i}\right] = \frac{\partial E_{ENS}}{\partial w_i} + w_i I_i^2 \, Var[\delta_i] \tag{9.4.12}$$

를 얻게 된다. 따라서, 낙오에 의한 오차함수의 기울기는 앙상블에 의한 오차함수의 기울기와 방향이 맞추어져 있다. 특히, 식(9.4.12)는 앙상블 오차함수가 조정되어

(regularized)

$$E_R = E_{ENS} + \frac{1}{2}\sum_{1=1}^{n} w_i^2 I_i^2\, Var[\delta_i] \qquad (9.4.13)$$

로 주어진 것의 기울기와 같다.

식 (9.4.13)의 마지막 항인 오차함수의 조정 항(regularization term)은 가중치의 크기를 제한하여 과도한 학습을 방지하는 역할을 한다. 낙오는 이 조정 항이 보여주는 바와 같이 입력 크기의 제곱과 낙오 변수의 분산에 의해 조정 항의 크기를 설정해준다. $p_i = 0.5$는 $Var[\delta_i]$가 최대가 되어 낙오에 의한 조정항의 효과가 가장 크게 나타난다. $1-p_i > 0.5$은 조정의 효과가 크지 않으면서 연결을 많이 끊게 되므로 피하여야 한다. 시험 샘플이 입력되면 $E\left[\sum_{i=1}^{n}\delta_i w_i I_i\right] = \sum_{i=1}^{n} p_i w_i I_i$ 이므로, 전방향 계산 시 모든 가중치 w_i는 p_i를 곱하는 형태로 크기를 조정시킨다.

예제 9.4-1

선형노드의 출력이 $o = \sum_{i=1}^{n} w_i I_i$와 같이 주어졌다. 여기에 Gaussian낙오를 적용한 노드의 출력은 $o_D = \sum_{i=1}^{n}\delta_i w_i I_i$로 나타내었으며, 여기서 δ_i는 평균이 1이고, 표준편차가 σ_i이다. 이 경우, 시험패턴의 입력 시 선형노드의 출력은 어떻게 계산되어야 하는지 구하여라.

풀이

$\delta_i \sim N(1,\sigma_i)$ 이므로 $E\left[\sum_{i=1}^{n}\delta_i w_i I_i\right] = \sum_{i=1}^{n} w_i I_i$ 이다. 따라서, Gaussian 낙오에서 시험패턴이 입력 시 선형노드의 출력은 가중치의 크기 조정 없이 $\sum_{i=1}^{n} w_i I_i$ 로 계산한다.

참조 배치 정규화(Batch Normalization)와 계층 정규화(Layer Normalization)

신경회로망에서 이전 층의 출력이 가중치 합의 과정을 거친 후 다음 층의 활성화 함수에 입력된다. 이때 l 층의 i번째 노드에 입력되는 가중치 합 $a_i^{(l)}$의 분포가 학습에 영향을 미치므로, 이 값이 적절한 분포를 지니도록 하는 과정이 배치 정규화이다 [21]. 배치 정규화를 수행하면 초기 가중치 값의 분포에 학습이 받는 영향을 제거할 수 있으므로 가중치 초기화의 문제가 해결된다. 또한 학습속도 개선과 과도한 학습 방지 효과도 있다. 배치 정규화는 각 계층의 노드별로 진행이 되는데,

$$\mu_i^{(l)} = E_{\boldsymbol{x} \sim P(\boldsymbol{x})}[a_i^{(l)}] \tag{9.4.14}$$

$$\sigma_i^{(l)} = \sqrt{E_{\boldsymbol{x} \sim P(\boldsymbol{x})}\left[a_i^{(l)} - \mu_i^{(l)}\right]^2} \tag{9.4.15}$$

$$\widehat{a_i^{(l)}} \leftarrow \frac{a_i^{(l)} - \mu_i^{(l)}}{\sqrt{\sigma_i^{(l)^2} + \epsilon}} \tag{9.4.16}$$

와 같이 미니 배치(크기 m)를 대상으로 평균 $\mu_i^{(l)}$과 표준편차 $\sigma_i^{(l)}$를 구한 후 정규화를 한다. 여기서, $\boldsymbol{x}$는 신경회로망의 입력 데이터이고 $P(\boldsymbol{x})$는 확률밀도함수이다. 그 다음에 크기변화와 이동을

$$y_i^{(l)} \leftarrow \gamma \widehat{a_i^{(l)}} + \beta \tag{9.4.17}$$

와 같이 실시한 후, $y_i^{(l)}$을 활성화 함수의 입력으로 사용한다. 여기서, γ와 β는 EBP 알고리즘으로 학습된다.

한편, 각 계층에서 모든 노드를 대상으로 평균과 분산을 구하여 정규화를 하는 것이 계층 정규화이다[22]. 이 경우에는 평균과 표준편차가 l 층의 가중치 합을 대상으로

$$\mu^{(l)} = \frac{1}{H}\sum_{i=1}^{H} a_i^{(l)} \tag{9.4.18}$$

$$\sigma^{(l)} = \sqrt{\frac{1}{H}\sum_{i=1}^{H}\left(a_i^{(l)} - \mu^{(l)}\right)^2} \tag{9.4.19}$$

와 같이 구해진다. 여기서, H는 l 층의 은닉노드 수이다. 계층 정규화에서 l 층의 모든 노드는 같은 평균 $\mu^{(l)}$과 표준편차 $\sigma^{(l)}$를 사용하여 정규화가 이루어진다. 계층 정규화는 미니배치 크기에 영향을 받지 않으므로 온라인 학습에 적용할 수 있다.

9.5 컨볼루션의 다양한 형태

컨볼루션 신경회로망의 성능 향상을 위하여 컨볼루션 과정을 다양한 형태로 변형하는 방법이 제안되었다. 이를 2차원 입력을 대상으로 설명하고자 한다.

확대 컨볼루션(Dilated Convolution)

컨볼루션 필터(커널)에 대하여 확대율(Dilation Rate)을 적용하여 필터의 적용 범위를 넓히는 방식이다. 그림 9.14는 3×3 필터에 2×2 확대율을 적용하여 컨볼루션을 하여 5×5 필터와 같은 감수영역을 지닌 예시를 보여준다. 즉, 컨볼루션 계산 시 2번째와 4번째 행 및 열은 제외된다. 확대 컨볼루션을 하면 계산량을 늘리지 않고도 컨볼루션 필터의 크기를 확대하는 효과를 볼 수 있다. 물론, 컨볼루션 필터의 해상도는 저하된다. 실제 문제에서 실시간 분할(Real-Time Segmentation)에 이 방법을 많이 활용한다.

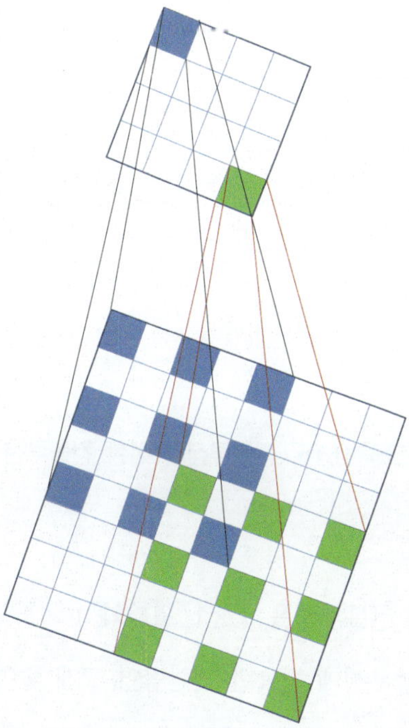

그림 9.14. 확대 컨볼루션

이항 컨볼루션(Transposed Convolution or Fractionally Strided Convolution)

이항 컨볼루션을 설명하기 위하여 먼저 컨볼루션에 대하여 다시 살펴보자. 5×5 입력에 대하여 이동 폭 2인 3×3 컨볼루션을 실시하여 2×2 출력을 얻었다고 하자. 이 과정을 역으로 적용하여 2×2 입력에 대해 3×3 컨볼루션 필터를 적용하여 5×5 출력을 얻어내려고 한다면 어떤 과정을 거쳐야 할까? 그 방법 중 하나로 제안된 방법이 이항 컨볼루션이다. 그림 9.15는 컨볼루션과 이항 컨볼루션을 비교하여 보여준다. 2×2 입력에 대해 3×3 이항 컨볼루션 필터를 적용할 때 입력에 적절한 크기의 패딩을 해주어야 한다. 이항 컨볼루션은 출력 모양은 디컨볼루션(Deconvolution)과 같은 형태이지만 과정적으로는 전혀 다름에 유의하여야 한다.

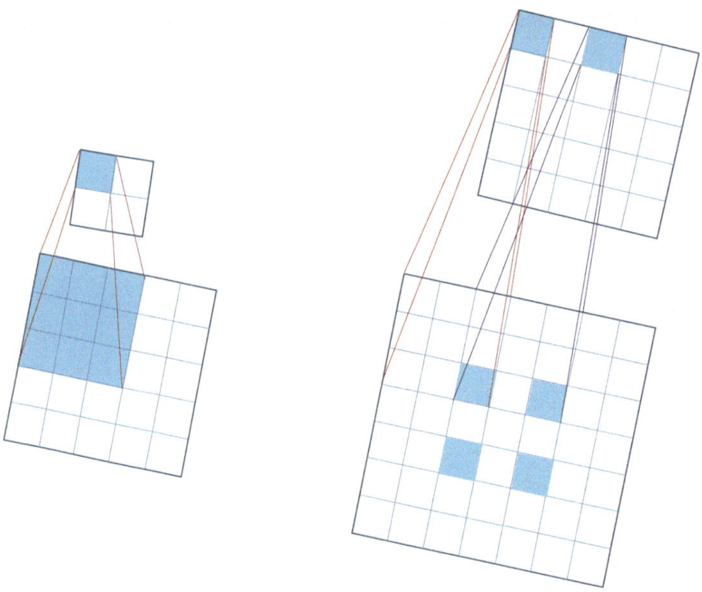

그림 9.15. 컨볼루션과 이항 컨볼루션

분리 컨볼루션 (Separable Convolution)

$f\times f$ 크기의 필터를 이용한 컨볼루션을 $f\times1$ 필터와 $1\times f$ 필터의 순차적 적용을 이용한 컨볼루션으로 대체시키면 컨볼루션에 필요한 연산량이 크게 줄어들 것이다. 이를 분리 컨볼루션이라고 한다. 예를 들어 그림 9.16과 같이 3×3 필터를 2차원 입력에 적용할 경우, 이를 3×1필터와 1×3 필터의 순차적 적용으로 대체시키면 같은 결과를 훨씬 더 적은 연산량으로 얻어낼 수 있다.

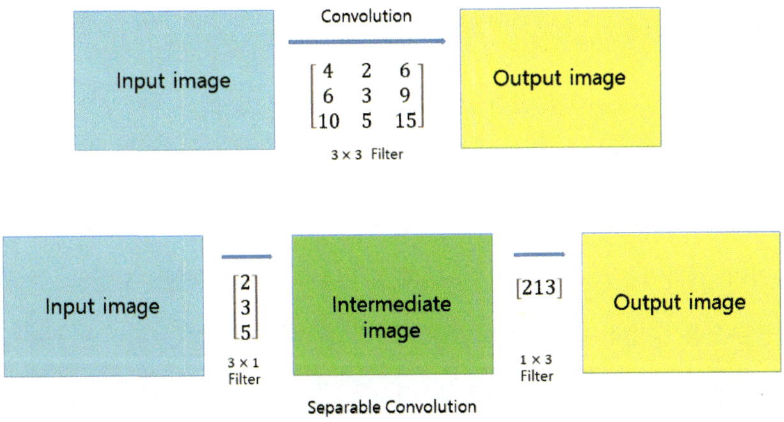

그림 9.16. 컨볼루션과 분리 컨볼루션

이제 c 개의 채널을 가진 3차원 입력을 대상으로 다양한 컨볼루션을 설명하겠다.

깊이별 컨볼루션 (Depthwise Convolution)

c 개의 채널을 가진 $n \times n$ 크기의 입력($n \times n \times c$)에 c 개의 채널을 가진 $f \times f$ 크기의 필터($f \times f \times c$)를 적용할 경우에, 각 채널별로 $n \times n$ 입력에 대한 $f \times f$ 필터의 컨볼루션을 수행하여 c 개의 채널을 가진 출력을 내어놓는 방식을 깊이별 컨볼루션이라고 한다. 그림 9.17은 3개의 채널을 가진 경우의 깊이별 컨볼루션을 보여준다.

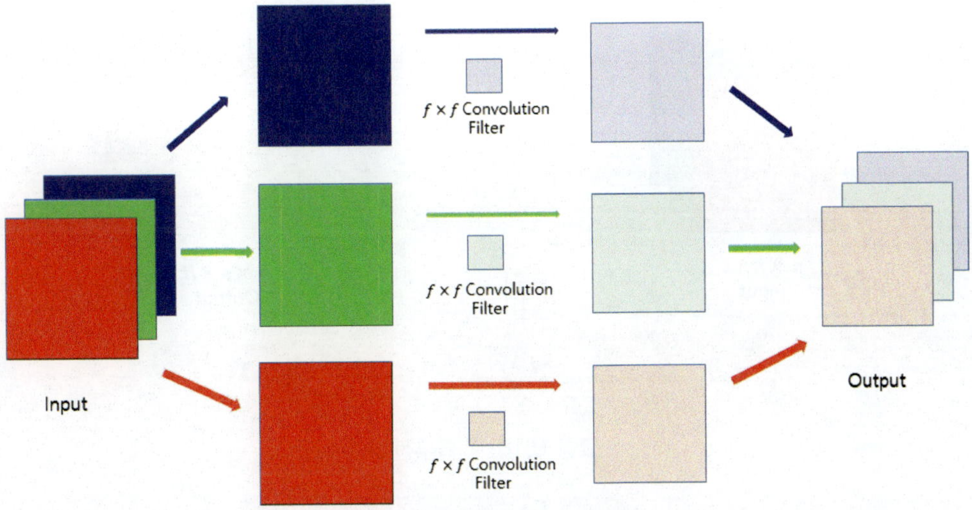

그림 9.17. 깊이별 컨볼루션

깊이별 분리 컨볼루션 (Depthwise Separable Convolution)

c개의 채널을 가진 $n \times n$ 크기의 입력($n \times n \times c$)에 c개의 채널을 가진 $f \times f$ 크기의 컨볼루션 필터($f \times f \times c$)를 이동폭 1로 H개 적용하여 얻게 되는 출력의 모양은 $n \times n \times H$이다. 이 관계를 $c = 3$로 가정하고 그림 9.18에 그렸다. 이러한 모양의 출력을 얻게 되는 컨볼루션의 연산량을 줄이기 위하여 다음과 같이 두 단계로 나누어 컨볼루션을 수행할 수 있다. ① 각 채널별로 컨볼루션을 수행하여 c 개의 채널을 가진 출력을 내어놓는 깊이별 컨볼루션 단계를 거친 후, ② 그 결과($n \times n \times c$)에 대하여 $1 \times 1 \times c$ 컨볼루션을 H개 적용하여 $n \times n \times H$ 출력을 얻는다. 이러한 방식의 컨볼루션을 깊이별 분리 컨볼루션이라고 하며, 그림 9.19는 $c = 3$인 경우를 보여준다. 이때, $1 \times 1 \times c$ 컨볼루션을 포인트별 컨볼루션(pointwise convolution) 이라고 한다. 포인트별 컨볼루션은 c 개의 채널을 지닌 입력에 적용하여 하나의 채널로 통합시키는 작용을 한다. 결국, 깊이별 분리 컨볼루션 적용 후 얻게 되는 출력의 모양은 c 개의 채널을 가진 $n \times n$ 크기의 입력에 c 개의 채널을 가진 $f \times f$ 크기의 필터를 적용하여 얻게 되는 통상적인 컨볼루션 결과와 같은 모양을 지닌다. 그렇지만, 통상적인 컨볼루션 결과보다 훨씬 적은 연산량이 필요하므로, 연산량의 축소가 필요한 분야에 적용할 수 있다.

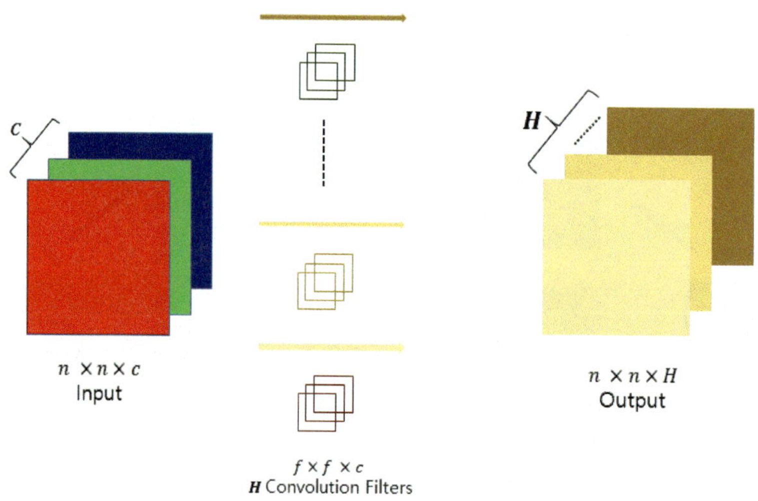

그림 9.18. 컨볼루션

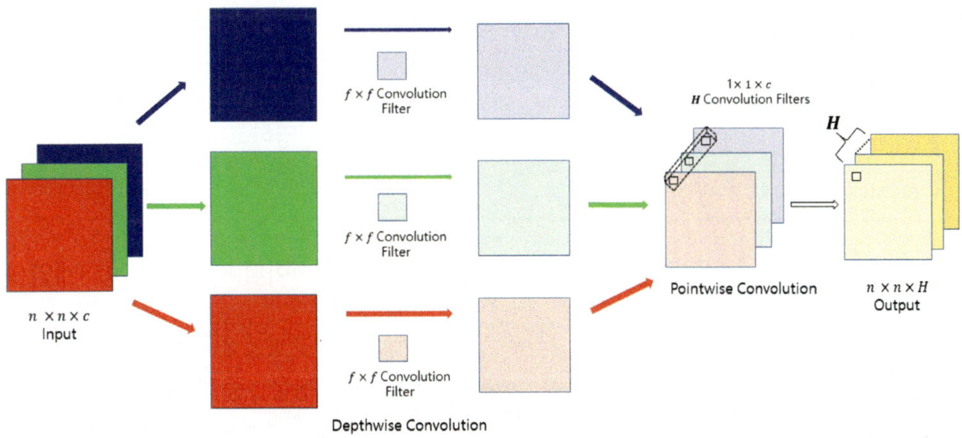

그림 9.19. 깊이별 분리 컨볼루션

크기 $n\times n\times c$인 입력에 크기 $f\times f\times c$인 필터를 이동폭 1로 H개 적용한 경우 통상적인 컨볼루션에 필요한 연산량은 $f\times f\times c\times H\times n\times n$이다. 이는 채널 수 c와 필터 수 H의 곱에 비례한다. 깊이별 분리 컨볼루션을 적용하면, 깊이별 컨볼루션 단계에서는 각 채널에 하나의 필터를 적용하므로 $f\times f\times c\times n\times n$ 만큼의 연산이 필요하고, 포인트별 컨볼루션 단계에서는 $1\times 1\times c$ 필터를 H개 적용하여 $c\times H\times n\times n$의 연산이 필요하다. 즉, 깊이별 분리 컨볼루션을 적용하면 $f\times f\times c\times n\times n+c\times H\times n\times n$ 만큼의 연산량이 필요하다. 통상적인 컨볼루션과 깊이별 분리 컨볼루션의 연산량 비율은 $\frac{f\times f\times c\times n\times n+c\times H\times n\times n}{f\times f\times c\times H\times n\times n}=\frac{1}{H}+\frac{1}{f^2}$와 같이 주어지므로, 깊이별 분리 컨볼루션을 적용하면 같은 모양의 출력을 얻어내면서 연산량은 크게 줄일 수 있다.

9.6 컨볼루션 신경회로망의 응용 예

컨볼루션 신경회로망을 실제 문제에 적용한 예로써 얼굴 표정 인식(FER: Facial Expression Recognition)을 설명하겠다. 2013년부터 EmotiW(Emotion Recognition in the Wild)가 조직되어 경진대회를 개최 중인데, 이 대회에서 2015년에 하위 경진대회(Sub-Competition)로 SFEW(Static Facial Recognition in the Wild)가 실시되어 세계 각국의 얼굴 표정 인식 기술을 겨루었다. 여기에 세계 각국 17개 팀이 참가하였는데(1등 한국 KAIST, 2등 미국 CMU, 3위 싱가포르 Advanced Digital Sciences Center), 1등으로 수상한 KAIST의 CNSL팀이 개발한 "심층 컨볼루션 신경회로망의 계층적 위원회(Hierarchical Committee of Deep Convolutionl Neural Networks)"에 대하여 설명하고자 한다 [16. Bo-Kyung Kim et al. 2016].

SFEW 경진대회에서 얼굴 표정 인식에 사용된 SFEW 2.0 데이터 베이스는 958개의 학습(Training) 이미지, 436개의 평가(Validation) 이미지, 372개의 시험(Test) 이미지로 구성되어 있다. 각 이미지는 7가지 표정(화남, 역겨움, 공포, 행복, 슬픔, 놀람, 평온) 중 하나에 해당하며 그림 9.20은 이미지의 예시이다.

그림 9.20. SFWE 2.0 얼굴 표정 인식 용 이미지 예시

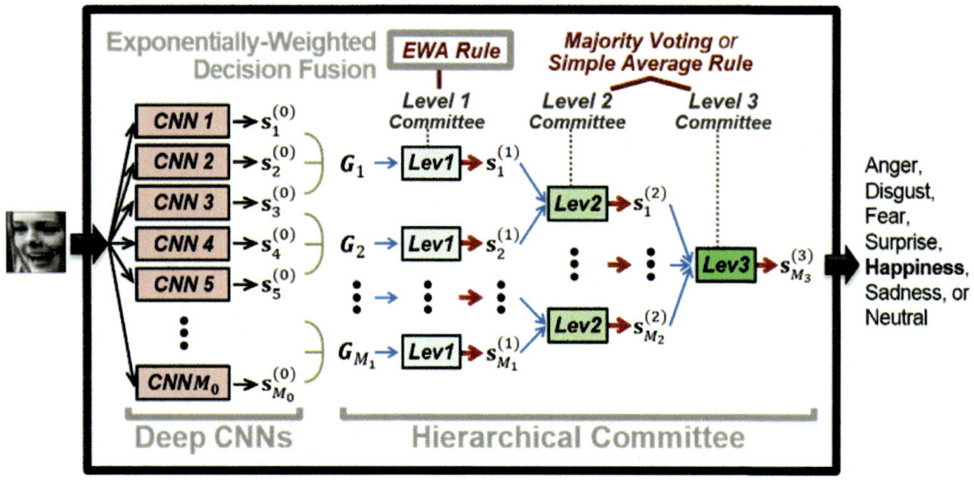

그림 9.21. CNSL팀이 제안한 얼굴 표정 인식을 위한 심층 CNN 위원회 구조
[16. Bo-Kyung Kim et al. 2016]

신경회로망을 실질적 문제에 적용할 경우, 하나의 신경회로망 만을 사용하기 보다는 여러 신경회로망을 학습시키고 이들을 8장에서 배운 앙상블 형태의 위원회(Committee)를 구성하여 인식

성능을 올리는 방식을 많이 사용한다. CNSL팀도 이 방식을 사용하였으며 그림 9.21은 심층 CNN들을 학습시킨 후 이들의 결과를 3개의 레벨을 거쳐 최종적으로 결정을 하는 위원회를 구성한 전체 시스템 구조를 보여준다. 8장에서 설명한 앙상블 형태의 결정을 하나의 레벨로 하기 보다는 3개의 레벨을 거치도록 하여, 각 심층 CNN들의 결과를 취합하여 보다 더 종합적이면서도 최선의 결과를 나타낼 수 있도록 하였다.

한편으로 위원회의 회원들이 동일하거나 비슷한 결과들을 내어 놓는다면 위원회의 기능은 저하될 것이다. 따라서, 위원회의 회원에 해당하는 심층 CNN들을 구성할 때 다양성을 지니도록 하는 것이 아주 중요하다. 이를 위하여, 각 심층 CNN들의 학습 이미지를 달리하거나, 초기 가중치를 다르게 설정하는 방법, 혹은 심층 CNN의 구조를 달리하는 방법들을 사용한다.

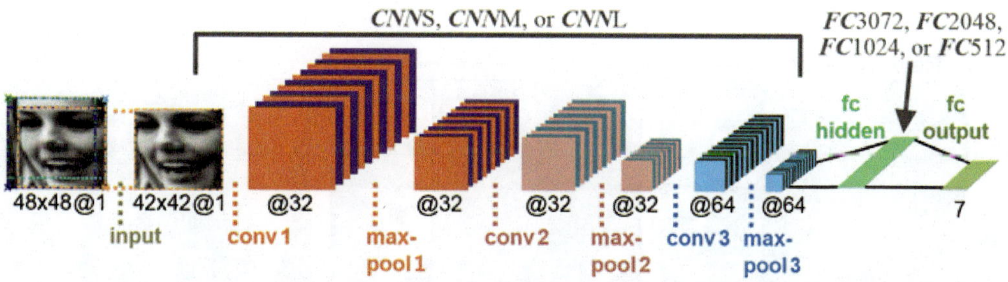

그림 9.22. 얼굴 표정 인식을 위한 심층 CNN 구조 [16. Bo-Kyung Kim et al. 2016]

그림 9.22는 얼굴 표정 인식을 위하여 사용한 심층 CNN의 구조를 보여준다. 48×48이미지가 입력되면 이로부터 42×42 패치(Patch)를 사용하여 데이터를 추출한다. 추출된 데이터는 컨볼루션과 맥스 풀링을 3번 거친 후 완전 연결(FC: Fully-Connected) 다층퍼셉트론을 거쳐 최종적으로 7가지 얼굴 표정을 뜻하는 7개의 출력노드로 결과를 출력한다. 심층 CNN들이 다양성을 지니도록 하기 위하여 입력 전처리, 컨볼루션 필터의 감수영역 크기, FC 회로망의 은닉노드 수, 초기 가중치 seed 등을 다르게 하였다. 이를 식 (9.6.1)에서

$$\mathrm{PREP}_{\alpha_1,\alpha_2} - \{\mathrm{CNN}_{\beta} - \mathrm{FC}_{\gamma}\}_{R_\delta} \tag{9.6.1}$$

로 나타내었다.

먼저, $\mathrm{PREP}_{\alpha_1,\alpha_2}$는 입력 전처리(Preprocessing) 방법을 나타내는데

$$\alpha_1 = \begin{cases} Raw & \text{Raw} \\ iNOR & \text{Illumination Normalization} \\ cEnh & \text{ContrastEnhancement} \end{cases} \tag{9.6.2}$$

이고,

$$\alpha_2 = \begin{cases} oA & \text{Aligned Faces by CNSL} \\ pA & \text{Provided Aligned Faces} \end{cases} \tag{9.6.3}$$

을 뜻한다. 그림 9.23은 식 (9.6.2)와 (9.6.3)에 따른 6가지의 전처리 방법에 따른 이미지의 변화를 예시로 보여준다.

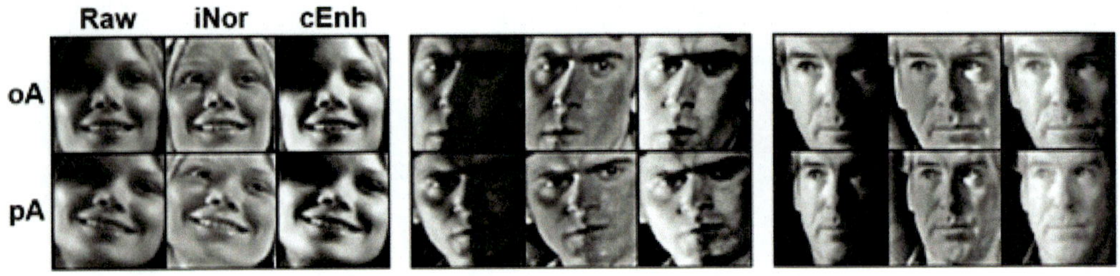

그림 9.23. 전처리 방법에 따른 이미지의 변화

CNN_β는 컨볼루션 필터의 감수영역 크기를 3가지로 나누어

$$\beta = \begin{cases} S & \text{Small} \\ M & \text{Medium} \\ L & \text{Large} \end{cases} \tag{9.6.4}$$

와 같이 표현하였다. CNN_S는 3층의 컨볼루션 모두 3×3 필터를 사용하였으며, 맥스풀링은 2×2를 사용하였다. CNN_M은 5×5, 4×4, 5×5 필터를 차례로 사용하였으며, 맥스풀링은 3×3을 사용하였다. CNN_L은 3층의 컨볼루션 모두 7×7 필터를 사용하였으며, 맥스풀링은 2×2를 사용하였다. 컨볼루션 층의 활성화 함수는 모두 ReLU 함수이다.

FC_γ는 FC 회로망의 은닉노드 수를 나타내는데, $\gamma = \{512, 1024,\ 2048,\ 3072\}$를 사용하였다. 마지막으로, R_δ는 초기 가중치의 임의 설정 번호 $\delta = \{1, 2,\ 3\}$이다. FC 회로망의 학습단계에서 과도한 학습을 방지하기 위하여 γ에 해당하는 낙오(Droupout) 확률 p를 $(\gamma, p) = \{(512, 0.5), (1024, 0.5),\ (2048, 0.5),\ (3072, 0.8)\}$와 같이 사용하였다. FC 회로망의 출력노드는 SoftMax 활성화 함수를 사용하였다.

한편, SFEW2.0 데이터 베이스는 표정 인식을 학습하기에 충분한 데이터를 제공하지 않으므로, FER-2013과 TFD 데이터 베이스도 학습에 활용하였다. FER-2013 데이터 베이스에서 28698개의 학습이미지와 3589 시험 이미지를 사용하였으며, TFD 데이터 베이스의 4178 이미지도 사용하였다. 즉, FER-2013 학습이미지와 TFD 데이터 베이스로 학습된 결과를 초기 가중치로 설정하여 SFEW2.0으로 학습시킨 216개의 심층 CNN을 겹침을 허용하여 12개의 Sub-Group으로 나누었다($G_1, G_2, \ldots, G_{12}$). 여기서, 겹침을 허용하여 Sub-Group으로 나누면 더 다양한 위원회 결정을 만들어낼 수 있다. 이들 216개의 심층 CNN중에서 가장 성능이 좋은 것은 57.3%의 시험 성능을 보였다. 또한, 임의의 초기 가중치로 FER 2013과 TFD를 학습시킨 12개의 심층 CNN들을 g_1 Group으로 두었고, 임의의 가중치로 FER-2013, TFD, SFEW2.0을 학습시킨 12개의 심층 CNN들을 g_2 Group으로 설정하여 레벨-1 위원회의 입력으로 사용하였다. 그림 9.24는 위원회 구성도를 보여주고 있다. 각 심층 CNN들의 자세한 학습설정 내용은 참고문헌 [16. Bo-Kyung Kim et al. 2016]을 참고하기 바란다.

CNSL팀은 통상적으로 사용하는 다수투표(Majority Voting) 혹은 가중 평균(Weighted Average)과 달리 레벨-1에서 EWA(Exponentially-Weighted Average) 방법을 사용하였다. 즉, 회원 $m(=1, 2, \ldots, M)$이 입력에 대하여 클래스 확률 벡터 $\boldsymbol{s}_m$을 z_m의 정확도로 예측하였다고 할 때, EWA에 의한 최종 결정은

$$\boldsymbol{s}_{final} = \frac{\sum_{m=1}^{M} z_m^q \boldsymbol{s}_m}{\sum_{m=1}^{M} z_m^q} \tag{9.6.5}$$

와 같이 하여, q에 의해 s_m을 강조하는 정도를 조절하도록 하였다. 레벨-2는 가중평균을 사용하였으며, 레벨-3은 다수투표 방법을 사용하였다. 이렇게 240개의 심층 CNN들을 3개 레벨의 위원회를 거쳐서 결정을 내린 시스템은 시험 인식률 61.6%로 경진대회에서 1위를 차지하였다.

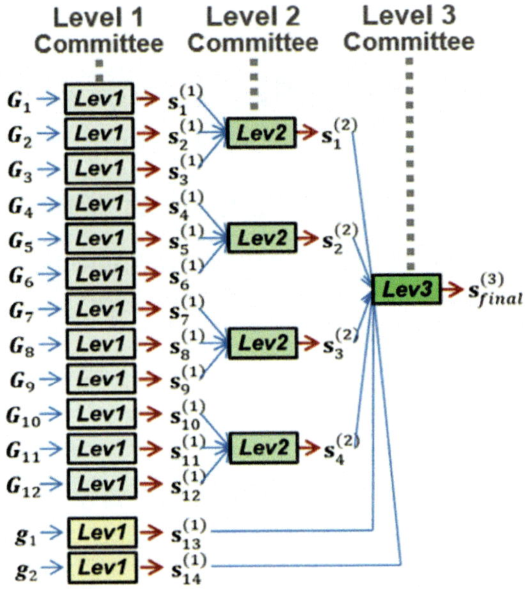

그림 9.24. 3개의 레벨로 구성된 위원회 구조도
[16. Bo-Kyung Kim et al. 2016]

앞의 응용 예는 아주 많은 수의 CNN을 기반으로 위원회를 구성하는 경우를 보여준다. 즉, CNN의 심층구조 보다는 위원회의 구성에 중점을 두었다. 이제 실제 응용에 사용된 CNN의 다양한 심층구조에 대하여 자세히 알아보기 위해 대표적인 구조 4가지를 소개하고자 한다. 먼저 1998년에 제안되어 MNIST 필기체 숫자 인식에 널리 사용된 LeNet-5를 살펴보자. $n \times n$ 입력에 크기가 $f \times f$인 필터 N_c개를 패딩 p와 이동폭(stride) s를 적용하여 컨볼루션하면 결과는 $\left(\frac{n+2p-f}{s}+1\right) \times \left(\frac{n+2p-f}{s}+1\right) \times N_c$의 모양을 지니게 된다. LeNet-5은 가장 아래층(Layer 0)에 필기체 입력이 32×32의 크기로 주어진다. 여기에 5×5 크기의 필터 6개가 컨볼루션을 수행한다. 이때, 이동폭은 1이고 패딩은 없다. 그러면 첫 컨볼루션 층은 $28 \times 28 \times 6$의 모양을 지니게 된다. 다음으로 2×2 평균 풀링을 이동폭 2로 적용하여

$14\times14\times6$의 결과를 얻게 된다. 여기에 5×5 필터-5×5 필터를 6 차원에 적용하므로 $5\times5\times6$ 차원 커널 모양이 됨- 16개를 패딩은 없고 이동폭은 1로 적용하여 $10\times10\times16$을 얻게 된다. 이제 2×2 평균 풀링은 이동폭 2로 적용하여 $5\times5\times16$을 얻게 되고, 이 400차원의 데이터에 120개의 완전연결 노드와 84개의 완전연결 노드를 통과 시킨 후, 마지막에 열 개의 SoftMax 출력노드를 연결시킨다. 이러한 구조를 그림 9.25에 그렸다. 필터 적용 시 패딩을 적용하지 않아 귀퉁이의 정보를 활용하지 않았고, 풀링에서 이동폭을 1로 적용한 부분이 특이하다고 볼 수 있다.

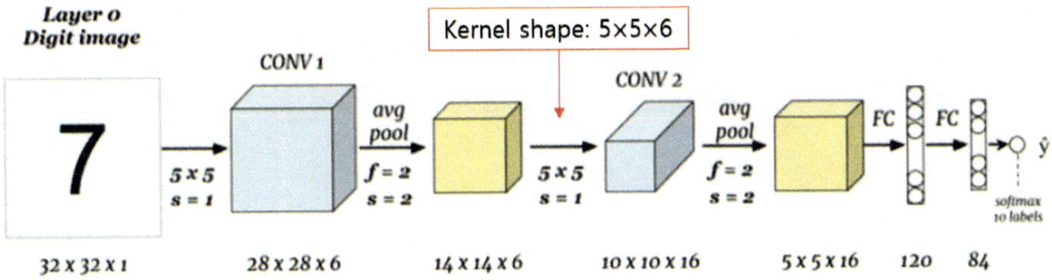

그림 9.25. LeNet-5의 구조[1]

다음으로 AlexNet에 대하여 알아보자. AlexNet은 ILSVRC(ImageNet Large-Scale Visual Recognition Competition) 2012에서 우승한 CNN 구조이다. 이 대회는 120만장의 영상을 1000개의 클래스로 구분하는 대회로써, AlextNet이 top-5 에러율(예측한 5개의 클래스에 정답이 없는 비율) 17%를 달성하여 2위의 26%보다 월등히 좋은 성적을 보였다. 그림 9.26은 AlexNet의 구조를 보여주며, 커널 모양을 점선으로 표시하였다. 입력은 227×227 크기의 RGB 영상으로 주어진다. 11×11 필터($11\times11\times3$ 차원 커널 모양) 96개를 이동폭 4로 패딩 없이 적용하면 컨볼루션 결과는 $55\times55\times96$이 된다. 3×3 맥스풀링을 이동폭 2로 적용하여 $27\times27\times96$을 얻는다. 다음에 $p=2$로 두고 5×5 필터 256개를 이동폭 1로 적용하면 $27\times27\times256$이 된다. 역시 3×3 맥스풀링을 이동폭 2로 적용하여 $13\times13\times256$을 얻는다. 이제 부터는 컨볼루션 층만 적용하고 풀링층은 적용하지 않는다. 3×3 필터($p=1, s=1$) 384개를 적용하여 $13\times13\times384$를 얻고, 같은 방식으로 3×3 필터($p=1, s=1$) 384개를 또 적용하여 $13\times13\times384$를 얻는다. 이제 3×3 필터($p=1, s=1$) 256개 적용하여 $13\times13\times256$을 얻은 후 3×3 맥스풀링을 이동폭 $s=2$로 적용하여 $6\times6\times256$을 얻는다. 다음으로 4096개의

완전연결 층을 두 번 거친 후 마지막에 1000개의 SoftMax 출력을 얻게 된다. 이 구조에서 출력 노드는 SoftMax 활성화 함수를 사용하고, 다른 층들은 ReLU 활성화 함수를 사용한다. AlexNet은 풀링 없이 컨볼루션 층만 연결한 영역을 지닌 특징이 있다.

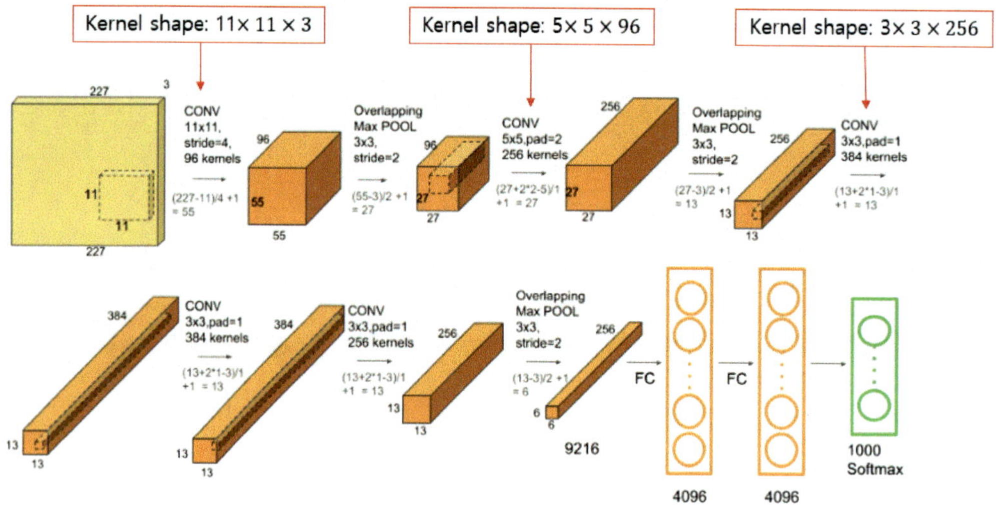

그림 9.26. AlexNet의 구조[15]

AlexNet이 LeNet-5 보다 더 깊은 심층 구조를 지녔음을 알 수 있다. 이와 같이 CNN에서 심층구조의 깊이를 더 늘려서 우수한 성능을 얻고자 하는 시도가 진행되었다. ILSVRC 2014에서 우승한 VGG(Visual Geometry Group)-16은 13개의 컨볼루션층과 3개의 완전연결층으로 이루어져 있으며, 층수가 많아지면서 컨볼루션 필터의 크기를 3×3으로 줄였다. 그림 9.27은 VGG-16의 구조를 보여준다. 224×224 크기의 RGB 입력($224 \times 224 \times 3$)에 대하여 3×3 크기의 컨볼루션 필터가 연결된다. 여기서, 3×3 필터 크기는 좌/우, 상/하, 중심의 특징을 찾아내는 최소한의 크기이다. 이동폭은 1이고, 패딩은 1로 하여 3×3 컨볼루션 후의 해상도가 입력과 동일하게 유지되도록 하였다. 3×3 컨볼루션을 한 번 더 거친 후, 맥스풀링은 2×2 크기로 이동폭 2를 적용하였다. 그 이후로도 2~3번의 컨볼루션과 한 번의 맥스풀링이 교차하면서, 총 13개의 컨볼루션 층들과 5개의 맥스풀링 층들이 그림 9.27과 같이 연결된다. 그 다음으로 25088차원으로 전환된 데이터에 대하여 완전연결 층을 4096-4096-1000개의 노드를 지니도록 연결하였다. 마지막 층 1000개의 출력노드는 SoftMax 활성화 함수를 지녔으며, 컨볼루션 층들과 은닉층들은 ReLU 활성화 함수를 사용하였다.

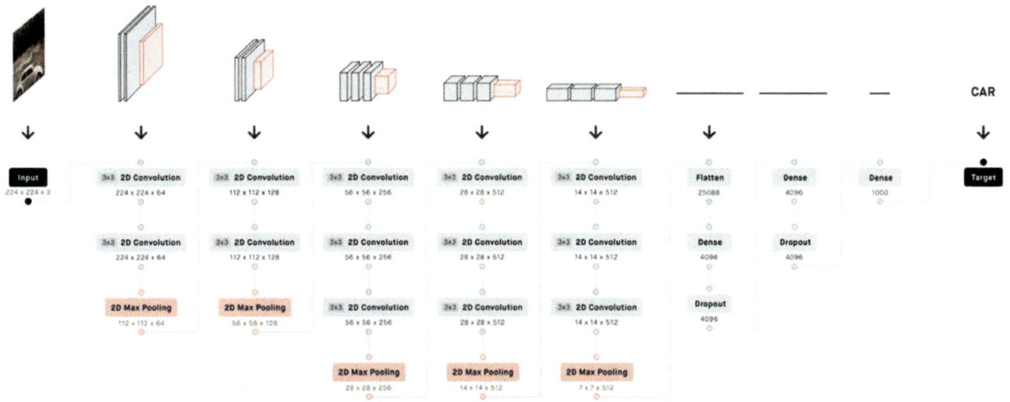

그림 9.27. VGG-16의 구조[19]

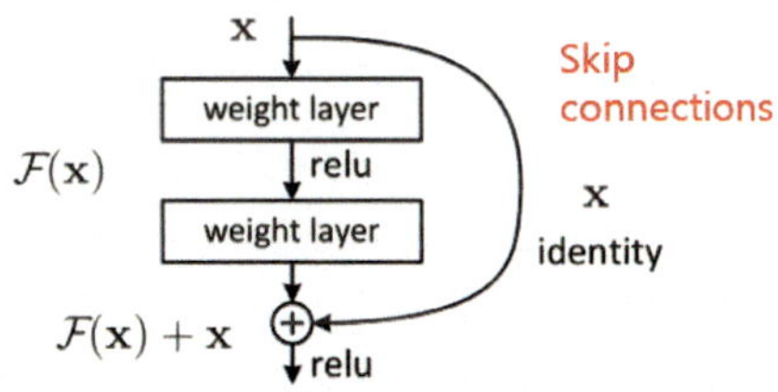

그림 9.28. 잔류학습 블럭[20]

한편, 어느 정도 깊이의 심층구조를 지닌 CNN보다 더 깊은 심층구조를 지닌 CNN은 층수를 늘렸음에도 성능이 포화되거나 오히려 급격하게 저하되는 현상이 발견되었다. 이 문제를 해결하기 위하여 제안된 모델이 ResNet이다. ResNet은 그림 9.28에서 보여주는 바와 같이 잔류학습 블록(Residual Learning Block)을 사용한다. 학습을 원하는 목표가 사상(mapping) $H(x)$라고 할 때, 잔류학습 블록은 신경회로망이 $F(x) = H(x) - x$를 학습하고, 입력으로부터 skip 연결을 통해 x를 받아서 $F(x) + x$를 ReLU 작용 후 출력으로 내어놓는 방식이다. 이 방식은 잔류학습 $(F(x) = H(x) - x)$이 원래의 사상 $H(x)$를 직접 학습하는 것 보다 쉬울 것이라는 가정 하에 제안된 방식이다. 여기서 skip 연결은 계산량의 증가가 미미하다.

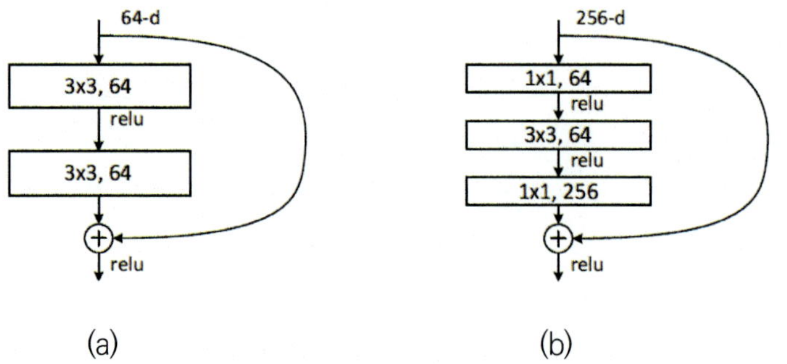

그림 9.29. 잔류학습 블록 적용 예[20]:
(a) ResNet-34 (b) ResNet-50/101/152

그림 9.29는 ResNet에서 층의 깊이에 따라 잔류학습 블록의 모양을 달리 적용한 사례를 보여준다. (a)는 34층 ResNet에 적용된 모양이고, (b)는 50/101/152 층의 ResNet에 적용된 모양이다. 그림 9.30은 50/101/152층을 지닌 ResNet의 전체적인 구조를 보여주며, 리스트 cfg는 각 블록별 층수를 나타낸다. 예를 들어 ResNet-152는 입력 영상이 7×7 컨볼루션을 거친 후 cfg[0] 블록을 3개, cfg[1] 블록을 8개, cfg[2] 블록을 36개, cfg[3] 블록을 3개 거친 후 완전연결층 fc1000에서 결과가 출력된다. ILSVRC 2015에서 ResNet-152가 4.49%의 top-5 에러율을 나타내었다. CNN의 층수가 아주 많아졌음에도 잔류학습 때문에 좋은 성능을 보임을 알 수 있다.

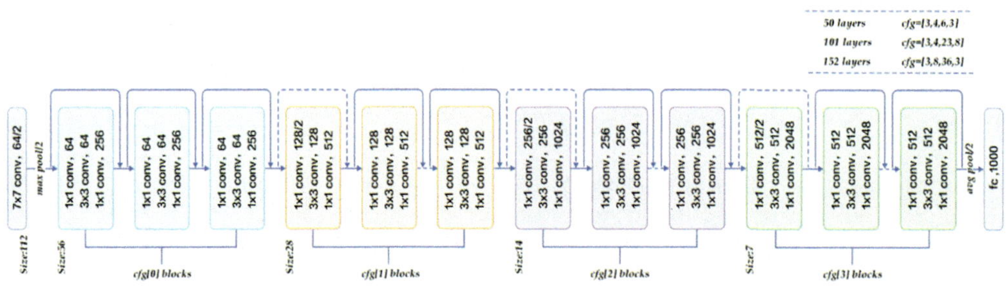

그림 9.30. ResNet-50/101/152[20]

참조 MLP-Mixer[23]

MLP-Mixer는 단순한 다층퍼셉트론(MLP)를 기반으로 CNN과 같은 우수한 성능을 보여주는 신경회로망 모델이다. 전체적인 구조와 동작을 다음 그림으로 살펴보자. 우선, 입력 해상도 (H, W)인 입력영상이 주어지면 이를 (P, P) 크기의 패치 $S(=HW/P^2)$개로 분리해낸다. 그 다음에 각 패치를 C차원 벡터-일명, 'token'이라고 함-로 선형변환을 하여 입력행렬 $\boldsymbol{X} \in R^{S \times C}$을 얻는다. 이때 모든 패치는 같은 사상행렬로 선형변환을 하여 token을 얻는다.

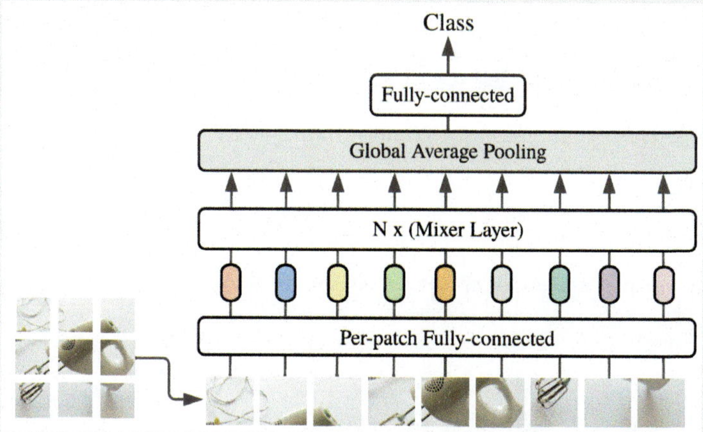

이제 $\boldsymbol{X}$를 MLP로 이루어진 Mixer 층에 입력하여 출력을 얻은 후, 전역 평균 풀링(Global Average Poolong)과 퍼셉트론 형태의 선형 분류기를 통하여 인식하게 된다. 이때, 같은 구조를 지닌 Mixer 층을 N번 통과시킨다.

하나의 Mixer 층은 다음 그림과 같이 크게 MLP1(token-mixing MLP) block과 MLP2(channel-mixing MLP) block으로 구성되어 있다. 물론, MLP1과 MLP2에 입력되기 전에 그림처럼 계층 정규화와 행렬의 전치가 번갈아 처리되며, skip 연결도 있다.

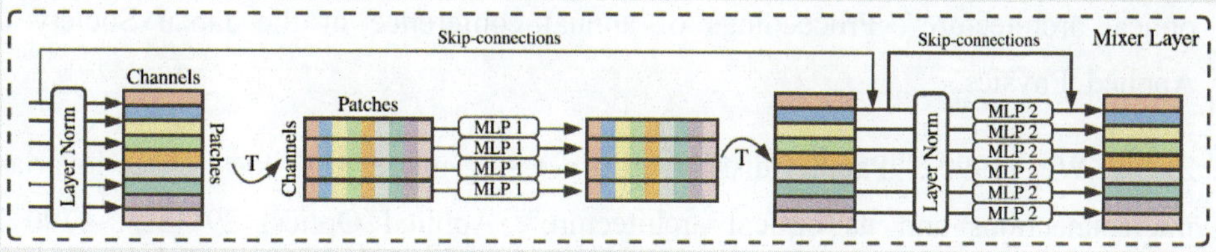

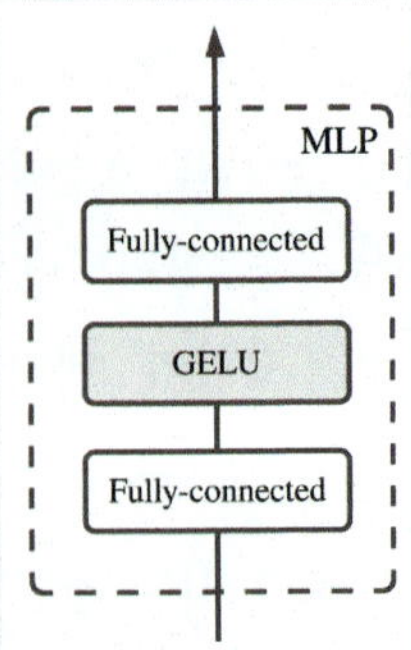

MLP1과 MLP2는 왼편 그림과 같이 "완전연결층-GELU 활성화 함수-완전 연결층" 으로 구성된 MLP이다. 이제, 입력행렬 $X \in R^{S \times C}$가 Mixer 층에서 처리되는 과정을 설명하겠다. 전치를 하여 입력행렬이 $R^{C \times S}$ 형태로 바뀐 후, 이 행렬에서 $1 \times S$차원의 각 행(row)이 MLP1에 입력되고 $1 \times S$차원의 출력을 내어 놓는다. 이때, MLP1에 입력되는 내용은 여러 token 성분이 섞여 있으므로 "token-mixing MLP"라고 한다. 이와 같이 C 개의 MLP1이 내어놓는 $1 \times S$ 출력을 모으면 $C \times S$ 행렬을 얻게 된다. 이를 전치하여 $S \times C$ 모양을 만든 후, $1 \times C$차원의 각 행(row)이 MLP2에 입력되고 $1 \times C$차원의 출력을 내어 놓는다. 이때, S개의 MLP2에 입력되는 내용은 여러 channel 성분이 섞여 있으므로 "channel-mixing MLP"라고 한다.

token-mixing MLP는 다른 공간상에 존재하는 데이터(token) 간의 관계를 찾아내는 것이고, channel-mixing MLP는 다른 channel 간의 관계를 찾아내는 것이다. 이 두 가지 방식의 MLP가 맞물리면서 입력 행렬의 두 가지 차원에 대한 상호작용이 가능하게 한다.

참고문헌

1. LeCun, Yann. "LeNet-5, convolutional neural networks". Retrieved 16 November 2013.

2. Zhang, Wei (1988). "Shift-invariant pattern recognition neural network and its optical architecture". Proceedings of annual conference of the Japan Society of Applied Physics.

3. Zhang, Wei (1990). "Parallel distributed processing model with local space-invariant interconnections and its optical architecture". Applied Optics. 29 (32): 4790–7. Bibcode:1990ApOpt..29.4790Z. doi:10.1364/AO.29.004790. PMID 20577468.

4. Matusugu, Masakazu; Katsuhiko Mori; Yusuke Mitari; Yuji Kaneda (2003). "Subject independent facial expression recognition with robust face detection using a convolutional neural network". Neural Networks. 16 (5): 555–559. doi:10.1016/S0893-6080(03)00115-1. Retrieved 17 November 2013.

5. "Convolutional Neural Networks (LeNet) – DeepLearning 0.1 documentation". DeepLearning 0.1. LISA Lab. Retrieved 31 August 2013.

6. Habibi,, Aghdam, Hamed. Guide to convolutional neural networks : a practical application to traffic-sign detection and classification. Heravi, Elnaz Jahani,. Cham, Switzerland. ISBN 9783319575490. OCLC 987790957.

7. Ciresan, Dan; Ueli Meier; Jonathan Masci; Luca M. Gambardella; Jurgen Schmidhuber (2011). "Flexible, High Performance Convolutional Neural Networks for Image Classification". Proceedings of the Twenty-Second international joint conference on Artificial Intelligence-Volume Volume Two. 2: 1237–1242. Retrieved 17 November 2013.

8. Krizhevsky, Alex. "ImageNet Classification with Deep Convolutional Neural Networks". Retrieved 17 November 2013.

9. Ciresan, Dan; Meier, Ueli; Schmidhuber, Jürgen (June 2012). "Multi-column deep neural networks for image classification". 2012 IEEE Conference on Computer Vision and Pattern Recognition. New York, NY: Institute of Electrical and Electronics Engineers (IEEE): 3642–3649. arXiv:1202.2745. doi:10.1109/CVPR.2012.6248110. ISBN 978-1-4673-1226-4. OCLC 812295155. Retrieved 2013-12-09.

10. Hubel, D. H.; Wiesel, T. N. (1968-03-01). "Receptive fields and functional architecture of monkey striate cortex". The Journal of Physiology. 195 (1): 215–243. doi:10.1113/jphysiol.1968.sp008455. ISSN 0022-3751. PMC 1557912. PMID 4966457.

11. Fukushima, Kunihiko (1980). "Neocognitron: A Self-organizing Neural Network Model for a Mechanism of Pattern Recognition Unaffected by Shift in Position". Biological Cybernetics. 36 (4): 193–202. doi:10.1007/BF00344251. PMID 7370364. Retrieved 16 November 2013.

12. Simard, Patrice, David Steinkraus, and John C. Platt. "Best Practices for

Convolutional Neural Networks Applied to Visual Document Analysis." In ICDAR, vol. 3, pp. 958–962. 2003.

13. Scherer, Dominik; Müller, Andreas C.; Behnke, Sven (2010). "Evaluation of Pooling Operations in Convolutional Architectures for Object Recognition". Artificial Neural Networks (ICANN), 20th International Conference on. Thessaloniki, Greece: Springer. pp. 92–101.

14. Graham, Benjamin (2014-12-18). "Fractional Max-Pooling". arXiv:1412.6071

15. Krizhevsky, A.; Sutskever, I.; Hinton, G. E. (2012). "Imagenet classification with deep convolutional neural networks". Advances in Neural Information Processing Systems. 1: 1097–1105.

16. Kim, B.-K.; Roh, J.; Dong, S.-Y.; Lee, S.-Y. (2016). "Hierarchical committee of deep convolutional neural networks for robust facial expression recognition". J. Multimodal User Interfaces. 10:173-189.

17. Tanaka, K. (1996). "Inferotemporal cortex and object vision". Ann. Rev. Neurosci. 19:109-139.

18. Baldi, K.; Sadowski, P. (2014). "The dropout learning algorithm". Artificial Intelligence. 210: 78-122

19. Simonyan, K.; Zisserman, A. (2015). "Very deep convolutional networks for large-scale image recognition". ICLR

20. He, K.; Zhang, X.; Ren, S.; Sun, J. (2016). "Deep residual learning for image recognition". CVPR. pp. 770-778.

21. Ioffe, S.; Szegedy, C. (2015). "Batch Normalization: Accelerating Deep Network Training by Reducing International Covariate Shift". arXiv:1502.03167

22. Ba, J. L.; Kiros, J. R.; Hinton, G. E. (2016) "Layer Normalization". arXiv:1607.06450

23. Tolstikhin, I. et al. (2021). "MLP-Mixer: An all-MLP Architecture for Vision". ArXiv:2105.01601v4

24. Howard, Andrew G. et al. (2017). "MobileNets: Efficient Convolutional Neural Networks for Mobile Vision Applications". arXiv:1704.04861

연습문제

9.1. 입력 $x(n)$이 $n=0$부터 6까지 3과 1이 번갈아 반복되고 있으며, 그 이외의 n에서 $x(n)$은 0이다. 필터의 임펄스 응답은 $h(0)=1,\ h(1)=1$으로 주어졌다.

(a) $x(n)$이 필터 $h(n)$에 입력되었을 때의 출력 $y(n)$을 식 (9.2.5)에 따라 구하라.

(b) $x(n)$이 필터 $h(n)$에 입력되었을 때의 출력 $y(n)$을 식 (9.2.7)에 따라 구하라.

(c) 필터 $h(n)$은 무슨 기능을 수행하는가?

(d) 필터의 임펄스 응답이 $h(0)=1,\ h(1)=-1$인 경우에 대하여 (a)에서 (c)를 반복하라.

9.2. 6×6 크기의 입력에 [그림 문 9.2.1]과 같은 모양이 있다.

(a) 입력에서 수평, 수직, 대각, 역대각 방향 성분을 검출하는 3×3 크기의 필터 4개를 만들어 보아라. 단, 입력의 픽셀 값과 필터의 계수는 0,1로 사용하여라.

(b) 6×6 입력에 3×3 필터를 하나씩 씌워서 각 필터 당 6×6크기의 컨볼루션 결과를 구하라. 필터를 씌울 때 패딩은 영의 값을 사용하고, 이동폭(stride)은 1로 하여라.

(c) (b)의 결과 얻어진 6×6 특징 맵 4개에 대하여 ReLU를 거친 후 2×2 맥스 풀링을 계산하고 그 결과를 각 특징 맵당 3×3로 보여라.

그림 [문 9.2.1]

9.3. 입력 영상이 42×42로 주어졌다. 이를 $42\times42@1$ 이라고 표현하자. 즉, 42×42크기 맵이 1개 있다는 뜻이다. 여기에 다음과 같이 3층의 컨볼루션 필터와 맥스 풀링을 적용한다. 여기서, $n\times n(\text{stride}, \text{pad})$와$n\times n(\text{stride}, \text{pad}^*)$은 필터 혹은 맥스

풀링 창의 크기를 나타낸 것으로, "pad*"은 픽셀의 위와 왼편 방향으로 zero padding을 한 것이며, "pad"은 위, 아래, 오른편, 왼편 모두에 zero padding을 한 것이다.

(a) 컨볼루션층-1은 $5\times5(1,2)$ 필터를 32개 지녔다. 컨볼루션-1층의 특징 맵 크기를 $n\times n@F$ 형태로 표시하라.

(b) 맥스풀링층-1은 (a)의 결과에 $3\times3(2,1^*)$로 적용하였다. 특징 맵 크기를 $n\times n@F$ 형태로 표시하라.

(c) (b)의 결과에 2번째 컨볼루션층과 맥스풀링층이 다음과 같이 작용한다. 컨볼루션층-2는 $4\times4(1,1)$ 컨볼루션 필터 32개를 지녔고, 맥스풀링층-2는 $3\times3(2,1^*)$을 지녔다. 컨볼루션층-2의 특징 맵과 맥스풀링층-2의 특징맵 크기를 각각 $n\times n@F$ 형태로 표시하라.

(d) 컨볼루션층-3은 $5\times5(1,2)$ 컨볼루션 필터 64개를 지녔고, 맥스풀링층-3는 $3\times3(2,1^*)$을 지녔다. 컨볼루션층-3의 특징 맵과 맥스풀링층-3의 특징맵 크기를 각각 $n\times n@F$ 형태로 표시하라.

(e) 맥스풀링층-3의 특징 맵에 은닉노드 2048개, 출력노드 7개인 완전 연결 신경회로망을 적용시켰다. 완전 연결 신경회로망의 가중치는 몇 개인가?

(f) (e)와 같이 연결된 완전 연결 신경회로망의 은닉노드에 낙오확률 0.5를 적용하였다. 하나의 입력에 대하여 학습시키는 완전 연결 신경회로망의 가중치 수는 몇 개인가?

제 10 장

주성분 분석

Principal Component Analysis

10.1 데이터 차원 축소

우리가 다루는 데이터들은 영상, 유전자 표현, 단어 집단 표현(Bag-of-Word) 등과 같이 상당히 고차원에 존재한다. 이들 데이터가 어떤 구조를 지녔다면, 훨씬 낮은 차원의 집합체에 근사적으로 배치할 수 있을 것이다. 이 장에서는 이를 효율적으로 찾아내는 선형적인 방법을 다루고자 한다.

차원 축소는 d 차원의 입력 변수를 정보의 손실을 최소화하면서 낮은 $k(k<d)$ 차원 변수로 줄이는 것이다. 이렇게 차원을 축소하면 계산의 복잡도가 낮아져 계산 시간을 줄일 수 있으며, 적은 파라미터의 사용으로 저장 공간을 줄인다. 또한, 특징 관찰에 필요한 비용을 절약하고, 간단한 모델 사용으로 강건성(robustness)이 좋아진다. 분석 및 설명이 용이해지며, 2 혹은 3차원의 경우 시각화를 할 수 있다.

차원 축소는 특징 선택(Feature Selection)과 특징 추출(Feature Extraction)로 나누어지는데, 특징 선택은 d 차원 중에 k 차원을 선택하고 $(d-k)$ 차원은 제거하는 방식이다. 즉, 부분집합 선택 알고리즘 형태로 진행된다. 특징 추출은 d 차원 벡터 $\boldsymbol{x}=[x_1,x_2,\ldots,x_d]^T$를 k 차원 벡터 $\boldsymbol{z}=[z_1,z_2,\ldots,z_k]^T$로 투영(Project) 시키는 방식이다. 여기에 해당하는 것으로 PCA(Principal Component Analysis), LDA(Linear Discriminant Analysis), FA(Factor Analysis) 등이 있다.

특징의 부분집합 선택 알고리즘은 다음과 같다. d개의 특징은 2^d개의 부분 집합이 존재한다. 이를 일일이 나열하기 보다는 효율적으로 찾아내는 방법에 대하여 설명하고자 한다. 전방향 찾기(Forward Search)는 각 단계에서 가장 좋은 부분집합을 더하는 방식이다. 먼저, 특징 집합 F를 ϕ로 초기화 시킨다. 다음으로 가장 좋은 특징을 기준

$$j=\arg\min_i Err(F\cup x_i) \quad (10.1.1)$$

에 따라 찾아낸다. 만약, $Err(F\cup x_j)<Err(F)$이면 F에 x_j를 추가하며, 그렇지 않으면 중단시킨다. 역방향 찾기(Sequential Backward Selection)는 모든 특징으로부터 시작하여 하나씩 제거하는 방식이다. 부유 찾기(Floating Search)는 각 단계에서 k'개의 특징을 추가하고 m'개의 특징을 제거하는 방식이다.

10.2 주성분 분석(Principal Component Analysis)

차원 축소의 방법 중 대표적인 주성분 분석(PCA)에 대하여 설명하고자 한다. PCA의 기본 아이디어는 d 차원 공간에 위치한 데이터를 최대한의 정보 보존 원칙하에 더 낮은 차원 공간으로 투영하는 것이다. 특히, 낮은 차원 공간으로 투영된 결과를 다시 d 차원 공간으로 복원시켰을 때 제곱 오차(Squared Error)를 최소화 시키는 투영 방향을 찾아내고자 한다. 이는 입력의 선형적 처리로 이루어진다. 다시 설명하자면, d 차원 데이터 $\boldsymbol{x}$가 주어지면, 직교(Orthogonal) 공간의 m 차원을 찾아내어 차원 축소된 데이터로 표현하며, m 차원의 선형적 조합에 의해 d 차원 데이터를 복원하면 제곱오차가 최소가 되어야 한다.

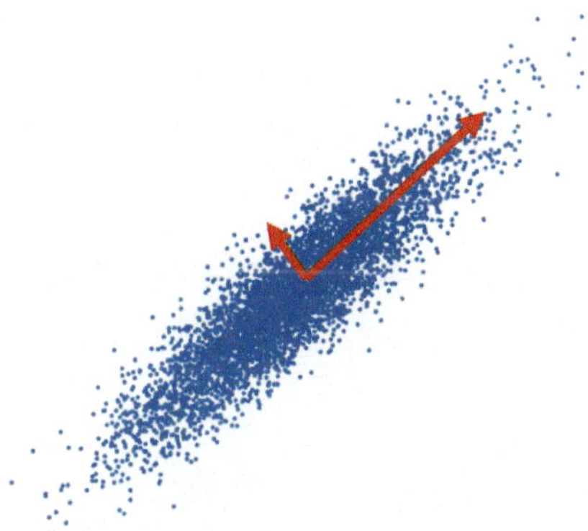

그림 10.1. 가우스 분포 데이터의 주성분 분석

PCA는 다음과 같은 절차에 따라 진행된다.

① d 차원 데이터 $\boldsymbol{x}$에서 분산이 가장 큰 방향을 선택한다.

② 찾아낸 방향과 직교 방향 중에서 분산이 최대가 되는 방향을 찾는다.

③ m개의 방향을 찾을 때 까지 위의 과정을 반복한다.

그림 10.1은 2차원 상에 존재하는 가우스 분포 데이터에 대하여 PCA를 수행한 결과를 보여준다. 가장 분산이 큰 방향이 먼저 찾아지고 그 다음 분산이 큰 방향이 찾아진다. 이렇게 찾은 방향 중에서 축소를 원하는 차원만큼의 방향 벡터에 의한 조합으로 데이터를 표현한다.

10.3 주성분 분석의 고유 구조(Eigenstructure)

평균이 0인 d 차원 임의의 벡터가

$$\boldsymbol{x} = [x_1, x_2, \dots, x_d]^T \tag{10.3.1}$$

로 주어졌고, 이의 투영 단위 벡터(Projection Unit Vector) 역시

$$\boldsymbol{w} = [w_1, w_2, \dots, w_d]^T \text{ and } \|\boldsymbol{w}\| = (\boldsymbol{w}^T\boldsymbol{w})^{1/2} = 1 \tag{10.3.2}$$

로 주어졌다고 하자. 그러면 투영 결과는

$$z = \boldsymbol{w}^T\boldsymbol{x} \tag{10.3.3}$$

이고, 평균은

$$E[z] = E[\boldsymbol{w}^T\boldsymbol{x}] = \boldsymbol{w}^T E[\boldsymbol{x}] = 0 \tag{10.3.4}$$

이다. 투영 결과의 분산은

$$\sigma^2 = E[z^2] - E^2[z] = E[(\boldsymbol{w}^T\boldsymbol{x})(\boldsymbol{x}^T\boldsymbol{w})] = \boldsymbol{w}^T E[\boldsymbol{x}\boldsymbol{x}^T]w = \boldsymbol{w}^T\boldsymbol{S}w \tag{10.3.5}$$

이 되고, 여기서

$$\boldsymbol{S} = E[\boldsymbol{x}\boldsymbol{x}^T] \tag{10.3.6}$$

는 상관관계 행렬(Correlation Matrix)이다. 투영 결과 z의 분산은 식 (10.3.5)에서 보는 바와 같이 w의 함수이므로

$$\sigma^2 = \psi(\boldsymbol{w}) = \boldsymbol{w}^T\boldsymbol{S}w \tag{10.3.7}$$

로 표현할 수 있다.

만약 w가 분산 함수 $\psi(w)$의 극점(Extremal Value)이라면 작은 변동 δw에 대하여

$$\psi(w+\delta w)=\psi(w) \tag{10.3.8}$$

이다. 위 식의 좌변을 식 (10.3.7)에 대입시키면

$$\psi(w+\delta w)=(w+\delta w)^T\boldsymbol{S}(w+\delta w)=w^T\boldsymbol{S}w+2(\delta w)^T\boldsymbol{S}w+(\delta w)^T\boldsymbol{S}\delta w \tag{10.3.9}$$

로 전개되며, 2차항 $(\delta w)^T\boldsymbol{S}\delta w$를 무시하면

$$\psi(w+\delta w)=\psi(w)+2(\delta w)^T\boldsymbol{S}w \tag{10.3.10}$$

이 된다. 따라서, 식 (10.3.8)에 의해

$$(\delta w)^T\boldsymbol{S}w=0 \tag{10.3.11}$$

이 된다. 또한, $\|w+\delta w\|^2=(w+\delta w)^T(w+\delta w)=1$인 제한조건을 전개하면

$$(\delta w)^T w=0 \tag{10.3.12}$$

을 얻게 된다. 식 (10.3.11)과 (10.3.12)에 의해

$$(\delta w)^T(\boldsymbol{S}w-\lambda w)=0 \tag{10.3.13}$$

이 되며, 마침내 고유치 문제(Eigenvalue Problem)

$$\boldsymbol{S}w=\lambda w \tag{10.3.14}$$

을 얻게 된다. 여기서, 위 식을 만족하는 w를 고유벡터(Eigenvector)라고 하며 λ를 고유치(Eigenvalue)라고 한다.

x가 d 차원이므로 고유치 문제는

$$Sw_j = \lambda_j w_j, \quad j = 1, 2, \ldots, d \tag{10.3.15}$$

와 같이 d개의 고유벡터와 고유치가 존재한다. 식 (10.3.15)를 만족하는 고유치를 크기순으로 정렬하였고 해당하는 고유벡터도 정렬되었다고 하면

$$\lambda_1 > \lambda_2 > \lambda_3 > \ldots.. > \lambda_d \tag{10.3.16}$$

이고

$$W = [w_1, w_2, w_3, \ldots, w_d] \tag{10.3.17}$$

로 표현된다. 정규직교(Orthonormalilty)에 의해

$$w_i^T w_j = \begin{cases} 1 & \text{if } i = j \\ 0 & \text{otherwise} \end{cases} \tag{10.3.18}$$

이므로

$$W^T W = I \tag{10.3.19}$$

이다.

고유벡터에 의한 투영 결과

$$z_j = w_j^T x, j = 1, 2, 3, \ldots, d \tag{10.3.20}$$

를 주성분(Principal Component)라고 한다. 주성분 벡터는

$$z = [z_1, z_2, z_3, \ldots., z_d]^T = W^T x \tag{10.3.21}$$

로 표현된다. W는 정규직교 하므로, 식 (10.3.21)의 역투영에 의해

$$\boldsymbol{x} = \boldsymbol{W}\boldsymbol{z} = \sum_{j=1}^{d} z_j \boldsymbol{w}_j \tag{10.3.22}$$

와 같이 주성분으로부터 원 벡터를 복원할 수 있다.

만약, 벡터 $\boldsymbol{x}$를 k 차원으로 축소한 후 복원하면

$$\boldsymbol{x}' = \sum_{j=1}^{k} z_j \boldsymbol{w}_j \tag{10.3.23}$$

이 되며, 차원 축소에 의한 오차는

$$\boldsymbol{e} = \boldsymbol{x} - \boldsymbol{x}' = \sum_{j=k+1}^{d} z_j \boldsymbol{w}_j \tag{10.3.24}$$

로 구해진다. 그러면

$$E[\boldsymbol{e}^T \boldsymbol{e}] = \sum_{j=k+1}^{d} \lambda_j \tag{10.3.25}$$

로 유도된다. 식 (10.3.16)에서 보는 바와 같이 고유치는 정렬되어 있으므로, (10.3.23)에서와 같이 고유치가 큰 성분을 보유하도록 차원을 축소하면 차원축소 오차가 최소화된다.

참조 **차원축소 오차**

식 (10.3.25)를 유도해보자. (10.3.24)를 대입하면

$$\begin{aligned} E[\boldsymbol{e}^T \boldsymbol{e}] &= E[\sum_{j=k+1}^{d} z_j \boldsymbol{w}_j^T \boldsymbol{w}_j z_j] = \sum_{j=k+1}^{d} E[z_j^2] = \sum_{j=k+1}^{d} \boldsymbol{w}_j^T E[\boldsymbol{x}\boldsymbol{x}^T] \boldsymbol{w}_j \\ &= \sum_{j=k+1}^{d} \boldsymbol{w}_j^T \boldsymbol{S} \boldsymbol{w}_j = \sum_{j=k+1}^{d} \boldsymbol{w}_j^T \lambda_j \boldsymbol{w}_j = \sum_{j=k+1}^{d} \lambda_j \end{aligned} \tag{10.3.26}$$

를 얻게 된다.

예제 10.3-1

PCA에 의해 차원 축소 후 복원된 벡터 $\boldsymbol{x}'$과 복원 오차 $\boldsymbol{e}$가 각각 식 (10.3.23)과 (10.3.24)로 주어졌다. 두 벡터 $\boldsymbol{x}'$과 $\boldsymbol{e}$가 직교함을 보이고, 이들 사이의 관계를 $\boldsymbol{x}$와 함께 그림으로 나타내어라.

풀이

먼저, 두 벡터 $\boldsymbol{x}'$과 $\boldsymbol{e}$가 직교함을 보이겠다. 이를 위하여 두 벡터의 내적을 계산하면

$$\boldsymbol{e}^T\boldsymbol{x}' = (\sum_{j=k+1}^{d} z_j\boldsymbol{w}_j^T)(\sum_{i=1}^{k} z_i\boldsymbol{w}_i) = \sum_{j=k+1}^{d}\sum_{i=1}^{k} z_j\boldsymbol{w}_j^T\boldsymbol{w}_i z_i = 0$$

이 된다. 그 이유는 $\boldsymbol{w}_i^T\boldsymbol{w}_j = \begin{cases} 1 \text{ if } i=j \\ 0 \quad \text{otherwise} \end{cases}$와 같이 정규직교하기 때문이다. $\boldsymbol{x}$, $\boldsymbol{x}'$, $\boldsymbol{e}$의 관계를 그림으로 그리면 아래와 같다.

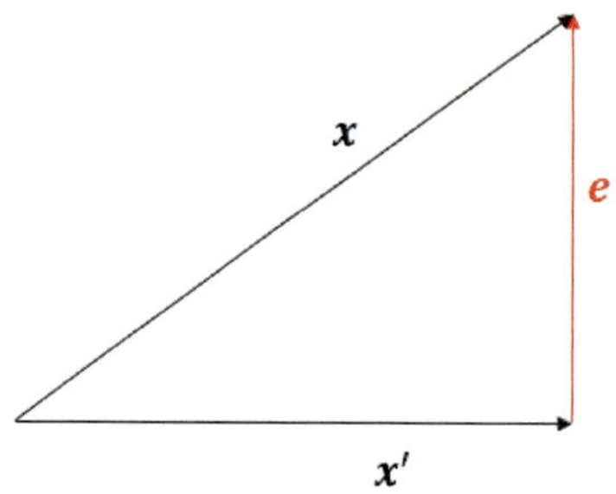

10.4 주성분 분석의 성질과 예시

주성분 분석의 성질을 살펴보기 위하여 아래 그림에서와 같이 2차원 데이터를 고려하자. 데이터 $\boldsymbol{x}$가 가우시안 분포를 지니며 이의 주성분 $\boldsymbol{z}$를 찾아내었다면 z_1은 분산이 가장 큰 방향 벡터가 되며, z_2는 z_1에 직교이면서 분산이 큰 방향이 된다. 그리고, $\boldsymbol{z}$ 공간에서의 원점은 $\boldsymbol{x}$ 공간의 평균에 해당하는 위치이다.

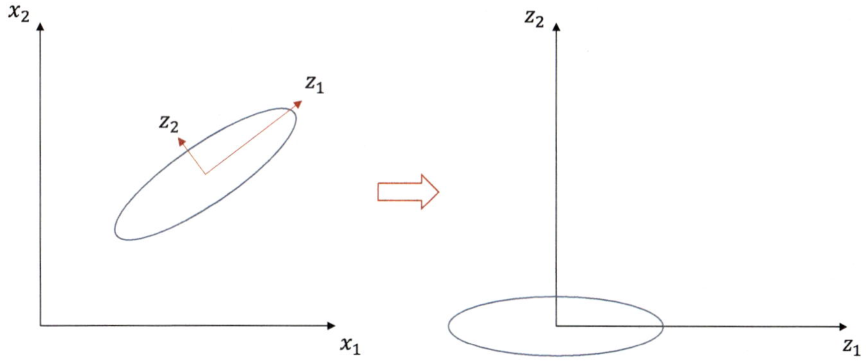

그림 10.2. 주성분분석의 성질

주성분분석에 의해 데이터의 차원을 축소할 때, 어느 정도 축소를 하는 것이 좋은가에 대한 정답은 없다. 데이터의 특성에 따라 어림잡아 축소 차원을 정할 수 있다. 고유치가 큰 성분이 투영결과의 분산에 영향을 크게 미치므로 고유치가 큰 성분부터 차원 축소 성분으로 사용함에 있어, k개의 주성분을 사용하였다고 하면 POV(Proportion of Variance)를

$$POV = \frac{\lambda_1 + \lambda_2 + \ldots + \lambda_k}{\lambda_1 + \lambda_2 + \ldots + \lambda_k + \ldots + \lambda_d} \tag{10.4.1}$$

로 정의하여 구한다. 그 결과 $POV > 0.9$가 되면 주성분의 추가를 멈추는 방식을 채택할 수 있다. 그 다음 방법으로는 고유치를 그래프로 그려 고유치의 감소하는 곡선에서 급격하게 완만해지는 부분에 해당하는 주성분까지를 사용하는 방법이다. 이 두 가지 방법에 대한 그림은 아래와 같다.

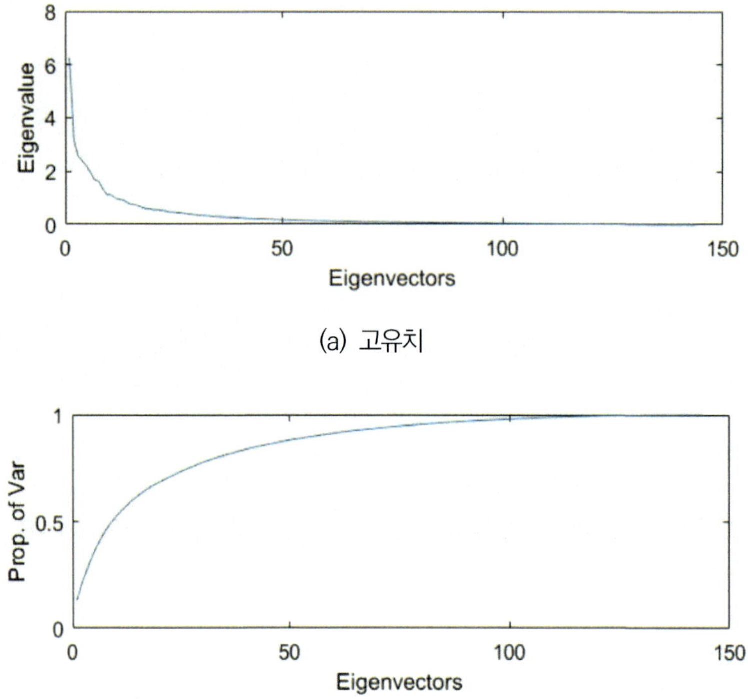

(a) 고유치

(b) POV

그림 10.3. 고유치와 POV 예시

숫자영상을 대상으로 PCA를 수행하여 어떠한 고유치와 고유벡터가 생성되는지를 그림 10.3에서 10.6에서 보이고 있다. 그림 10.4는 숫자영상의 예시이며 그림 10.5는 숫자영상으로부터 얻어진 고유벡터를 숫자영상 형태로 보여주고 있다. 그림 10.3은 고유치와 POV를 보여준다. 숫자영상은 12×12 크기의 18,468개를 대상으로 하였으며, 이를 144차원 벡터로 변형 시킨 후 평균을 영으로 만든다. 그리고 고유벡터와 고유치를 구한다. 144차원의 고유벡터는 144개를 얻어지는데 이를 고유치의 크기순으로 정렬한 후 12×12로 변형하여 그림을 그렸다.

그림 10.4. 숫자 영상 예시

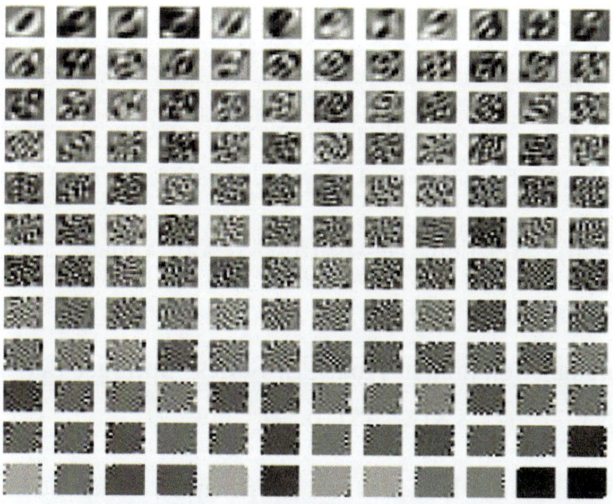

그림 10.5. 숫자영상에서 얻어진 고유벡터

그림 10.5의 가장 왼편 위에 위치한 고유벡터 영상이 고유치가 가장 큰 것이며 가장 오른편 아래쪽에 위치한 고유벡터 영상이 고유치가 가장 작은 것이다. 고유치가 큰 고유벡터는 숫자 영상에 공통적으로 변동성이 큰 모양을 보여준다. 고유치가 작아질수록 고유벡터는 세세한 변화를 반영하는 특성을 보여준다. 그림 10.6은 PCA에 의한 차원 축소의 예시를 보여준다. 첫

열에 보이는 12×12 숫자영상을 대상으로 144개의 고유벡터(그림 10.5) 성분을 식 (10.3.21)에 따라 추출한 결과를 12×12 영상으로 표시하여 두 번째 열에 그렸다. 이 중 고유치가 큰 70개의 고유벡터 성분만으로 식 (10.3.23)에 따라 숫자 영상을 다시 복원시킨 결과가 세 번째 열이다. 144개의 고유벡터 중 70개만으로 숫자영상을 복원시켰지만 원 영상과 크게 차이가 나지 않음을 볼 수 있다.

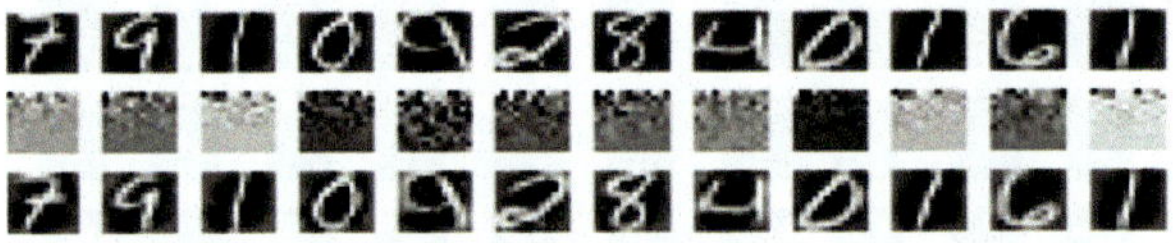

그림 10.6. 주성분 분석에 의한 영상복원 예시

참고문헌

1. Hotelling, H. (1933). Analysis of a complex of statistical variables into principal components. Journal of Educational Psychology, 24, 417–441, and 498–520.
2. Hotelling, H (1936). “Relations between two sets of variates”. Biometrika. 28: 321–377.
3. Jolliffe I.T. Principal Component Analysis, Series: Springer Series in Statistics, 2nd ed., Springer, NY, 2002, XXIX, 487 p. 28 illus.
4. Abdi. H., & Williams, L.J. (2010). “Principal component analysis”. Wiley Interdisciplinary Reviews: Computational Statistics. 2 (4): 433–459.
5. Shaw P.J.A. (2003) Multivariate statistics for the Environmental Sciences, Hodder-Arnold. ISBN 0-340-80763-6.
6. Barnett, T. P. & R. Preisendorfer. (1987). “Origins and levels of monthly and seasonal forecast skill for United States surface air temperatures determined by canonical correlation analysis”. Monthly Weather Review. 115.
7. Hsu, Daniel, Sham M. Kakade, and Tong Zhang (2008). “A spectral algorithm for

learning hidden markov models". arXiv:0811.4413

8. Bengio, Y.; et al. (2013). "Representation Learning: A Review and New Perspectives" (PDF). Pattern Analysis and Machine Intelligence. 35 (8): 1798–1828.

9. A. A. Miranda, Y. A. Le Borgne, and G. Bontempi. New Routes from Minimal Approximation Error to Principal Components, Volume 27, Number 3 / June, 2008, Neural Processing Letters, Springer

10. Fukunaga, Keinosuke (1990). Introduction to Statistical Pattern Recognition. Elsevier. ISBN 0-12-269851-7.

11. Alizadeh, Elaheh; Lyons, Samanthe M; Castle, Jordan M; Prasad, Ashok (2016). "Measuring systematic changes in invasive cancer cell shape using Zernike moments". Integrative Biology. 8 (11): 1183–1193.

12. Jolliffe, I. T. (2002). Principal Component Analysis, second edition Springer-Verlag. ISBN 978-0-387-95442-4.

13. Leznik, M; Tofallis, C. 2005 [uhra.herts.ac.uk/bitstream/handle/2299/715/S56.pdf Estimating Invariant Principal Components Using Diagonal Regression.]

14. Jonathon Shlens, A Tutorial on Principal Component Analysis.

15. Soummer, Rémi; Pueyo, Laurent; Larkin, James (2012). "Detection and Characterization of Exoplanets and Disks Using Projections on Karhunen-Loève Eigenimages". The Astrophysical Journal Letters. 755: L28. arXiv:1207.4197

16. Pueyo, Laurent (2016). "Detection and Characterization of Exoplanets using Projections on Karhunen Loeve Eigenimages: Forward Modeling". The Astrophysical Journal. 824: 117. arXiv:1604.06097

17. Blanton, Michael R.; Roweis, Sam (2007). "K-corrections and filter transformations in the ultraviolet, optical, and near infrared". The Astronomical Journal. 133: 134. arXiv:astro-ph/0606170

18. Zhu, Guangtun B. (2016-12-19). "Nonnegative Matrix Factorization (NMF) with Heteroscedastic Uncertainties and Missing data". arXiv:1612.06037

19. Ren, Bin; Pueyo, Laurent; Zhu, Guangtun B.; Duchêne, Gaspard (2018). "Non-negative Matrix Factorization: Robust Extraction of Extended Structures".

The Astrophysical Journal. 852: 104. arXiv:1712.10317

20. Linsker, Ralph (March 1988). "Self-organization in a perceptual network". IEEE Computer. 21 (3): 105–117. doi:10.1109/2.36.

21. Deco & Obradovic (1996). An Information-Theoretic Approach to Neural Computing. New York, NY: Springer.

22. Plumbley, Mark (1991). "Information theory and unsupervised neural networks". Tech Note

23. Geiger, Bernhard; Kubin, Gernot (January 2013). "Signal Enhancement as Minimization of Relevant Information Loss". Proc. ITG Conf. on Systems, Communication and Coding. arXiv:1205.6935

연습문제

10.1. 벡터 x를 PCA에 의해 고유치가 작은 벡터 성분을 제거하여 k 차원으로 축소한 결과를 x'이라 하고, 차원 축소에 의한 오차를 $e \equiv x - x'$라고 하자. 이때, x, x', e 사이의 관계를 벡터로 그려보아라.

10.2. 벡터 x를 PCA에 의해 k 차원으로 축소할 때, 고유치가 큰 순서로 벡터 성분을 제거한 결과를 x''이라 하고, 차원 축소에 의한 오차를 $e'' \equiv x - x''$라고 하자. 이 경우 $E[e''^T e'']$를 구하고 그 결과를 고유치가 작은 벡터 성분을 제거한 경우의 결과인 식 (10.3.25)와 비교하여라.

10.3. 상관관계 행렬(Correlation Matrix) $\boldsymbol{S} = E[\boldsymbol{x}\boldsymbol{x}^T]$를 대상으로 PCA를 수행하여 고유치를 크기순으로 정렬하였고 해당하는 고유벡터도 정렬되었다고 하면 $\lambda_1 > \lambda_2 > \lambda_3 > ..... > \lambda_d$이고 $\boldsymbol{W} = [\boldsymbol{w}_1, \boldsymbol{w}_2, \boldsymbol{w}_3, ..., \boldsymbol{w}_d]$이다. 그러면, $\sigma^2 = \frac{1}{d}\sum_{i=1}^{d}(\lambda_i - \overline{\lambda})^2$이 PCA의 유용성을 나타내는 이유를 설명하라. 여기서, $\overline{\lambda}$는 $\lambda_i (i = 1, 2, ..., d)$의 평균이다.

10.4. 데이터 벡터가 $\boldsymbol{x} = \sum_{i=1}^{m} \boldsymbol{a}_i s_i + \boldsymbol{n}$와 같이 신호 성분과 잡음 성분의 합으로 표현된다고 하자. 이 경우 $\boldsymbol{x}$의 상관행렬이 $C = \sum_{i=1}^{m} \boldsymbol{a}_i \boldsymbol{a}_i^T + \sigma^2 \boldsymbol{I}$임을 보여라. 단, $\boldsymbol{n}$은 백색 잡음이고 $E[\boldsymbol{n}\boldsymbol{n}^T] = \sigma^2 \boldsymbol{I}$이다. 또한, $\boldsymbol{a}_i$는 고정된 벡터이고, s_i는 평균이 0이고 분산이 1인 확률변수이며 상관계수는 0이다.

10.5. PCA 기능을 수행하는 신경회로망 모델은 $y = (\boldsymbol{w}^T \boldsymbol{x})^2$이 최대가 되도록 학습하면 된다. 이때, $\|w\| = 1$이어야 한다. 이 경우, 경사 상승법(Gradient Acsent Rule)에 의하면 $\Delta \boldsymbol{w} = \eta(\boldsymbol{w}^T \boldsymbol{x})\boldsymbol{x}$가 됨과 이 학습법에 의하면 $\|w\|$은 항상 증가함을 보여라.

제 11 장

독립 성분 분석

Independent Component Analysis

11.1 문제 정의

칵테일 파티의 참석자들은 상당히 시끄러운 소음이 있는 공간에 있음에도 불구하고 자기가 대화하는 상대방의 이야기를 선택적으로 집중하여 잘 받아들이는 현상을 칵테일 파티 효과(Cocktail Party Effect)라고 한다. 이와 같이 주변 환경에 개의치 않고 자신에게 의미 있는 정보만을 선택적으로 받아들이는 것을 '선택적 지각(selective perception)' 또는 '선택적 주의(selective attention)'라고 하는데, 이런 선택적 지각이나 주의에 의해 여러 자극을 걸러내고 특정 자극에만 집중하는 능력이 두뇌에서 나타나는 현상을 칵테일 파티 효과라고 일컫는다. 이러한 현상을 수학적으로 모델링하여 풀어내고자 하는 BSS(Blind Signal Separation) 연구가 꾸준히 진행되고 있다. BSS 문제를 해결하는 알고리즘은 상당히 다양하게 존재하는데, 그 대표적인 알고리즘이 독립 성분 분석(ICA: Independent Component Analysis)이다.

그림 11.1. 독립성분 분석을 위한 자연 사진

독립 성분 분석이 주목을 받게 된 것은 그림 11.1과 같은 자연영상을 대상으로 독립성분 벡터를 추출하면 그 벡터가 마치 사람 두뇌의 시각피질 V1 영역에서 관찰되는 단순세포(Simple Cell)의 특징을 보인다고 보고되었기 때문이다. 그림 11.1을 12×12 형태의 패치로 만들어 입력노드 144 출력노드 144개의 ICA 학습을 한 후 그 결과 얻어진 독립성분 벡터를 12×12 형태로 그린 것이 그림 11.2이다. 이들을 보면 국소적이고 여러 방향으로 회전을 시킨 필터 모양을 보여준다.

그림 11.2. 자연 사진을 대상으로 얻어진 독립 성분 벡터

이러한 결과에 착안하여, 음성 신호를 대상으로 독립 성분 분석을 적용시키면 달팽이관의 필터에 해당하는 독립성분 벡터가 얻어짐도 보고되었다. 그림 11.3은 음성에서 얻어진 독립성분 벡터를 주파수 영역에서 보여주고 있다. 이와 같이 어떤 신호를 대상으로 독립 성분 분석을 수행하면 근원적인 특징 벡터를 얻을 수 있다.

칵테일 파티 같은 혼잡스러운 상황에서 사람들은 자기가 듣고 싶은 소리만 집중하여 듣는 현상을 예시로 하여 독립성분분석 문제를 정의해보자. 예를 들어 3개의 음원 $s_1(t), s_2(t), s_3(t)$ 이 존재한다고 하자. 이 음원은 각 사람의 음성이 될 수도 있고, 오디오의 음악 소리도 될 수 있으며, 혹은 어떤 형태이든 소리를 발생하는 장치에서 발생된 소리가 될 수도 있다. 이 음원이 공기를 통하여 3개의 마이크에 입력되는 신호를 $x_1(t), x_2(t), x_3(t)$라고 하면

$$x_1(t) = a_{11}s_1(t) + a_{12}s_2(t) + a_{13}s_3(t) \qquad (11.1.1)$$

$$x_2(t) = a_{21}s_1(t) + a_{22}s_2(t) + a_{23}s_3(t)$$

$$x_3(t) = a_{31}s_1(t) + a_{32}s_2(t) + a_{33}s_3(t)$$

와 같이 표현할 수 있다. 즉,

$$\boldsymbol{x}(t) = A\boldsymbol{s}(t) \tag{11.1.2}$$

와 같이 행렬식으로 표현가능하다. 식 (11.1.2)를 혼합(Mixing) 과정이라고 한다. 이는 실제의 상황을 순간적인 혼합모델(instantaneous mixture)로 단순화시킨 것이며 더욱 더 실제적으로 나타내려면 컨볼루션 혼합모델(convolutive mixture)을 사용하여야 한다. 식 (11.1.2)와 같이 마이크에 측정된 신호로부터 신호를 분리해내는 행렬 W을 찾아내면, 우리는 W에 의해 측정신호로부터 음원신호를 찾아낼 수 있을 것이다. 그림 11.4.~6은 한 가지 예를 보여준다.

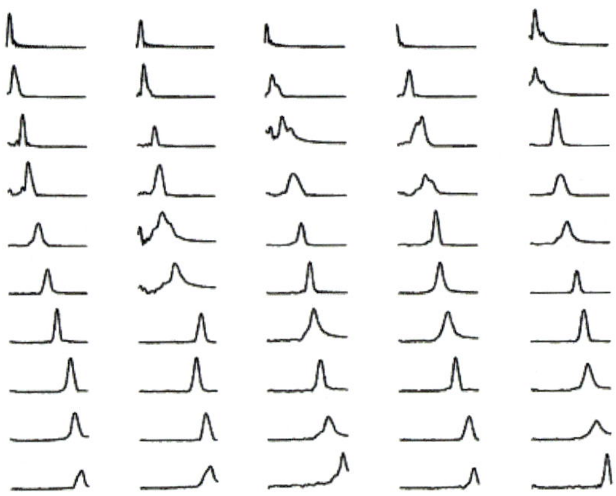

그림 11.3. 음성에서 추출한 독립성분
[41. Jong-Hwan Lee et al. 2002]

이제 독립성분분석 문제를 정의해보자. 상호독립적인 원천신호(source signal) $s_i(t)(i = 1, 2, \ldots, N)$이 혼합과정에 의해 $\boldsymbol{x}(t) = A\boldsymbol{s}(t)$와 같이 측정되었을 때, 뒤섞인 것을 분류해내는 언믹싱(unmixing) 행렬 W에 의해

$$\boldsymbol{u}(t) = W\boldsymbol{x}(t) \tag{11.1.3}$$

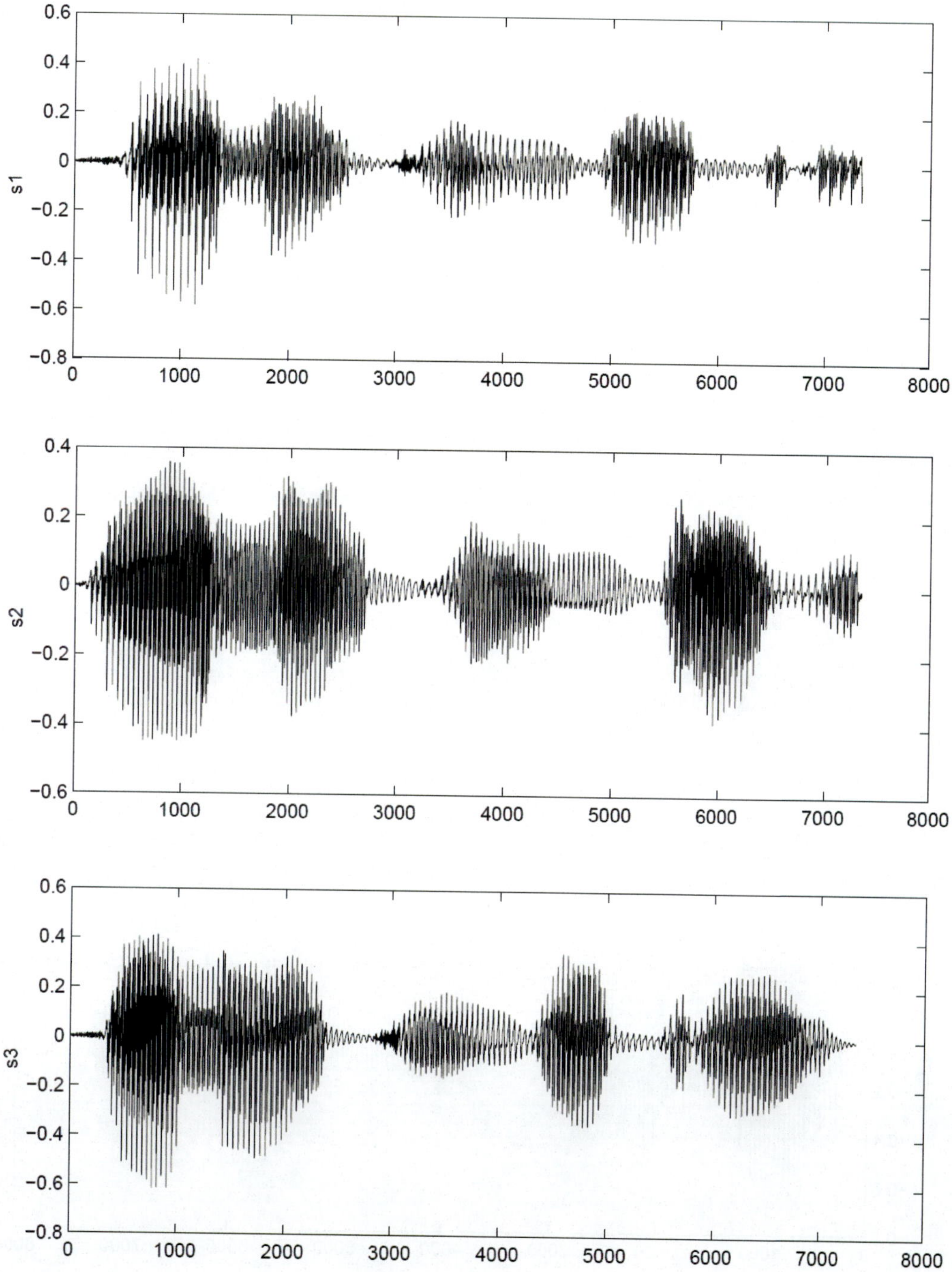
0.6
0.4
0.2
0
-0.2
-0.4
-0.6
-0.8
s1
0.4
0.2
0
-0.2
-0.4
-0.6
s2
0.6
0.4
0.2
0
-0.2
-0.4
-0.6
-0.8
s3
0
1000
2000
3000
4000
5000
6000
7000
8000

그림 11.4. 음성 신호원

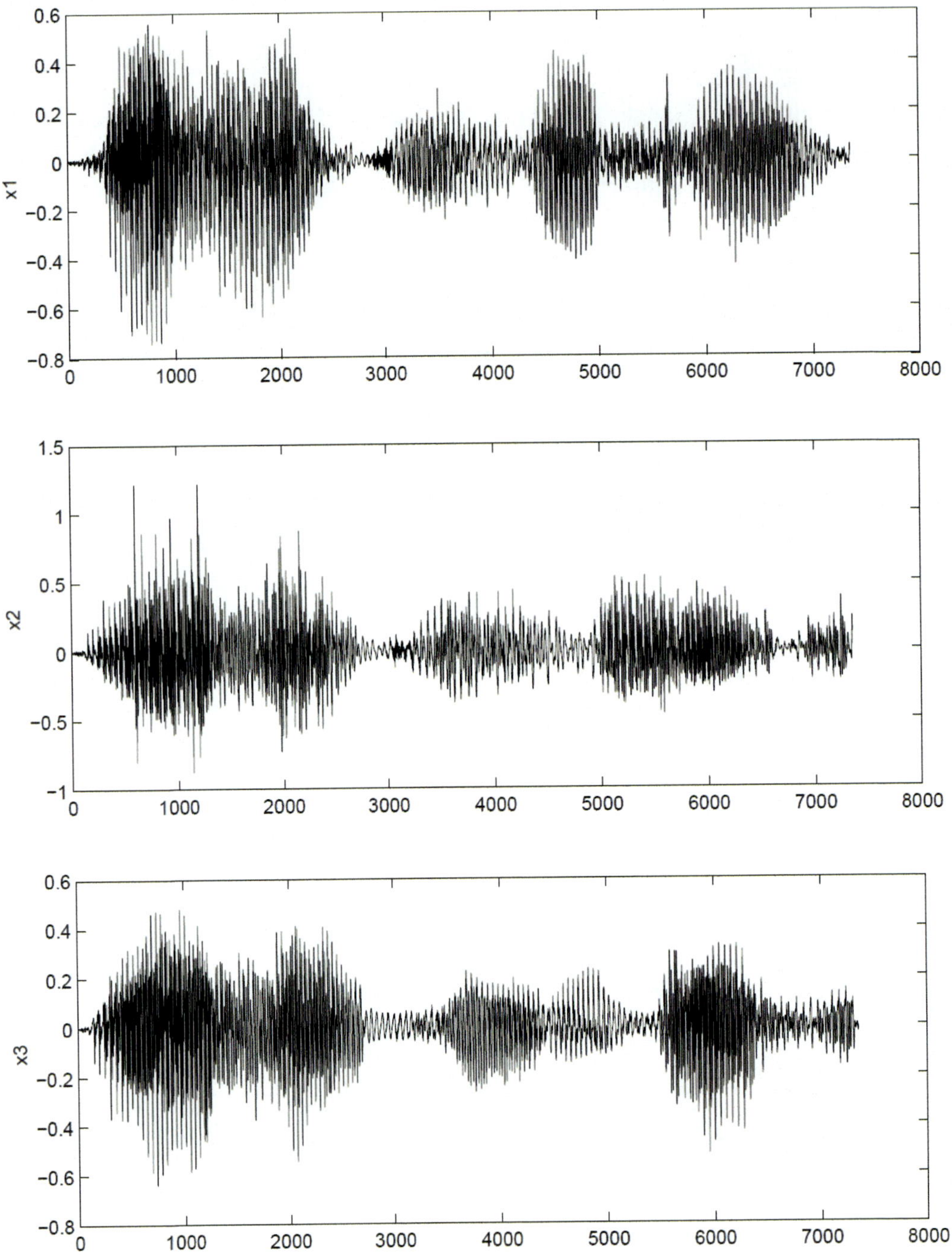

그림 11.5. 신호원의 혼합신호

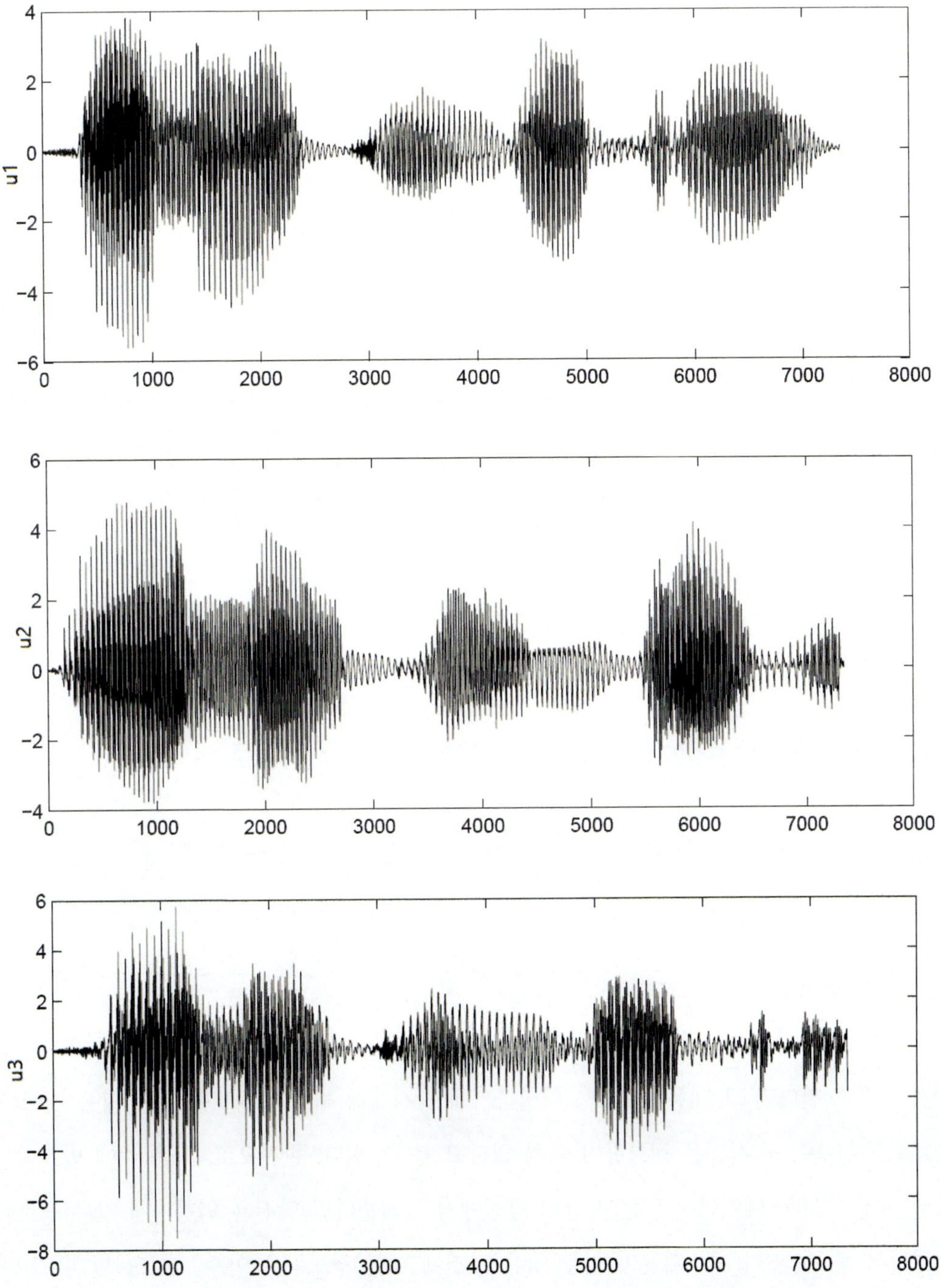

그림 11.6. 측정된 혼합신호에서 추출한 독립성분 신호.

를 구해내어, $\boldsymbol{u}(t)$가 순서와 크기의 변화를 제외하고는 $\boldsymbol{s}(t)$를 복원해내는 것을 독립성분분석 문제라고 한다. 여기서, 이 문제를 해결하기 위한 기초적인 가정이 두 가지 있다. 첫 번째 가정은 각 원천신호들은 통계학적으로 독립이며, 두 번째 가정은 원천신호의 수 보다 측정신호의 수가 많거나 같다는 것이다. 이 문제의 제한적 요소는 다음과 같다. 원천 신호 사이에 크기와 부호의 변화는

$$\boldsymbol{x} = A\boldsymbol{s} = (A/\alpha)(\alpha\boldsymbol{s}) = A'\boldsymbol{s}' \tag{11.1.4}$$

에서 보는 바와 같이 구분할 수 없으며, 원천신호의 순서와 복원해낸 신호의 순서가 다를 수 있고, 원천신호는 정규분포를 가지지 않거나 하나의 원천신호만 정규분포를 가져야 한다. 만약, 원천신호들이 정규 분포를 가지면, 정규분포 신호들의 합은 정규분포이므로 독립성분분석으로 분리할 수 없기 때문이다.

11.2 독립성분분석을 위한 정보이론

독립성분분석 알고리즘을 설명하기 위하여 확률론과 정보이론에 대한 기초 지식이 필요하다. 11.2와 11.3에서는 정보이론과 확률론 중에서 독립성분분석에 직접적으로 연관된 내용을 설명하고자 한다.

먼저, 엔트로피(Entropy)를 설명하고자 한다. 예를 들어 어떤 사람이 당신에게 내일은 해가 동쪽에서 뜬다고 한다면 그 내용은 100% 확실하기에 당신에게 새로운 정보를 주지 않을 것이다. 즉, 확률이 아주 큰 사건은 정보량이 거의 없다고 볼 수 있다. 한편으로, 다음 주에 발표되는 복권 담청 번호를 예지력이 있는 사람이 당신에게 알려준다면 당신은 엄청나게 많은 정보를 얻었다고 볼 수 있다. 즉, 확률이 아주 작은 사건에 대한 정보량은 아주 크다고 할 수 있다. 이와 같이 어떤 사건에 대한 정보량은 확률에 반비례한다고 할 수 있다. 이를 근거로 각 이산사건(Discrete Event) x_i의 정보량을 그 사건의 확률 p_i에 반비례하도록 $I_r(p_i) = \log_r \frac{1}{p_i}$와 같이 정의한다. 그러면, 엔트로피는 각 사건이 지닌 정보량의 평균치로

$$H_r(X) = \sum_{i=1}^{q} p_i I_r(p_i) = \sum_{i=1}^{q} p_i \log_r \frac{1}{p_i} \tag{11.2.1}$$

와 같이 정의 된다. 만약, $r=2$이면

$$H_2(X) = \sum_{i=1}^{q} p_i I_2(p_i) = \sum_{i=1}^{q} p_i \log_2 \frac{1}{p_i} \text{bits} \tag{11.2.2}$$

이 된다.

예를 들어 임의의 이산 확률변수(Discrete Random Variable) X가 두 가지의 상태만을 가진다고 하고, 한가지의 상태를 가질 확률을 p라고 하면, 다른 한 가지 상태를 가질 확률은 $1-p$가 될 것이다. 이 경우 엔트로피는

$$H_2(X) = \sum_{i=1}^{2} p_i I_2(p_i) = -p\log_2 p - (1-p)\log_2(1-p) \text{bits} \tag{11.2.3}$$

이 된다. 이를 그림으로 그리면 그림 11.7과 같다. 이 그림을 보면, $p=0.5$인 경우에 엔트로피가 최대가 됨을 알 수 있다. 즉, 엔트로피는 확률변수가 지닌 불확실성이 가장 높을 때 최대가 된다.

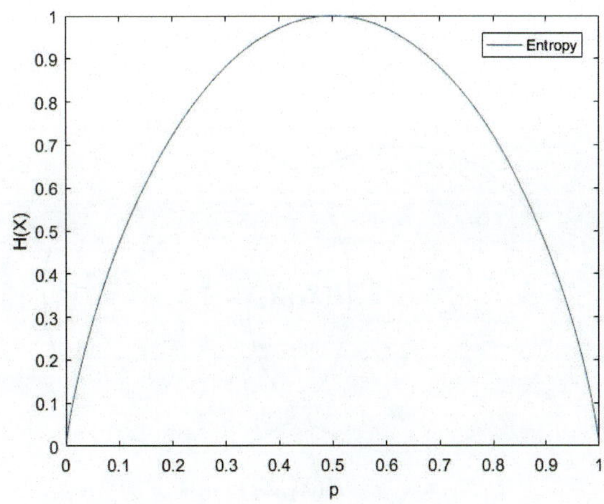

그림 11.7. 두 가지 상태를 지닌 확률변수의 엔트로피

연속 확률변수(Continuous Random Variable)인 경우에는 차동 엔트로피(Differential Entropy)가

$$H(X) = -\int p(x)\log p(x)dx \tag{11.2.4}$$

와 같이 정의된다. 여기서, $p(x)$는 연속확률변수의 확률밀도함수(p.d.f.: probability density function)이다. 연속확률변수가 제한된 값을 지니면 균일분포일 때 엔트로피가 가장 크며, 연속확률변수의 범위에 제한이 없으면 정규분포일 때 엔트로피가 가장 크다. 두 개의 연속확률변수에 대한 결합 엔트로피(Joint Entropy)는

$$H(X_1, X_2) = -\int p(x_1, x_2)\log p(x_1, x_2)dx_1dx_2 \tag{11.2.5}$$

와 같이 정의되며, 상호정보(Mutual Information)는

$$I(X_1;X_2) = \int p(x_1, x_2)\log\frac{p(x_1, x_2)}{p(x_1)p(x_2)}dx_1dx_2 \tag{11.2.6}$$

와 같이 정의된다. 상호정보와 엔트로피의 관계를 유도해보면

$$H(X_{1,}X_2) = H(X_1) + H(X_2) - I(X_1;X_2) \tag{11.2.7}$$

이 되며, 이를 그림 11.8에 벤다이어그램으로 표현하였다.

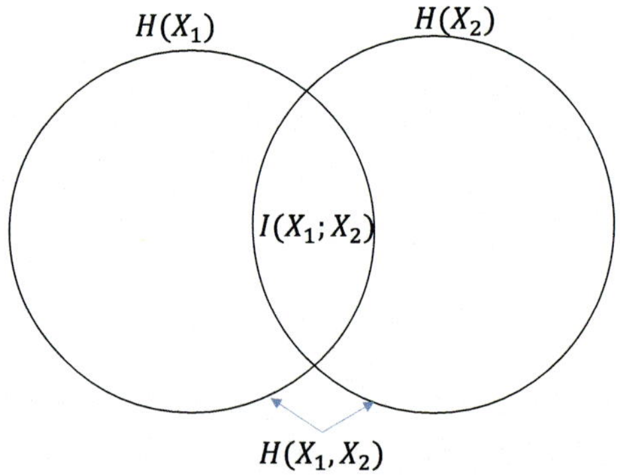

그림 11.8. 엔트로피와 상호정보의 관계도

참조 상호정보와 엔트로피의 관계유도

상호정보와 엔트로피의 관계를 유도해보자. 식 (11.2.6)으로 주어진 상호정보는

$$I(X_1;X_2) = \int p(x_1,x_2)\log p(x_1,x_2)dx_1dx_2 - \int p(x_1,x_2)\log[p(x_1)p(x_2)]dx_1dx_2 \tag{11.2.8}$$

와 같이 두개의 항으로 나누어진다. 두 번째 항은

$$\int p(x_1,x_2)\log[p(x_1)p(x_2)]dx_1dx_2 = \int p(x_1)\log p(x_1)dx_1 + \int p(x_2)\log p(x_2)dx_2 \tag{11.2.9}$$

로 정리된다. 이때, $p(x_1) = \int p(x_1,x_2)dx_2$을 적용하였다. 식 (11.2.9)를 (11.2.8)에 대입하고 엔트로피의 정의를 적용하면

$$I(X_1;X_2) = -H(X_1,X_2) + H(X_1) + H(X_2) \tag{11.2.10}$$

를 얻게 된다.

11.3 독립성분분석을 위한 확률론

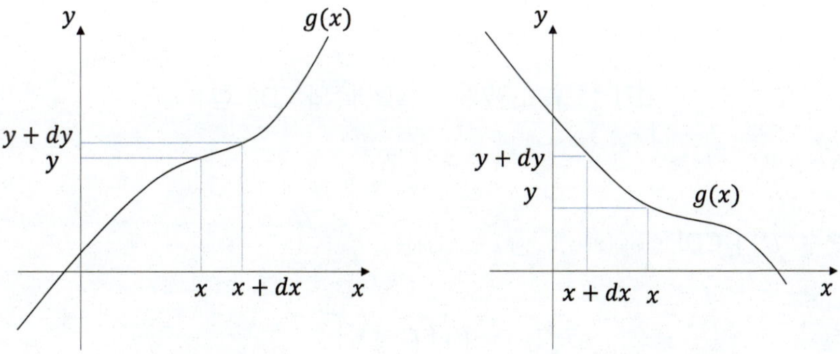

(a) 단조증가함수 (b) 단조감소함수

그림 11.9. 확률밀도함수 관계 유도를 위한 단조함수 예시도

연속확률변수 X가 함수 $y=g(x)$로 변환되는 경우 X의 p.d.f. $p_x(x)$와 Y의 p.d.f. $p_y(y)$의 관계를 유도해보자. 먼저, $g(x)$가 단조증가함수라고 가정하면,

$$p_y(y)dy = \Pr\{y < Y < y+dy\} = \Pr\{x < X < x+dx\} = p_x(x)dx \tag{11.3.1}$$

이다. 만약 $g(x)$가 단조감소함수라면 dy에 해당하는 $dx < 0$이므로

$$p_y(y)dy = \Pr\{y < Y < y+dy\} = \Pr\{x+dx < X < x\} = p_x(x)|dx| \tag{11.3.2}$$

이 된다. 따라서, 단조함수 $y=g(x)$에 대하여

$$p_y(y) = \frac{p_x(x)}{\left|\frac{dy}{dx}\right|} = \frac{p_x(x)}{|g'(x)|} \tag{11.3.3}$$

이다. 그림 11.9는 단조증가함수와 단조감소함수의 경우에 dy와 dx의 관계를 보여준다.

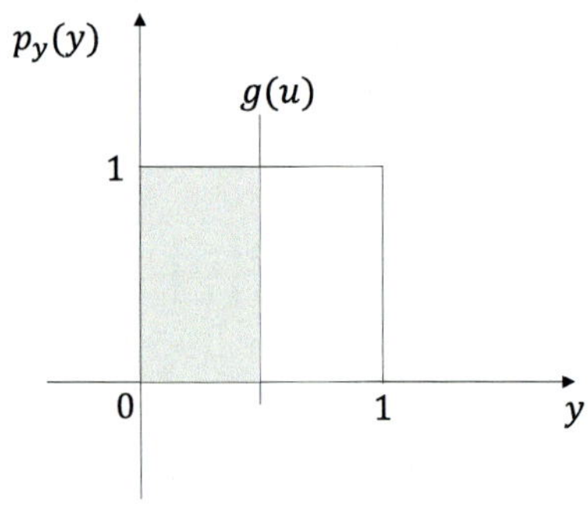

그림 11.10. 균일분포 확률변수와 CDF 함수

연속확률변수 U의 CDF(Cumulative Density Function)는

$$F_u(u) = \Pr\{U \le u\} \tag{11.3.4}$$

로 정의된다. 두 확률변수 U와 Y의 관계가 함수 $y=g(u)$에 의해 정해진다고 하자. 여기서

Y는 [0,1]에서 균일분포를 지닌다고 가정하면,

$$F_u(u) = \Pr\{U \le u\} = \Pr\{g^{-1}(Y) \le u\} = \Pr\{Y \le g(u)\} = g(u) \qquad (11.3.5)$$

이다. 그림 11.10은 식 (11.3.5)의 마지막 항을 설명하기 위한 그림이다. 이 결과는 p.d.f. $p_u(u)$를 지닌 확률변수 U를 CDF 함수를 통과시키면 균일분포를 지니게 됨을 보여준다. 역으로, 균일분포 확률변수를 어떤 신호의 CDF 함수를 역으로 통과시키면 그 결과는 그 신호의 p.d.f.를 지니게 된다고 해석할 수도 있다. 이러한 관계를 그림 11.11에 그렸다. 이 그림에서 $g(u)$가 U의 CDF 함수에 가까운 모양이어서 Y는 [0,1]에서 균일분포에 근접한 모양을 가지고 있음을 보여준다.

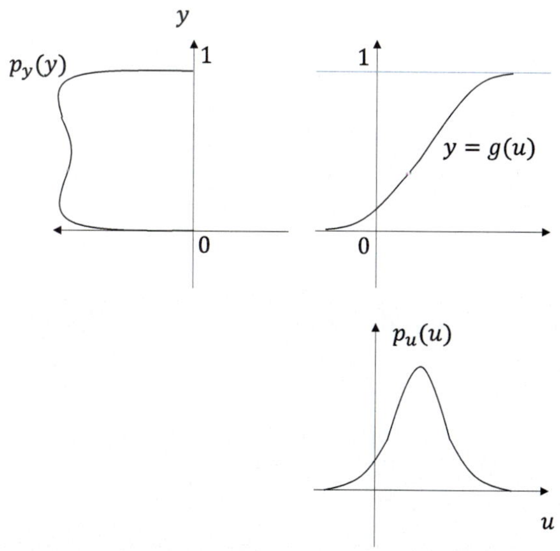

그림 11.11. 확률변수의 CDF 함수 효과

예제 11.3-1

연속확률변수 X가 함수 (a) $y = g(x) = ax + b$, (b) $y = g(x) = \dfrac{1}{x}$로 변환되었다. X의 p.d.f. $p_x(x)$와 Y의 p.d.f. $p_y(y)$의 관계를 각각 유도하라.

풀이

(a) $y=g(x)=ax+b$에서 $g'(x)=a$이다. 또, $x=(y-b)/a$의 관계에 있으므로

$p_y(y) \equiv \dfrac{p_x(x)}{|g'(x)|} = \dfrac{1}{|a|} p_x\left(\dfrac{y-b}{a}\right)$이 된다.

(b) $g'(x) = -\dfrac{1}{x^2}$이고 $x=\dfrac{1}{y}$이므로 $p_y(y) = \dfrac{1}{y^2} p_x\left(\dfrac{1}{y}\right)$

11.4 인포맥스(InfoMax) 알고리즘

독립성분 분석을 위한 회로망은 그림 11.12에서 보여주고 있다. 상호 독립인 N차원 원천신호 벡터 $\boldsymbol{s}$가 혼합행렬 $\boldsymbol{A}$를 통하여 센서에서 식 (11.1.2)와 같이 벡터 $\boldsymbol{x}$로 측정되면, 이를 언믹싱 행렬 $\boldsymbol{W}$를 통하여 식 (11.1.3)에서와 같이 처리하여 $\boldsymbol{u}$를 얻게 된다. 그 다음 단계로

$$\boldsymbol{y} = g(\boldsymbol{u}) \tag{11.4.1}$$

와 같이 요소 단위(element-wise) 비선형 변환을 거치는데, 이때 비선형 함수 $g(\boldsymbol{u})$는 원천신호 $\boldsymbol{s}$의 CDF 함수가 되도록 한다. 이때, 최종 출력 $\boldsymbol{y}$의 엔트로피가 최대가 되도록 언믹싱 행렬 $\boldsymbol{W}$를 학습시키면, 11.2에서 설명한 바와 같이 y_i는 [0,1] 사이의 값을 가지므로 균일분포를

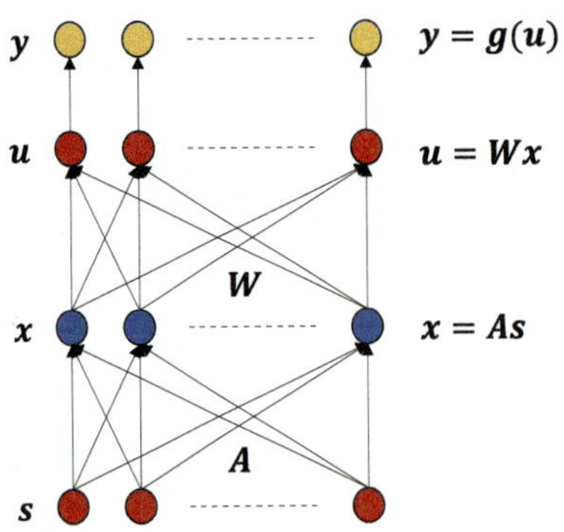

그림 11.12. 독립성분분석 회로망

지니게 된다. 결국, 11.3에서 설명한 바와 같이 u는 원천신호 s와 같은 p.d.f.를 지니게 된다. 즉, u는 x로부터 원천신호 s를 복원해낸 것이다.

만약, 연속확률변수가 서로 독립이면, 식 (11.2.6)에서 상호정보는 0이 되며, 식 (11.2.7)에서 결합엔트로피는 최대가 된다. 따라서, 독립성분분석 알고리즘은 출력 y의 결합엔트로피 $H(Y_1, Y_2, \ldots, Y_N)$가 최대가 되도록 학습을 할 수 있으며 이를 InfoMax(Information Maximizing) 알고리즘이라고 한다. 또한, 상호정보 $I(Y_1; Y_2; \ldots; Y_N)$이 최소가 되도록 학습 할 수도 있는데, 이를 MMI(Minimizing Mutual Information)이라고 한다. 여기서는 InfoMax 알고리즘을 자세히 설명하고자 한다.

먼저 입력(센서)과 출력이 하나인 독립성분분석 회로망을 대상으로 InfoMax 알고리즘을 유도해보자. 이 경우,

$$u = wx + w_0 \qquad (11.4.2)$$

와 같이 주어지며, w는 가중치이고 w_0는 바이어스이다. 비선형 변환은 시그모이드 함수

$$y = \frac{1}{1 + e^{-u}} \qquad (11.4.3)$$

를 사용하자. 그러면, 출력의 엔트로피는

$$H(Y) = -E[\log p_y(y)] = -\int p_y(y) \log p_y(y) dy \qquad (11.4.4)$$

이다. 여기에 식 (11.3.3)을 대입하면

$$H(Y) = E\left[\log\left|\frac{\partial y}{\partial x}\right|\right] - E[\log p_x(x)] \qquad (11.4.5)$$

을 얻게 된다. 위 식으로 주어진 출력 엔트로피를 최대화시키기 위하여 가중치와 바이어스를 학습시켜야 한다. 그렇지만, 가중치와 바이어스는 식 (11.4.5)에서 우편의 두 번째 항에 영향

을 미칠 수 없으므로 첫째 항을 가중치와 바이어스에 대하여 미분을 구하고, 미분치가 증가하도록 가중치와 바이어스를 각각 변경하면 된다. 우선, 출력 엔트로피를 가중치에 대하여 미분하면

$$\Delta w \propto \frac{\partial H(Y)}{\partial w} = \frac{\partial}{\partial w} \log \left| \frac{\partial y}{\partial x} \right| = \left| \frac{\partial y}{\partial x} \right|^{-1} \frac{\partial}{\partial w} \frac{\partial y}{\partial x} \tag{11.4.6}$$

이다. 한편,

$$\frac{\partial y}{\partial x} = \frac{\partial y}{\partial u} \frac{\partial u}{\partial x} = wy(1-y) \tag{11.4.7}$$

을 식 (11.4.6)에 대입하면

$$\frac{\partial}{\partial w} \frac{\partial y}{\partial x} = y(1-y)(1+wx(1-2y)) \tag{11.4.8}$$

이다. 따라서,

$$\Delta w \propto \frac{1}{w} + x(1-2y) \tag{11.4.9}$$

이 된다. 마찬가지로,

$$\Delta w_0 \propto (1-2y) \tag{11.4.10}$$

을 유도할 수 있다. 그림 11.13에서 보는 바와 같이 바이어스 w_0는 $p_x(x)$의 정점이 시그모이드의 기울기가 가장 가파른 영역에 맞추어주는 역할을 하며, 가중치 w는 $p_x(x)$의 분산이 시그모이드 모양에 적절하게 맞게 하여 $p_y(y)$가 균일분포가 되게 한다.

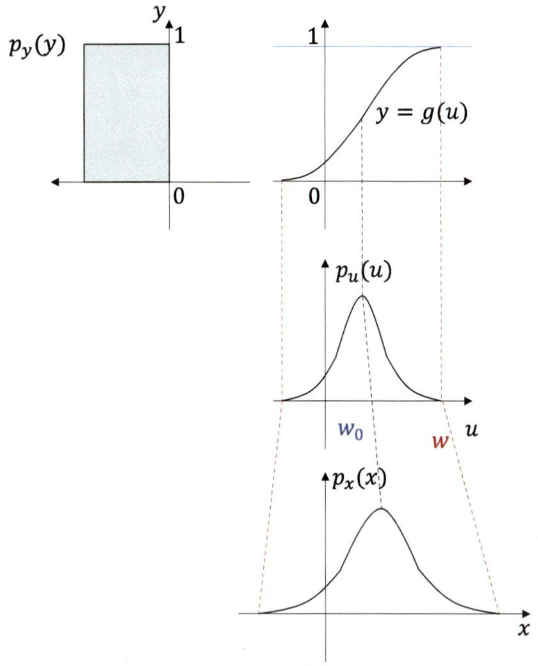

그림 11.13. 가중치와 바이어스의 역할

11.5 인포맥스(InfoMax) 알고리즘: *N*×*N* 회로망

이제 그림 11.12에 보여주는 바와 같이 센서 입력과 출력이 각각 N인 경우에 대하여 InfoMax 알고리즘을 설명하겠다. N차원 출력 $\boldsymbol{y} = [y_1, y_2, \ldots, y_N]^T$의 결합엔트로피는

$$H(\boldsymbol{Y}) = H(Y_1, Y_2, \ldots, Y_N) = H(Y_1) + H(Y_2) + \ldots + H(Y_N) - I(Y_1; Y_2; \ldots; Y_N) \quad (11.5.1)$$

이다. $\boldsymbol{y}$의 확률밀도함수는

$$p(\boldsymbol{y}) = \frac{p(\boldsymbol{x})}{|J(\boldsymbol{x})|} \quad (11.5.2)$$

이므로

$$H(\boldsymbol{Y}) = -E[\log p(\boldsymbol{y})] = E[\log|J(\boldsymbol{x})|] - E[\log p(\boldsymbol{x})] \tag{11.5.3}$$

와 같이 주어진다. 여기서, $\frac{\partial \boldsymbol{y}}{\partial \boldsymbol{x}} = \frac{\partial \boldsymbol{y}}{\partial \boldsymbol{u}}\frac{\partial \boldsymbol{u}}{\partial \boldsymbol{x}}$ 이고 $y_i = g(u_i)$이므로 야코비안(Jacobian) 행렬은

$$J(\boldsymbol{x}) = \begin{vmatrix} \frac{\partial y_1}{\partial x_1} & \cdots & \frac{\partial y_1}{\partial x_N} \\ \vdots & \ddots & \vdots \\ \frac{\partial y_N}{\partial x_1} & \cdots & \frac{\partial y_N}{\partial x_N} \end{vmatrix} = \det(\boldsymbol{W}) \prod_{i=1}^{N} \frac{\partial y_i}{\partial u_i} \tag{11.5.4}$$

로 주어진다. 인포맥스 알고리즘에서는 언믹싱 행렬 $\boldsymbol{W}$가

$$\Delta W \propto \frac{\partial H(\boldsymbol{Y})}{\partial W} = \frac{\partial}{\partial W} \log|\mathrm{J}(\mathbf{x})| \tag{11.5.5}$$

에 따라 학습된다. 위 식에 식 (11.5.4)를 대입하면

$$\begin{aligned} \Delta W \propto \frac{\partial H(\boldsymbol{Y})}{\partial W} &= \frac{\partial}{\partial W} \log|\det(W)| + \sum_{i=1}^{N} \frac{\partial}{\partial W} \log\left|\frac{\partial y_i}{\partial u_i}\right| \\ &= (W^T)^{-1} + \frac{\frac{\partial p(\boldsymbol{u})}{\partial \boldsymbol{u}}}{p(\boldsymbol{u})} \boldsymbol{x}^T \\ &= (W^T)^{-1} - \phi(\mathbf{u}) \boldsymbol{x}^T \end{aligned} \tag{11.5.6}$$

이 된다. 여기서,

$$\phi(u_i) = -\frac{\frac{\partial p(u_i)}{\partial u_i}}{p(u_i)} \tag{11.5.7}$$

을 평가함수(Score Function)라고 정의한다. 또한, $y_i = g(u_i)$는 CDF 함수이고, CDF 함수의 미분은 p.d.f. 함수가 되므로

$$\frac{\partial y_i}{\partial u_i} = p(u_i) \tag{11.5.8}$$

이다.

한편, 식 (11.5.6)으로 주어진 언믹싱 행렬 변경식은 역행렬 계산을 하여야 하므로 데이터 차원이 높아지면 계산의 부담이 크게 증가한다. 또한, 경사 강하법(Gradient Descent Rule)은 미분이 목적함수의 극대 혹은 극소치를 향하는 방향이 아닐 경우 학습이 느리다는 단점이 있다. 이를 해결하기 위하여 자연 강하법(Natural Gradient) 혹은 상대 강하법(Relative Gradient)라고 불리는 학습법이 제안되었다. 이를 적용하면 언믹싱 행렬 변경식은

$$\begin{aligned}\Delta W \propto \frac{\partial H(\boldsymbol{Y})}{\partial W} W^T W &= \left[(W^T)^{-1} - \phi(\boldsymbol{u})\boldsymbol{x}^T\right] W^T W \\ &= \left[\boldsymbol{I} - \phi(\boldsymbol{u})\boldsymbol{u}^T\right] W\end{aligned} \tag{11.5.9}$$

이 된다.

식 (11.5.7)과 (11.5.8)에서 평가함수 $\phi(\boldsymbol{u})$을 구하기 위하여 신호원의 확률밀도함수에 대한 정보가 필요하다. 그렇지만, 신호원 $\boldsymbol{s}$와 믹싱 행렬 $\boldsymbol{A}$에 대한 정보가 전혀 없이 측정신호 $\boldsymbol{x}$만으로 신호원을 찾아낸다는 독립성분분석 알고리즘의 문제 정의에 의하면 신호원의 p.d.f.를 학습에 사용할 수 없다. 따라서. 신호원의 확률밀도 함수의 대표적인 성질을 Sub-Gaussian과 Super-Gaussian으로 구분하여 평가함수는

$$\phi(u_i) = u_i + k_i \tanh(u_i) \tag{11.5.10}$$

로 정하는 확장된 독립성분분석(Ext. ICA: Extended ICA) 학습법이 제안되었다. 여기서,

$$k_i = \text{sign}\left(\text{E}\left[\text{sech}^2(u_i)\right] E\left[u_i^2\right] - E\left[\tanh(u_i)\right] u_i\right) \tag{11.5.11}$$

를 첨도(Kurtosis)라고 한다. ICA 학습의 성능을 향상시키기 위하여 $\phi(\boldsymbol{u})$를 더 많은 경우로 구분하여 학습시키는 유연한 독립성분분석(Flexible ICA) 방법도 있다[34. Seungjin Choi et al. 2000].

독립성분분석 알고리즘은 InfoMax 알고리즘 이외에도 MMI(Minimizaing Mutual Information), 네그엔트로피 최대화(Negentropy Maximization), MLE(Maximum Likelihood Estimation), 고차 모멘트와 큐뮬런트(Higher-Order Moments and Cumulants), 비선형 PCA, 부스강(Bussgang) 알고리즘 등이 있는데 이 방법들은 수학적으로 동등한 성질을 지닌다[29. Tae-Won Lee et al. 2000].

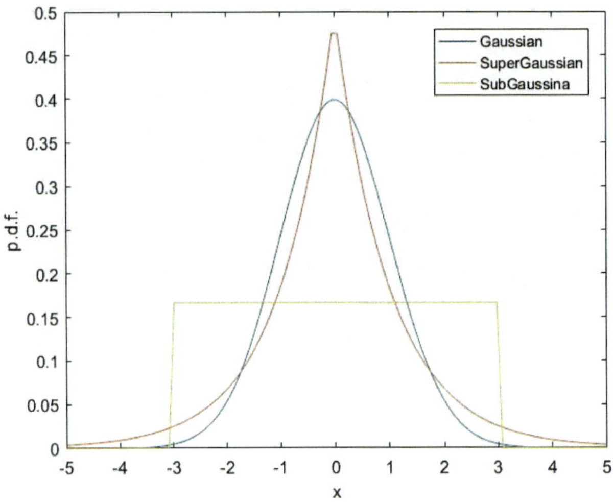

그림 11.14. Gaussian, Super-Gaussian, Sub-Gaussian의 확률밀도함수

참조 행렬의 미분

$m \times n$차원 행렬 $\boldsymbol{W} = (w_{ij})$에 대한 스칼라 함수 g가

$$g = g(\boldsymbol{W}) = g(w_{11}, \ldots, w_{ij}, \ldots w_{mn}) \qquad (11.5.12)$$

로 주어졌다. 행렬식(Determinant)이 이러한 함수의 전형적인 예이다. 그러면, 함수 g의 행렬 $\boldsymbol{W}$에 대한 미분은

$$\frac{\partial g}{\partial \boldsymbol{W}} = \begin{pmatrix} \frac{\partial g}{\partial w_{11}} & \cdots & \frac{\partial g}{\partial w_{1n}} \\ \cdot & & \cdot \\ \cdot & & \cdot \\ \frac{\partial g}{\partial w_{m1}} & \cdots & \frac{\partial g}{\partial w_{mn}} \end{pmatrix} \qquad (11.5.13)$$

이다. 이제, $\boldsymbol{W} = (w_{ij})$를 역행렬을 구할 수 있는 $n \times n$ 차원이라고 하자. 그러면,

$$\boldsymbol{W}^{-1} = \frac{1}{\det \boldsymbol{W}} adj(\boldsymbol{W}) \tag{11.5.14}$$

이 된다. 여기서, $\det \boldsymbol{W}$는 행렬식을 나타내며, $adj(\boldsymbol{W})$는 수반행렬(Adjoint)이다. 수반행렬은

$$adj(\boldsymbol{W}) = \begin{pmatrix} W_{11} \dots W_{n1} \\ . \quad\quad . \\ . \quad\quad . \\ W_{1n} \dots W_{nn} \end{pmatrix} \tag{11.5.15}$$

이며, 여기서 W_{ij}는 여인수(Cofactor)이다. 이는 행렬 $\boldsymbol{W}$에서 i번째 열과 j번째 행을 제외한 나머지 $(n-1) \times (n-1)$ 행렬식을 취한 후 $(-1)^{i+j}$를 곱하여 얻어진다. 행렬식은 여인수의 함수로

$$\det \boldsymbol{W} = \sum_{k=1}^{n} w_{ik} W_{ik} \tag{11.5.16}$$

와 같이 표현된다. 식 (11.5.16)을 w_{ij}에 대하여 미분하면

$$\frac{\partial \det \boldsymbol{W}}{\partial w_{ij}} = W_{ij} \tag{11.5.17}$$

이 된다. 그러면, 식 (11.5.15)와 (11.5.16)에 의해

$$\frac{\partial \det \boldsymbol{W}}{\partial \boldsymbol{W}} = adj(\boldsymbol{W})^T \tag{11.5.18}$$

이다. 한편, 식 (11.5.14)에서 $adj(\boldsymbol{W}) = (\det \boldsymbol{W}) \boldsymbol{W}^{-1}$이므로

$$\frac{\partial \log |\det \boldsymbol{W}|}{\partial \boldsymbol{W}} = \frac{1}{|\det \boldsymbol{W}|} \frac{\partial |\det \boldsymbol{W}|}{\partial \boldsymbol{W}} = (\boldsymbol{W}^T)^{-1} \tag{11.5.19}$$

을 얻게 된다. 이 결과가 식 (11.5.6)의 유도에 사용되었다.

예제 11.5-1

2×2 ICA 회로망에서 측정신호가 $u_1 = w_{11}x_1 + w_{12}x_2$ 와 $u_2 = w_{21}x_1 + w_{22}x_2$에 의해 unmixing 과정을 거친 후, $y_1 = g(u_1)$이고 $y_2 = g(u_2)$로 변환되었다. 이 경우 야코비안 행렬 $J(\boldsymbol{x}) = \begin{vmatrix} \frac{\partial y_1}{\partial x_1} & \frac{\partial y_1}{\partial x_2} \\ \frac{\partial y_2}{\partial x_1} & \frac{\partial y_2}{\partial x_2} \end{vmatrix}$를 구하여 보아라.

풀이

$\frac{\partial y_1}{\partial x_1} = \frac{\partial y_1}{\partial u_1}\frac{\partial u_1}{\partial x_1} = w_{11}\frac{\partial y_1}{\partial u_1}$, $\frac{\partial y_1}{\partial x_2} = \frac{\partial y_1}{\partial u_1}\frac{\partial u_1}{\partial x_2} = w_{12}\frac{\partial y_1}{\partial u_1}$, $\frac{\partial y_2}{\partial x_1} = w_{21}\frac{\partial y_2}{\partial u_2}$,

$\frac{\partial y_2}{\partial x_2} = w_{22}\frac{\partial y_2}{\partial u_2}$이다. 이를 야코비안 행렬 $J(x)$에 대입하면 $J(\boldsymbol{x}) = \begin{vmatrix} w_{11}\frac{\partial y_1}{\partial u_1} & w_{12}\frac{\partial y_1}{\partial u_1} \\ w_{21}\frac{\partial y_2}{\partial u_2} & w_{22}\frac{\partial y_2}{\partial u_2} \end{vmatrix} =$ $(w_{11}w_{22} - w_{12}w_{21})\frac{\partial y_1}{\partial u_1}\frac{\partial y_2}{\partial u_2}$이 된다.

11.6 독립성분분석과 주성분분석의 성질 비교 및 응용

여기서는 10장에서 설명한 주성분분석(PCA)와 독립성분분석(ICA)의 성질을 비교해보고자 한다. 주성분분석은 고차원의 데이터들을 상관관계가 제거된 공간으로 사상을 하는 방법이다. 이때, 고유치(Eigenvalue)가 큰 순서로 데이터를 정열하면 변동이 심하지 않은 방향성분은 제거하는 특징을 지닌다.

만약, 데이터가 2차원 정규분포를 가진다고 가정하면, 확률밀도함수는

$$p(x_1, x_2) = \frac{1}{2\pi\sigma_1\sigma_2\sqrt{1-r^2}}$$

$$\exp\left[-\frac{1}{2(1-\mathrm{r}^2)}\left(\frac{(\mathrm{x}_1-\eta_1)^2}{\sigma_1^2} - 2\mathrm{r}\frac{(\mathrm{x}_1-\eta_1)(\mathrm{x}_2-\eta_2)}{\sigma_1\sigma_2} + \frac{(\mathrm{x}_2-\eta_2)^2}{\sigma_2^2}\right)\right] \quad (11.6.1)$$

와 같이 주어진다. 여기서, $\eta_1, \sigma_1, \eta_2, \sigma_2$는 각각 x_1, x_2의 평균과 표준편차이며, r은 상관관계 계수이다. 주성분분석에 의해 x_1과 x_2의 상관관계가 제거되었다면 위 식에 $r=0$을 대입하면

$$p(x_1,x_2) = \frac{1}{\sigma_1\sqrt{2\pi}}\exp\left(-\frac{(x_1-\eta_1)^2}{2\sigma_1^2}\right)\frac{1}{\sigma_2\sqrt{2\pi}}\exp\left(-\frac{(x_2-\eta_2)^2}{2\sigma_2^2}\right) \qquad (11.6.2)$$
$$= p(x_1)p(x_2)$$

이 되어 독립이 된다. 즉, 정규분포 확률변수가 상관관계가 0이면 독립이고, 독립성분분석과 같은 결과를 가진다. 그렇지만, 일반적으로 확률변수가 정규분포가 아니면 상관관계가 제거된 경우에도 독립이 될 수 없으며, 이때는 주성분분석과 독립성분분석은 다른 결과를 얻게 된다.

그림 11.15는 2차원 데이터가 정규분포를 지닌 경우와 균일 분포를 지닌 경우에 주성분분석과 독립성분분석을 실시한 결과를 보여준다. 첫 행은 측정데이터이고, 두 번째 행은 주성분분석 결과이며, 세 번째 행은 독립성분 분석 결과이다. 첫 열은 정규분포 데이터의 주성분분분석과 독립성분분석 결과를 보여주는 데, 두 결과가 같음을 알 수 있다. 두 번째 열은 균일분포 데이터에 대한 결과인데 주성분 분석의 결과는 데이터가 독립이 되지 않았지만, 독립성분분석의 결과는 데이터가 독립이 되었음을 알 수 있다.

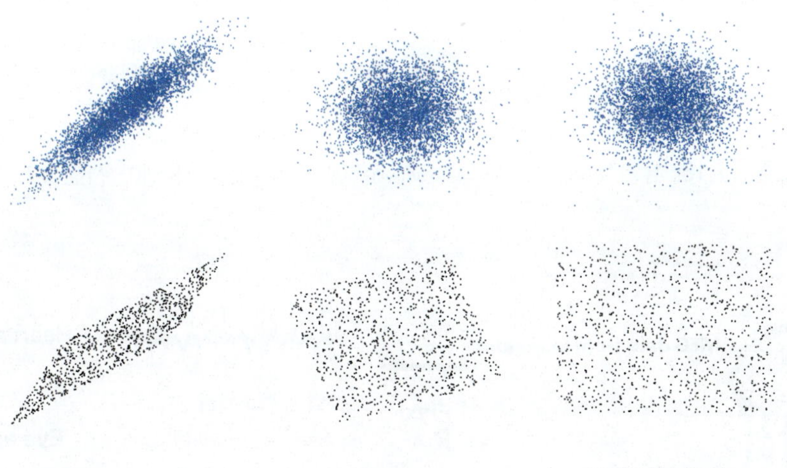

그림 11.15. 정규분포와 균일분포 신호의 주성분분석 및 독립성분분석 비교

독립성분분석은 음성과 잡음이 같이 측정되는 경우 잡음을 제거하고 음성 만을 분리해낼 수 있다. 또한 음성 혹은 영상에서 특징을 추출해내거나 압축에도 사용되며, 생체의학적 데이터의 불필요 성분 제거 혹은 분석, MIMO(Mutli-Input Multi-Output), 음성 혹은 음향 신호처리, 생체정보학, 재정 데이터 분석 등에도 응용된다.

그림 11.16은 임산부로부터 측정한 8차원의 ECG(Electrocardiogram) 데이터에 유연한 독립성분분석(Flex. ICA)[34. Seungjin Choi et al. 2000]을 이용하여 태아의 신호와 임산부의 신호를 분리해낸 결과이다. 그림 11.17은 두뇌에서 측정한 20차원 MEG(Magnetoencephalography) 데이터로부터 심장으로부터 혼합된 신호 성분(Heart Artifact)과 눈동자의 움직임으로부터 혼합된 신호 성분(Eye Artifact)을 유연한 독립성분분석(Flex. ICA)을 이용하여 찾아낸 결과를 보여준다.

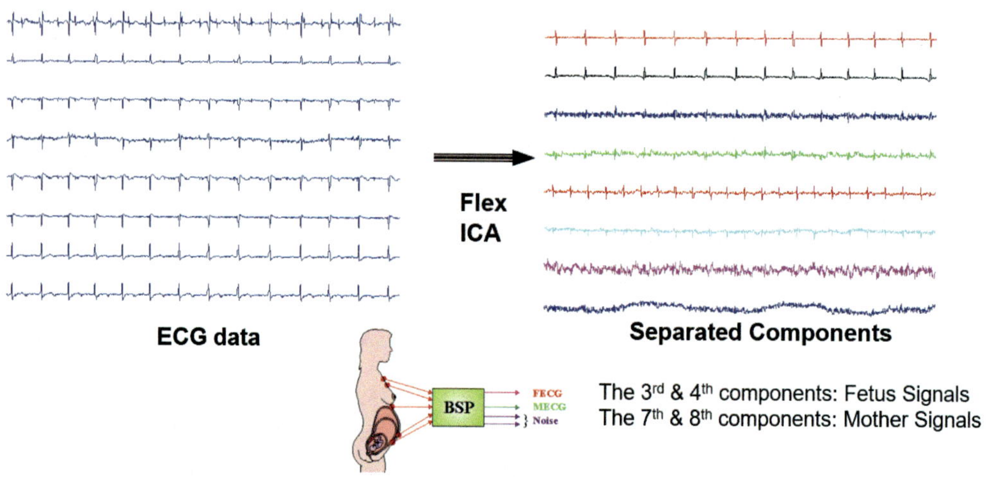

그림 11.16. 유연한 독립성분분석(Flexible ICA)에 의한 임산부와 태아 신호 분리

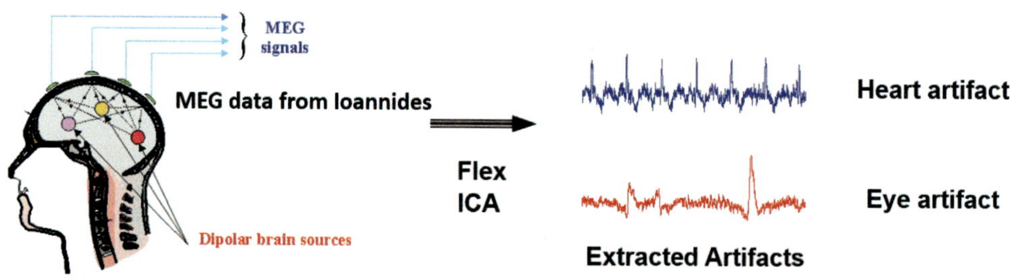

그림 11.17. MEG(Magnetoencephalography) 데이터에서 심장과 눈에 의한 성분 분리

11.7 독립성분분석에 의한 데이터의 잠재적 구조 발견

독립성분분석은 식 (11.1.2)와 같은 혼합모델에서 원천신호 $s_i(t)(i=1,2,...,N)$를 복원하거나 혼합행렬 $\boldsymbol{A}$ 혹은 언믹싱 행렬 $\boldsymbol{W}$를 찾아내는 목적으로 주로 사용된다. 여기서는 이와 달리 독립성분분석으로 데이터에 내재된 잠재적 구조를 찾아내고 시각화하는 방법에 대하여 설명하겠다. 고차원의 데이터에 내재된 잠재적 구조를 시각화하는 문제는 데이터 분석에서 중요한 부분을 차지하며, 지속적으로 연구되어 온 과제이다.

데이터 차원이 높더라도 시각화를 위해서는 2차원 혹은 3차원으로 결과를 만들어내어야 하므로 ICA 모델을 새롭게 정의할 필요가 있다. 이를 위하여 측정된 데이터 모델을

$$\boldsymbol{x}(t)=\boldsymbol{A}\boldsymbol{s}(t)+\boldsymbol{n}(t) \tag{11.7.1}$$

와 같이 정의한다. 여기서, 측정된 데이터 $\boldsymbol{x}(t)\in R^N$는 평균이 0이라고 가정하며 원천신호 $\boldsymbol{s}(t)\in R^M(M\leq N)$는 상호독립이라고 가정하여, p.d.f.는 $p(\boldsymbol{s})=\Pi_{i-1}^{M}p_i(s_i)$와 같이 계승(factorial) 형태로 표현한다. 잡음 벡터 $\boldsymbol{n}(t)$는 가우시안 분포를 지니며 대각 공분산 행렬이 $R_{nn^T}=E[\boldsymbol{nn}^T]=\sigma_n^2\boldsymbol{I}$이라고 가정한다.

우리의 목적은 행렬 $\boldsymbol{W}\in R^{P\times N}(P<<N)$에 의한 선형변환

$$\boldsymbol{u}(t)=\boldsymbol{W}\boldsymbol{x}(t) \tag{11.7.2}$$

을 찾아내어, $\boldsymbol{u}(t)$가 비가우시안(Non-Gaussian)이고 상호 독립이 되도록 하는 것이다. 그리고, $P=2$이면 $\boldsymbol{u}(t)$를 2차원 상에 시각화할 수 있다. 여기서, 실제 데이터의 잠재적 구조는 상호 독립이고 비가우시안 이라고 가정한다. 데이터의 분포가 가우시안과 얼마나 다른지를 보여주는 정보 이론적 측정치로 네그엔트로피(Negentropy)가 있다.

네그엔트로피는 확률변수가 같은 표준편차를 지닌 가우시안 분포로부터 떨어진 정도를 측정하는 쿨백-라이블러 발산(Kullback-Leibler Divergence)로 정의된다. 단변수인 경우는 확률밀도함수

$p_u(u_i)$가 같은 표준편차를 지닌 가우시안 분포 $p_G(u_i)$으로부터 떨어진 정도를

$$KL(p \| p_G) = \int p_u(u_i) \log \frac{p_u(u_i)}{P_G(u_i)} du_i \qquad (11.7.3)$$

로 측정하게 되며, 여기서, u_i는 $\boldsymbol{u}$의 i번째 요소이다. $\boldsymbol{u}$의 요소가 상호독립이라면 p.d.f.는 승계형태(Factorial Form)로 $p(\boldsymbol{u}) = \Pi_{i=1}^{M} p_i(u_i)$와 같이 된다. 그러면, P개의 출력에 대한 네그엔트로피는

$$KL(p_F \| p_G) = \int p_u(\boldsymbol{u}) \log \frac{\Pi_{i=1}^{P} p_i(u_i)}{P_G(\boldsymbol{u})} d\boldsymbol{u} \qquad (11.7.4)$$

와 같이 된다. 여기서, p_F는 승계형으로 표시된 p.d.f.를 나타낸다. 위 식을 정리하면

$$KL(p_F \| p_G) = \frac{1}{2} \log\left((2\pi e)^P \det(\boldsymbol{R}_{uu})\right) + \int p_u(\boldsymbol{u}) \log \Pi_{i=1}^{P} p_i(u_i) d\boldsymbol{u} \qquad (11.7.5)$$

이며, 공분산 행렬은

$$\boldsymbol{R}_{uu} = E[\boldsymbol{u}\boldsymbol{u}^T] = E[\boldsymbol{W}\boldsymbol{x}\boldsymbol{x}^T \boldsymbol{W}^T] = \boldsymbol{W}E[\boldsymbol{x}\boldsymbol{x}^T]\boldsymbol{W}^T = \boldsymbol{W}\boldsymbol{R}_{xx}\boldsymbol{W}^T \qquad (11.7.6)$$

이다. 식 (11.7.5)에서 우변의 첫 번째 항은 하다마드 부등식(Haddamard Inequality)에 의해

$$\det \boldsymbol{R}_{uu} \le \Pi_{i=1}^{P} \sigma_{u_i}^2 \qquad (11.7.7)$$

이 된다. 이는 공분산행렬 $\boldsymbol{R}_{uu}$이 대각행렬일 때 최대이다. 언믹싱 행렬은 식 (11.7.5)를 증가시키도록

$$\frac{\partial}{\partial \boldsymbol{W}}\left[\frac{P}{2}\log(2\pi e) + \frac{1}{2}\log(\det(\boldsymbol{W}\boldsymbol{R}_{xx}\boldsymbol{W}^T)) + \sum_{i=1}^{P} E[\log p_i(u_i)]\right] \qquad (11.7.8)$$

에 따라 학습된다. 위 식에서

$$\frac{\partial}{\partial \boldsymbol{W}}\left[\frac{1}{2}\log(\det(\boldsymbol{W}\boldsymbol{R}_{xx}\boldsymbol{W}^{T}))\right] = (\boldsymbol{W}\boldsymbol{R}_{xx}\boldsymbol{W}^{T})^{-1}\boldsymbol{W}\boldsymbol{R}_{xx} \qquad (11.7.9)$$

이고

$$\frac{\partial}{\partial \boldsymbol{W}}\left[\sum_{i=1}^{P} E[\log p_i(u_i)]\right] = E[\boldsymbol{f}(\boldsymbol{u})\boldsymbol{x}^{T}] \qquad (11.7.10)$$

이 된다. 여기서, $\boldsymbol{f}(\boldsymbol{u}) = [f_1(u_1),\ldots,f_i(u_i),\ldots,f_M(u_M)]^T$이고 $f_i(u_i) = (p'_i(u_i)/p_i(u_i))$이다. 식 (11.7.9)와 (11.7.10)을 (11.7.8)에 대입하면

$$\frac{\partial}{\partial \boldsymbol{W}}KL(p_F \| p_G) = (\boldsymbol{W}\boldsymbol{R}_{xx}\boldsymbol{W}^{T})^{-1}\boldsymbol{W}\boldsymbol{R}_{xx} + E[\boldsymbol{f}(\boldsymbol{u})\boldsymbol{x}^{T}] \qquad (11.7.11)$$

이 된다. 이 식에 자연강하법(Natural Gradient)을 적용하면

$$\Delta \boldsymbol{W}_t = \eta_t\left(\frac{\partial}{\partial \boldsymbol{W}}KL(p_F \| p_G)\right)\boldsymbol{W}_t\boldsymbol{W}_t^{T} \qquad (11.7.12)$$

이 되지만, $P << N$이므로 $\boldsymbol{W}_t\boldsymbol{W}_t^{T}$는 Positive Semidefinite이기에 학습법으로 채택할 수 없다. 따라서, 작은 양수 ϵ_t를 도입하면 $(\boldsymbol{W}_t\boldsymbol{W}_t^{T} + \epsilon_t \boldsymbol{I})$가 양정치(Positive Defnite)이므로

$$\Delta \boldsymbol{W}_t = \eta_t\left(\frac{\partial}{\partial \boldsymbol{W}}KL(p_F \| p_G)\right)(\boldsymbol{W}_t\boldsymbol{W}_t^{T} + \epsilon_t \boldsymbol{I}) \qquad (11.7.13)$$

를 학습법으로 사용할 수 있다. 그러면, 식 (11.7.11)과 (11.7.13)에서

$$\Delta \boldsymbol{W}_t = \eta_t(\boldsymbol{I} + \boldsymbol{f}(\boldsymbol{u}_t)\boldsymbol{u}_t^{T})\boldsymbol{W}_t + \eta_t\epsilon_t((\boldsymbol{W}\boldsymbol{R}_{xx}\boldsymbol{W}^{T})^{-1}\boldsymbol{W}\boldsymbol{R}_{xx} + \boldsymbol{f}(\boldsymbol{u})\boldsymbol{x}^{T}) \qquad (11.7.14)$$

이 된다. 여기서, ϵ_t는 아주 작은 값이므로

$$\Delta \boldsymbol{W}_t = \eta_t(\boldsymbol{I} + \boldsymbol{f}(\boldsymbol{u}_t)\boldsymbol{u}_t^{T})\boldsymbol{W}_t \qquad (11.7.15)$$

에 따라 언믹싱 행렬을 학습하면 우리는 N차원 데이터에서 P개의 독립성분을 찾아낼 수 있

다. 식 (11.7.15)를 실제 문제에 적용 할 때, $f(u_t)$를 정하는 방법은 [33. Mark Girolami et al. 1998]을 참조하기 바란다.

이제 식 (11.7.15)를 데이터의 잠재적 구조 발견에 사용한 예를 설명하고자 한다. 기름, 물, 가스가 전송되는 다국면 가스관에서 12차원의 데이터를 6개의 감마선 농도계로부터 측정한 데이터로부터 기름의 상대적 양을 알고자 한다. 가스관 내부 흐름 체계는 층류(Laminar Flow), 고리류(Annular Flow), 균일류(Homogeneous Flow)일 것으로 추정된다. 그림 11.18은 12차원 데이터에 식 (11.7.15)를 적용시켜 찾아낸 2차원 독립성분을 보여준다. 각 흐름이 독립성분분석에 의해 별도의 그룹으로 잘 형성되어 2차원에 시각화되었음을 알 수 있다.

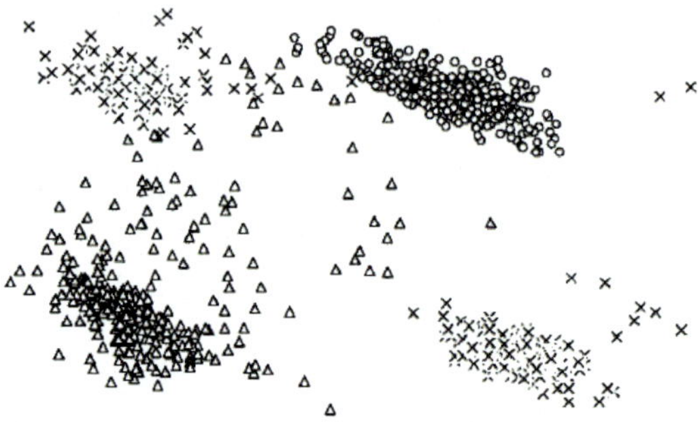

그림 11.18. ICA에 의한 데이터 시각화 예
(× 층류, △ 고리류, ○ 균일류)
[33. Mark Girolami et al. 1998]

11.8 컨볼루션 혼합모델

실제 환경에서 음성이 공기 중으로 전파되어 마이크에 측정되는 관계는 식 (11.1.2)와 같은 순간적인 혼합모델로 표현할 수 없고 컨볼루션 혼합모델을 사용하여야 한다. 원천신호 $s_i(n)(i=1,2,\ldots,N)$가 공기 중을 통하여 마이크 $x_i(n)(i=1,2,\ldots,N)$에 전달되는 관계는

$$x_i(n) = \sum_{j=1}^{N} \sum_{k=0}^{K-1} a_{ij}(k) s_j(n-k) \tag{11.8.1}$$

와 같이 시간지연 항을 포함하여 표현되며, 이를 컨볼루션 혼합모델이라고 한다. 여기서는, 컨볼루션 혼합모델에서 ANC(Adaptive Noise Cancelling)과 BSS(Blind Signal Separation)을 독립성분분석 알고리즘으로 해결하는 방법을 설명하고자 한다. 아래 그림은 ANC와 BSS의 관계를 보여주는데, ANC는 신호원과 잡음이 하나의 마이크에 측정되며, 잡음을 별도의 선으로 직접 측정할 수 있는 경우에 마이크 측정 신호로부터 잡음을 제거하는 문제이다. BSS는 신호원이 모두 다 공기 중을 통하여 전파된 후 마이크에 측정되는 경우, 신호원을 찾아내는 문제이다. 아래 그림은 2×2 BSS 문제에 해당한다.

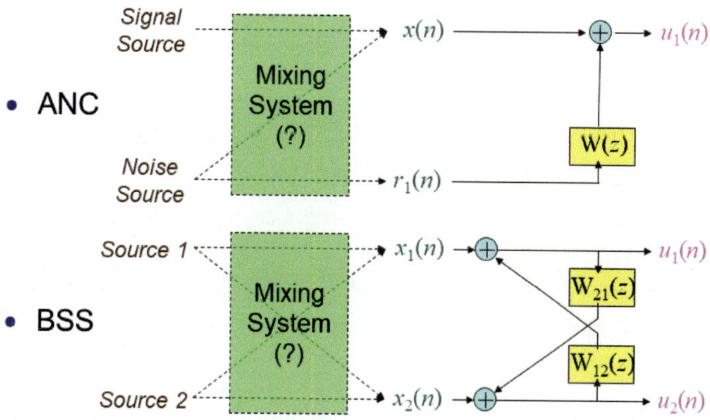

그림 11.19. ANC와 BSS

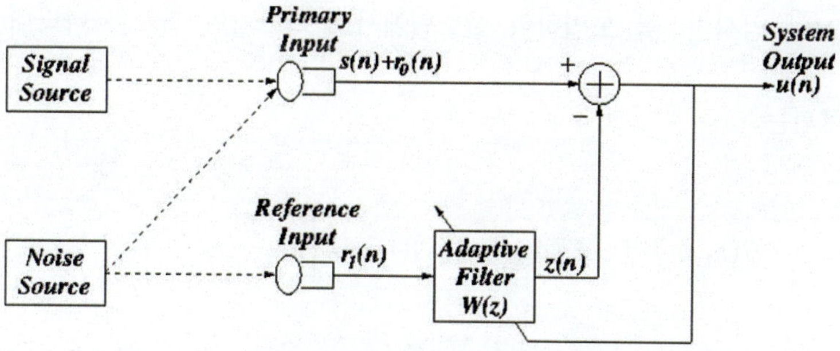

그림 11.20. ANC에서 입력과 출력

먼저, ANC문제에 대하여 다루어보자. 마이크 측정신호는 신호원과 잡음이 합하여져서

$$x(n) = s(n) + r_0(n) \tag{11.8.2}$$

로 주어진다고 하자. 여기서, 신호원 $s(n)$과 마이크 $x(n)$ 사이에 시간 지연 항이 없는 이유는 ANC 문제가 잡음 $r_0(n)$ 만을 제거하는 목적을 지녔기 때문이다. 잡음만을 별도로 측정한 후$(r_1(n))$ 필터 $w(k)$를 통과한 신호 $z(n) = \sum_{k=1}^{L} w(k) r_1(n-k)$를 마이크 신호에서 제거하여 얻어지는 출력은

$$u(n) = s(n) + r_0(n) - \sum_{k=1}^{L} w(k) r_1(n-k) \tag{11.8.3}$$

이 된다. 전통적으로 이 문제는 출력의 파워를 최소화 시키는 LMS(Least Mean-Square) 방법

$$\min[u^2] = E[s^2] + \min E[(r_0 - z)^2] \tag{11.8.4}$$

으로 학습시킨다. 그 결과는

$$\Delta w(k) \propto u(n) r_1(n-k) \tag{11.8.5}$$

로 얻어진다.

ANC 문제를 InfoMax 알고리즘으로 다루기 위해서는 입력이 $x(n)$과 $r_1(n)$ 두 개이므로 출력도 2개이어야 한다. 따라서, 임시변수 $\nu = r_1$을 도입하여 2×2 InfoMax 문제로 다루어보자. 그림 11.21에 임시변수를 도입하여 신호원에서 출력까지의 관계를 나타내었다.

출력의 엔트로피는

$$H(y_1, y_2) = -E[\log p(y_1, y_2)] = -E\left[\log \frac{p(x, r_1)}{|J|}\right] \tag{11.8.6}$$

이고, 여기서 야고비안(Jacobian)은

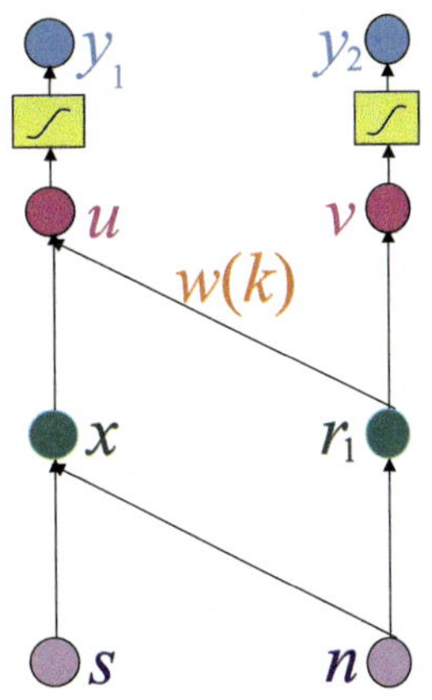

그림 11.21. 임시변수를 도입한 ANC

$$|J| = \frac{\partial y_1}{\partial x}\frac{\partial y_2}{\partial r_1} - \frac{\partial y_1}{\partial r_1}\frac{\partial y_2}{\partial x} = \frac{\partial y_1}{\partial u}\frac{\partial y_2}{\partial \nu} \tag{11.8.7}$$

이다. 그리면, 필터의 학습방법은

$$\begin{aligned} \Delta w(k) \propto \frac{\partial H(y_1, y_2)}{\partial w(k)} &= \frac{\partial}{\partial w(k)}\log|J| = \left(\frac{\partial y_1}{\partial u}\right)^{-1}\frac{\partial}{\partial w(k)}\frac{\partial y_1}{\partial u} \\ &= \phi(u(n))r_1(n-k) \end{aligned} \tag{11.8.8}$$

로 유도되며, 여기서

$$\phi(u) = -\left(\frac{\partial y_1}{\partial u}\right)^{-1}\frac{\partial^2 y_1}{\partial u^2} \tag{11.8.9}$$

이다. 그림 11.22는 녹음된 음성과 차량 잡음을 시뮬레이션 필터로 합친 후 ANC 알고리즘으로 신호원을 찾아낸 결과이다. 시스템 출력이 신호원을 잘 찾아내었음을 볼 수 있다.

다음으로 암묵신호분리(BSS) 문제를 InfoMax 알고리즘으로 다루어보자. 그림 11.23은 2×2 BSS 문제에서 신호원을 찾기 위한 피드백 구조 필터를 보여준다. 필터의 출력은

$$u_i(n) = \sum_{k=0}^{K} w_{ii}(k)x_i(n-k) + \sum_{\substack{j=1 \\ j \neq i}}^{N} \sum_{k=1}^{K} w_{ij}(k)u_j(n-k) \tag{11.8.10}$$

이다. InfoMax 알고리즘에 의해 $H(y_1, y_2)$를 최대화시키기 위하여 필터 계수의 학습을 유도하면

$$\begin{aligned} \Delta w_{ii}(0) &\propto \frac{1}{w_{ii}(0)} - \phi(u_i(n))x_i(n) \\ \Delta w_{ii}(k) &\propto -\phi(u_i(n))x_i(n-k), k \neq 0 \\ \Delta w_{ij}(k) &\propto -\phi(u_i(n))u_j(n-k), i \neq j \end{aligned} \tag{11.8.11}$$

이 된다. 여기서,

$$\phi(u_i(n)) = -\frac{\dfrac{\partial p(u_i(n))}{\partial u_i(n)}}{p(u_i(n))} \tag{11.8.12}$$

이다.

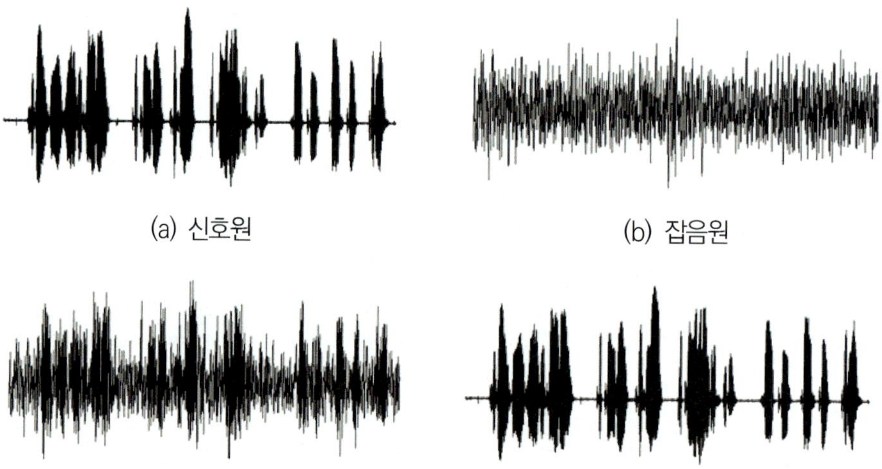

(a) 신호원 (b) 잡음원

(c) 마이크 입력 (d) ANC 시스템 출력

그림 11.22. ANC 시뮬레이션 [36. Hyung-Min Park et al. 2002]

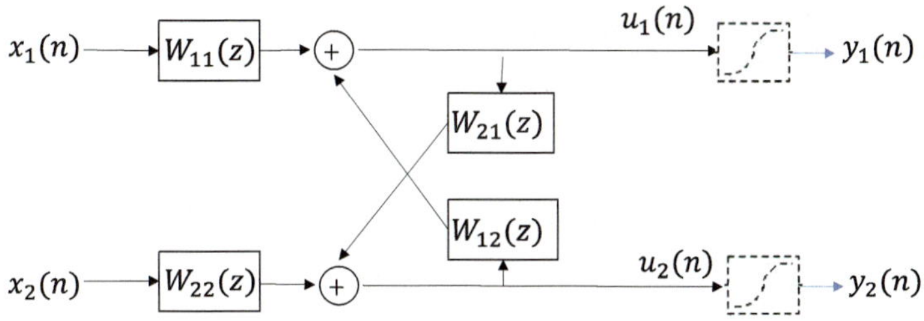

그림 11.23. 2×2 암묵신호분리를 위한 피드백 필터

암묵신호분리를 주파수 영역에서 다룰 수도 있다. 식 (11.8.1)로 주어진 필터와 신호원 사이의 컨볼루션 관계 식에 대하여 이산시간 푸리에 변환(Discrete-Time Fourier Transform)을 하여보자. 이산신호 $x(n)$에 대한 이산시간 푸리에 변환은

$$X(\Omega)=\sum_{n=-\infty}^{\infty} x(n)e^{-j\Omega n} \tag{11.8.13}$$

으로 정의된다. 여기서, 디지털 주파수는 $\Omega=\dfrac{2\pi f}{f_s}$와 같이 아날로그 주파수 f 및 샘플링 주파수 f_s의 관계가 주어진다. 식 (11.8.1)을 이산시간 푸리에 변환을 하면

$$X_i(\Omega)=\sum_{n=-\infty}^{\infty} x_i(n)e^{-j\Omega n}=\sum_{n=-\infty}^{\infty}\sum_{j=1}^{N}\sum_{k=0}^{K-1} a_{ij}(k)s_j(n-k)e^{-j\Omega n} \tag{11.8.14}$$

이 된다. 이를 정리하면

$$X_i(\Omega)=\sum_{j=1}^{N} A_{ij}(\Omega)S_j(\Omega) \tag{11.8.15}$$

이 된다. 여기서, $S_j(\Omega)=\sum_{n=-\infty}^{\infty} s_j(n)e^{-j\Omega n}$이고, $A_{ij}(\Omega)=\sum_{n=-\infty}^{\infty} a_{ij}(n)e^{-j\Omega n}$이다. 식 (11.8.15)를 모든 $i(=1,2,\ldots,N)$에 대한 행렬식으로 표현하면

$$X(\Omega)=A(\Omega)S(\Omega) \tag{11.8.16}$$

이 된다. 즉, 시간영역에서의 컨볼루션 혼합모델이 주파수 영역에서 순간적인 혼합모델로 바뀌게 되어, 주파수영역 언믹싱 필터 $W(\Omega)$의 학습 방법은 식 (11.5.9)와 같아진다. 단, 변수들은 복소수를 지니며, 각 주파수 별로 언믹싱 필터 $W(\Omega)$를 학습하여야 한다.

암묵신호분리를 위한 언믹싱 필터를 시간영역에서 학습하거나 주파수 영역에서 학습하는 방법을 실제 상황에 적용할 경우에 학습시간이 오래 걸리거나 학습에 필요한 데이터가 부족한 문제 등이 발생한다. 이를 해결하기 위하여 필터뱅크 방법이 제안되었으며, 그 자세한 내용은 [37. Hyung-Min Park et al. 2006]을 참조하기 바란다. 그림 11.24는 2×2 암묵신호분리를 실시한 환경을 보여주며 그림 11.25는 필터뱅크 방법으로 언믹싱 필터를 학습시켜서 신호원을 찾아낸 결과를 보여준다.

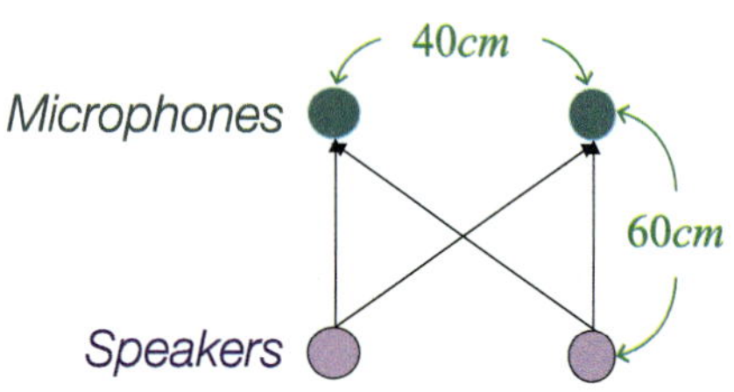

그림 11.24. 2×2 실험환경

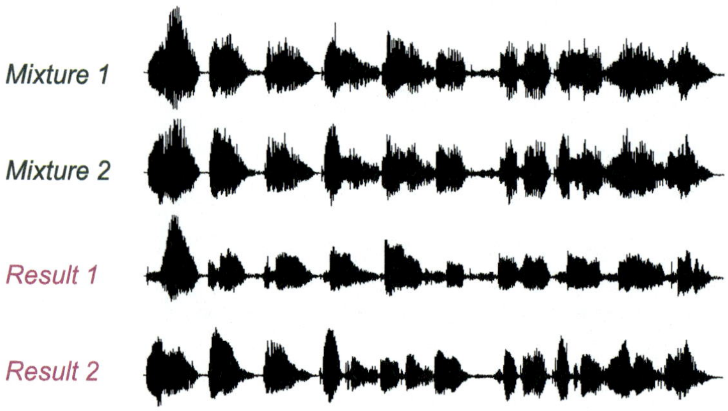

그림 11.25. 2×2 실험환경에서 필터뱅크 방법으로 암묵신호분리 한 결과 [37. Hyung-Min Park et al. 2006]

예제 11.8-1

식 (11.8.10)과 같이 주어진 암묵신호분리 필터에서 입력이 2이고 출력이 2인 경우에 야코비안 행렬을 구하여 보아라.

풀이

필터의 출력을 각각 적으면

$$u_1(n) = \sum_{k=0}^{K} w_{11}(k)x_1(n-k) + \sum_{k=1}^{K} w_{12}(k)u_2(n-k)$$

$$u_2(n) = \sum_{k=0}^{K} w_{22}(k)x_2(n-k) + \sum_{k=1}^{K} w_{21}(k)u_1(n-k)$$

이다. 그 다음으로

$\frac{\partial y_1(n)}{\partial x_1(n)} = \frac{\partial y_1(n)}{\partial u_1(n)}\frac{\partial u_1(n)}{\partial x_1(n)} = w_{11}(0)\frac{\partial y_1(n)}{\partial u_1(n)}$, $\frac{\partial y_1(n)}{\partial x_2(n)} = \frac{\partial y_1(n)}{\partial u_1(n)}\frac{\partial u_1(n)}{\partial x_2(n)} = 0$,

$\frac{\partial y_2(n)}{\partial x_1(n)} = 0$, $\frac{\partial y_2(n)}{\partial x_2(n)} = w_{22}(0)\frac{\partial y_2(n)}{\partial u_2(n)}$이다. 이를 야코비안 행렬 $J(\boldsymbol{x})$에 대입하면

$$J(\boldsymbol{x}) = \begin{vmatrix} w_{11}(0)\frac{\partial y_1(n)}{\partial u_1(n)} & 0 \\ 0 & w_{22}(0)\frac{\partial y_2(n)}{\partial u_2(n)} \end{vmatrix} = w_{11}(0)w_{22}(0)\frac{\partial y_1(n)}{\partial u_1(n)}\frac{\partial y_2(n)}{\partial u_2(n)}$$

이 된다.

참고문헌

1. Isomura, Takuya; Toyoizumi, Taro (2016). "A local learning rule for independent component analysis". Scientific Reports. doi:10.1038/srep28073.

2. Stone, James V. (2004). Independent component analysis : a tutorial introduction. Cambridge, Massachusetts: MIT Press. ISBN 0-262-69315-1.

3. Hyvärinen, Aapo; Karhunen, Juha; Oja, Erkki (2001). Independent component analysis (1st ed.). New York: John Wiley & Sons. ISBN 0-471-22131-7.

4. Johan Himbergand Aapo Hyvärinen, Independent Component Analysis For Binary

Data: An Experimental Study, Proc. Int. Workshop on Independent Component Analysis and Blind Signal Separation (ICA2001), San Diego, California, 2001.

5. Huy Nguyen and Rong Zheng, Binary Independent Component Analysis With or Mixtures, IEEE Transactions on Signal Processing, Vol. 59, Issue 7. (July 2011), pp. 3168–3181.

6. Painsky, Amichai; Rosset, Saharon; Feder, Meir. “Generalized Binary Independent Component Analysis”. IEEE International Symposium on Information Theory (ISIT), 2014: 1326–1330.

7. James V. Stone(2004); “Independent Component Analysis: A Tutorial Introduction”, The MIT Press Cambridge, Massachusetts, London, England; ISBN 0-262-69315-1

8. Kruskal, JB. 1969; “Toward a practical method which helps uncover the structure of a set of observations by finding the line transformation which optimizes a new “index of condensation”, Pages 427–440 of: Milton, RC, & Nelder, JA (eds), Statistical computation; New York, Academic Press

9. Hyvärinen, Aapo; Erkki Oja (2000). “Independent Component Analysis: Algorithms and Applications”. Neural Networks. 4-5. 13 (4–5): 411–430. doi:10.1016/s0893-6080(00)00026-5. PMID 10946390.

10. Hyvärinen, Aapo; Karhunen, Juha; Oja, Erkki (2001). Independent component analysis (Reprint ed.). New York, NY: Wiley. ISBN 0-471-40540-X.

11. Hyvärinen, Aapo (1998). “New approximations of differential entropy for independent component analysis and projection pursuit”. Advances in Neural Information Processing Systems. 10: 273–279.

12. James V. Stone(2004); “Independent Component Analysis: A Tutorial Introduction”, The MIT Press Cambridge, Massachusetts, London, England; ISBN 0-262-69315-1

13. Hérault, J.; Ans, B. (1984). “Réseau de neurones à synapses modifiables : Décodage de messages sensoriels composites par apprentissage non supervisé et permanent”. Comptes Rendus de l'Académie des Sciences, Série III. 299: 525–528.

14. Ans, B., Hérault, J., & Jutten, C. (1985). Architectures neuromimétiques adaptatives : Détection de primitives. Cognitiva 85 (Vol. 2, pp. 593-597). Paris: CESTA.

15. Hérault, J., Jutten, C., & Ans, B. (1985). Détection de grandeurs primitives dans un message composite par une architecture de calcul neuromimétique en apprentissage non supervisé. Proceedings of the 10th Workshop Traitement du signal et ses applications (Vol. 2, pp. 1017-1022). Nice (France): GRETSI.

16. Hérault, J., & Jutten, C. (1986). Space or time adaptive signal processing by neural networks models. Intern. Conf. on Neural Networks for Computing (pp. 206-211). Snowbird (Utah, USA).

17. Pierre Comon (1994) Independent component analysis, a new concept? http://www.ece.ucsb.edu/wcsl/courses/ECE594/594C_F10Madhow/comon94.pdf

18. Hochreiter, Sepp; Schmidhuber, Jürgen (1999). "Feature Extraction Through LOCOCODE" (PDF). Neural Computation. 11 (3): 679–714. doi:10.1162/089976699300016629. ISSN 0899-7667. Retrieved 24 February 2018.

19. Brown, GD; Yamada,S; Sejnowski, TJ (2001). "Independent components analysis at the neural cocktail party". Trends in Neurosciences. 24 (1): 54–63. doi:10.1016/s0166-2236(00)01683-0.

20. Lewicki, MS (1998). "Areview of methods for spike sorting: detection and classification of neural action potentials". Network: Computation in Neural Systems. 9: 53–78.

21. Barlett, MS (2001). Face image analysis by unsupervised learning. Boston: Kluwer International Series on Engineering and Computer Science.

22. Bell, AJ; Sejnowski, TJ (1997). "The independent components of natural scenes are edge filters". Vision Research. 37 (23): 3327–3338. doi:10.1016/s0042-6989(97)00121-1. PMC 2882863 Freely accessible. PMID 9425547.

23. Back, AD; Weigend, AS (1997). "A first application of independent component analysis to extracting structure from stock returns". International Journal of Neural Systems. 8 (4): 473–484. doi:10.1142/s0129065797000458. PMID 9730022.

24. Hyvarinen, A, Karhunen,J & Oja,E (2001a). Independent component analysis. New York: John Wiley and Sons.

25. Polder, G; van der Heijen, FWAM (2003). "Estimation of compound distribution in spectral images of tomatoes using independent component analysis". Austrian

Computer Society: 57–64.

26. Delorme, A; Sejnowski, T; Makeig, S (2007). "Enhanced detection of artifacts in EEG data using higher-order statistics and independent component analysis". NeuroImage. 34 (4): 1443–1449. doi:10.1016/j.neuroimage.2006.11.004. PMC 2895624 Freely accessible. PMID 17188898.

27. Trapnell, C; Cacchiarelli, D; Grimsby, J (2014). "The dynamics and regulators of cell fate decisions are revealed by pseudotemporal ordering of single cells". Nature Biotechnology. 32 (4): 381–386. doi:10.1038/nbt.2859. PMC 4122333 Freely accessible. PMID 24658644.

28. Kiviniemi, Vesa J.; Kantola, Juha-Heikki; Jauhiainen, Jukka; Hyvärinen, Aapo; Tervonen, Osmo (2003). "Independent component analysis of nondeterministic fMRI signal sources". Neuroimage. 19: 253–260. doi:10.1016/S1053-8119(03)00097-1. PMID 12814576.

29. Lee, T.-W.; Girolami, M.; Bell, A. J.; Sejnowski, T. J.(2000), "A unifying information-theoretic framework for independent component analysis," Computers and Mathematics with Applications, Vol. 39, pp. 1-21.

30. Bell, A. J.; Sejnowski, T. J.(1997), "The "independent components" of natural scenes are edge filters," Vision Research, Vol. 37, pp. 3327-3328.

31. Amari, S.(1998), "Natural gradient works efficiently in learning," Neural Computation, Vol. 10, pp. 251-276.

32. Lee, T.-W.; Girolami, M.; Sejnowski, T. J.(1999), "Independent component analysis using an extended infomax algorithm for mixed sub-Gaussian and super-Gaussian sources," Neural Computation, Vol. 11, pp. 417-441.

33. Girolami, M.; Cichocki, A.; Amari, S.(1998), "A common neural-network model for unsupervised exploratory data analysis and independent component analysis," *IEEE Trans. Neural Networks*, vol. 9, no. 6.

34. Choi, S.; Cichocki, A.; Amari, S. (2000), "Flexible independent component analysis," J. VLSI Signal Processing-Systems forSignal, Image, and Video technology, Vol. 26, pp. 25-38.

35. Oh, S.-H.; Cichocki, A.; Choi, S.; Amari, S.;Lee, S.-Y.(2000), "Comparison of

ICA/BSS algorithms in noisy environment," *Proc. ICONIP*, vol. 2, pp. 1192-1197, Nov.

36. Park, H.-M.; Oh, S.-H.; Lee, S.-Y.(2002), "Adaptive noise cancelling based on independent component analysis," IEE Electronics Letters, vol. 38, no. 15, pp. 832-833.

37. Park, H.-M.; Dhir, C. S.; Oh, S.-H.; Lee, S.-Y.(2006), "A filter bank approach to independent component analysis for convolved mixtures," Neurocomputing, Vol. 69, pp. 2065-2077.

38. Lee, J.-H.; Oh, S.-H.; Lee, S.-Y.(2008), "Binaural semi-blind dereverberation of noisy convoluted speech signals," Neurocomputing, Vol 72, pp. 636-642.

39. Kim, T.; Eltoft, T.; Lee, T.-W.(2006), "Independent vector analysis: an extension of ICA to multivariate components," Proc. ICA2006, pp. 165-172.

40. Lee, J.-H. et al.(2008), "Independent vector analysis(IVA): multivariate approach for fMRI group study," NeuroImage, Vol. 40, pp. 86-109.

41. Lcc, J.-II. ct al.(2002), "On thc Efficient Speech Feature Extraction based on Independent Component Analysis", Neural Processing Letters, Vol. 15, No. 3, pp. 235-245.

연습문제

11.1. $p(x,y)$가 표

	Y=0	Y=1
X=0	1/3	1/3
X=1	1/3	0

와 같다. H(X), H(Y), H(X|Y), H(Y|X), H(X,Y), I(X;Y)를 구하라. 그리고, 이 결과들을 벤다이어그램으로 표현하라.

11.2. 이산확률변수 X가 제한된 영역에서 존재할 때, 균일분포일 경우 $H(X)$가 최대임을 보여라.

11.3. 연속확률변수 X가 [0, a]에서 균일분포를 가질 때 차동 엔트로피 $H(X)$를 구하여라.

11.4. 연속확률변수 X가 정규분포 $N(0,\sigma)$일 때 차동 엔트로피 $H(X)$를 구하여라. 그리고, 문 11.3과 같은 분산을 가지는 σ와 a의 관계를 구한 후, 균일분포와 정규분포의 차동 엔트로피를 비교하여라.

11.5. 1×1 회로망에서 독립성분분석 알고리즘을 학습하고자 할 때 신호원이 [0,+1]에서 균일분포임을 알고 있다. 이 경우, 식 (11.4.3)을 대치하는 적합한 CDF 함수를 제시하고, 이를 사용하여 가중치와 바이어스 변경식을 구하라.

11.6. 독립성분분석 학습알고리즘에서 자연강하법을 사용하면 어떤 장점이 있나?

11.7. 독립성분분석에 의해 $\boldsymbol{u}(t) = W\boldsymbol{x}(t)$를 학습하였다. 그런데, 분석결과 $u_i(t)$는 측정 데이터 $\boldsymbol{x}(t)$의 분석을 어렵게 하는 성분으로 판별되었다. 따라서, $\boldsymbol{u}(t)$에서 $u_i(t)$를 제거한 후 $\boldsymbol{x}(t)$를 복원하고자 한다. 어떻게 하면 되나?

11.8. 식 (11.7.5)에서 $\int p_u(\boldsymbol{u})\log \Pi_{i=1}^{P} p_i(u_i)d\boldsymbol{u} = \sum_{i=1}^{P} E[\log p_i(u_i)]$임을 보여라.

11.9. 그림 11.20으로 주어진 ANC 문제에서 LMS알고리즘에 의한 필터 학습 식 (11.8.5)를 유도하라.

11.10. 식 (11.8.10)으로 주어진 2×2 암묵신호분리 시스템의 출력에서 필터 학습 식 (11.8.11)을 InfoMax 알고리즘을 사용하여 유도하라.

11.11. 컨볼루션 혼합모델에 이산시간 푸리에 변환을 적용한 식 (11.8.14)가 순간적인 혼합모델 관계 식 (11.8.15)가 됨을 보여라.

제 12 장

클러스터링

Clustering

12.1 클러스터링이란?

우리가 대상으로 삼고 있는 물체 혹은 데이터를 그룹으로 나누고 싶다고 하자. 이때, 그룹으로 나누는 기준은 각 개인의 성향에 따라 다르게 나타난다. 어떤 경우이든, 대상 물체 혹은 데이터를 그룹으로 나눌 때 같은 그룹에 속한 대상은 다른 그룹에 속한 대상보다 더 비슷하도록 그룹을 나누는 것을 클러스터링(Clustering)이라고 한다. 클러스터링은 분류(Classification)의 경우와 대별하여 설명할 수 있는데, 그림 12.1과 같이 국기들을 아시아 대륙과 유럽 대륙으로 나누어 그룹을 만드는 것을 분류 문제로 볼 수 있으며, 그림 12.2와 같이 각 국가의 국기들을 특징에 따라 그룹으로 나누는 것은 클러스터링에 해당한다. 즉, 분류 문제는 데이터에 대하여 어느 부류에 속하는지에 대한 정보가 같이 주어져 학습을 한 다음에 해결할 수 있는 문제로 본다면, 클러스터링은 각 개인이 보는 관점에 따라 직관적으로 그룹을 만들어 내는 것이라고 볼 수 있다. 그림 12.2의 클러스터도 관점에 따라 다르게 구성할 수 있다.

그림 12.1. 국기들의 대륙별 분류

클러스터링은 기계학습 뿐만 아니라 데이터마이닝, 통계적 데이터 분석, 패턴인식, 영상분석, 정보획득, 생체정보학, 데이터 압축, 컴퓨터 그래픽스 등 다양한 분야에서 아주 유용하게 다루어지고 있다. 따라서, 클러스터가 대상 물체의 어떤 특징을 기반으로 한 것인지와 어떻게 효율적으로 찾아내느냐에 따라 알고리즘도 상당히 다양하게 제시되고 있다. 클러스터에 대하여 가장 자주 사용하는 특징으로는 그룹 내 멤버들 간의 거리가 작으며, 데이터 공간에 밀집되어 있거나 특정한 통계적 분포를 지닌다고 본다. 이러한 관점에서 거리 측정 함수, 밀도의 문턱 값(Threshold), 클러스터 수 등의 요소들이 필요하다. 또한, 클러스터링은 한 번에 자동적으로 이루어지지 않으며, 지식을 발견해내는 반복적인 과정을 필요로 한다.

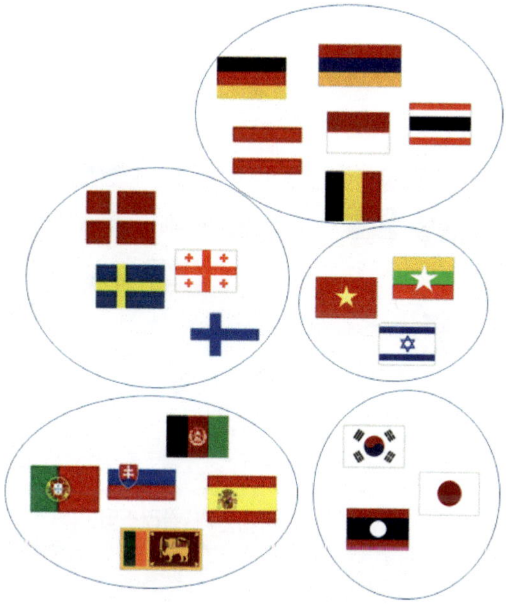

그림 12.2. 국기들의 클러스터

정리하자면, 클러스터링은 대상 물체들을 그룹 집합으로 나누어내어, 같은 그룹 집합 내에서는 비슷한 특징을 지니고, 그룹 집합들 간에는 비슷한 정도가 약한 특징을 지니도록 한다. 이는 비교사 학습(Unsupervised Learning)에 속하는 방법으로 대상 물체에 대한 목표 값(Label)이 필요하지 않다.

12.2 클러스터링의 쟁점들

클러스터링을 다루기 위해서는 여러 가지 쟁점들에 대하여 고려하여야 한다. 이를 정리하면 다음과 같다.

- **그룹화**: 대상 물체들에 대하여 어떠한 그룹을 만드는 것이 자연스러운가?
- **비슷함/거리**: 대상 물체와 관련된 비슷함 혹은 거리를 어떻게 정의할 수 있나?
- **표현 방식**: 대상 물체를 어떻게 데이터로 표현하는 것이 적합한가?
- **파라미터**: 몇 개의 클러스터로 나눌 것인가?
- **알고리즘적 접근**: 분할과 계층적 클러스터 중 어느 방식으로 나눌까?

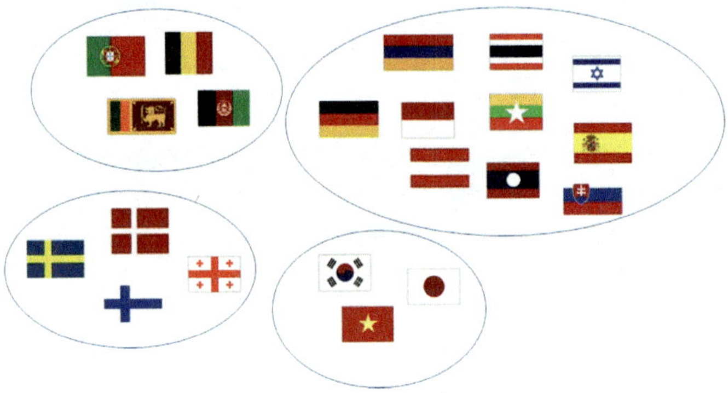

그림 12.3. 국기들의 클러스터2

먼저, 국기의 클러스터를 만들 때 그림 12.2와 다르게 그림 12.3과 같이 클러스터를 구성할 수 있음은 자연스러운 그룹을 만드는 것이 얼마나 주관적인가를 뜻한다. 대상 물체의 비슷함 혹은 차이 역시 눈으로 보기에는 알 수 있지만 어떻게 정의할지는 모르는 경우가 많다.

클러스터를 구성하고자 하는 두 대상 x와 y의 차이를 측정하는 거리 함수 $d(x,y)$는 어떤 성질을 가져야 할까?

1. 거리 함수는 대칭(Symmetry)의 성질을 지녀 $d(x,y)=d(y,x)$를 만족해야 한다.
2. 거리 함수는 자체 유사성을 지녀서 부분이 전체와 유사한 모양을 지닌 경우도 다루어야 하며, 대상의 크기에 둔감해야 한다.
3. 삼각관계의 부등식이 성립하여 $d(x,y)+d(y,z) \geq d(x,z)$이 된다.

대상 물체 x와 y를 p개의 특징 요소로

$$\boldsymbol{x} = (x_1, x_2, \ldots, x_p) \text{ and } \boldsymbol{y} = (y_1, y_2, \ldots, y_p) \tag{12.2.1}$$

와 같이 표현하였다고 하자. 민코스키 거리 함수(Minkowski Distance Metric)는

$$d(\boldsymbol{x}, \boldsymbol{y}) = \left(\sum_{i=1}^{p} |x_i - y_i|^r \right)^{1/r} \tag{12.2.2}$$

로 정의되며, r에 값을 부여함에 따라 이 함수는 Euclidean Distance, Manhattan Distance, Supremum Distance, Infimum Distance를 표현할 수 있다.

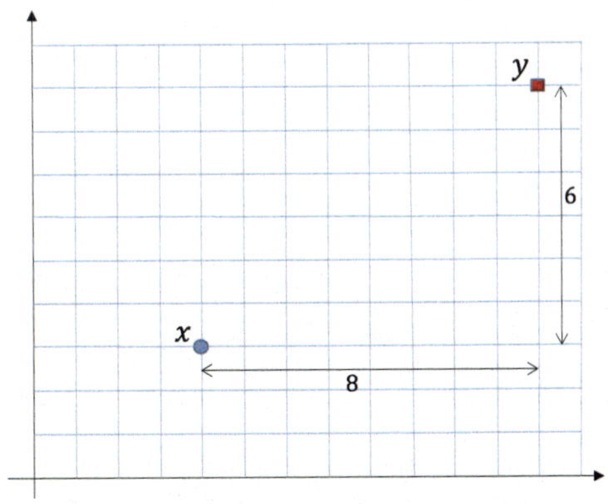

그림 12.4. 2차원 공간상의 두 점 위치

그림 12.4와 같이 2차원 공간에 $\boldsymbol{x}$와 $\boldsymbol{y}$가 있다고 하면, Euclidean Distance, Manhattan Distance, Supremum Distance, Infimum Distance 는 각각

$$\text{Euclidean}\, d(\boldsymbol{x}, \boldsymbol{y}) = \sqrt{8^2 + 6^2} = 10 \tag{12.2.3}$$

$$\text{Manhattan}\, d(\boldsymbol{x}, \boldsymbol{y}) = 8 + 6 = 14 \tag{12.2.4}$$

$$\text{Sup}\, d(\boldsymbol{x}, \boldsymbol{y}) = \max\{8, 6\} = 8 \tag{12.2.5}$$

$$\text{Inf}\, d(\boldsymbol{x}, \boldsymbol{y}) = \min\{8, 6\} = 6 \tag{12.2.6}$$

이 된다. 한편, x와 y가 모두 2진수로 이루어져 있으면 Manhattan Distance를 Hamming Distance라고 한다.

두 대상 x와 y의 비슷함을 측정하는 기준으로는 내적(Inner Product)

$$< \boldsymbol{x}, \boldsymbol{y} > = \|\boldsymbol{x}\| \ \|\boldsymbol{y}\| \ \cos(\theta) = \sum_{i=1}^{p} x_i y_i \tag{12.2.7}$$

을 생각할 수 있다. 이를 정규화 시킨 Cosine Similarity는

$$\cos(\theta) = \frac{< \boldsymbol{x}, \boldsymbol{y} >}{\|\boldsymbol{x}\| \ \|\boldsymbol{y}\|} = \frac{\sum_{i=1}^{p} x_i y_i}{\sqrt{\sum_{i=1}^{p} x_i^2} \sqrt{\sum_{i=1}^{p} y_i^2}} \tag{12.2.8}$$

로 정의된다.

클러스터링을 실시할 때, 분할(Partitional Algorithm)을 할 것인지 계층적(Hierarchical Algorithm)으로 할 것인지도 결정되어야 한다. 분할을 할 경우는 임의의 분할을 실시한 후 이를 반복적으로 개선하는 과정을 거친다. 계층적 알고리즘에는 상향식 집적(Bottom-Up Agglomerative) 클러스터링과 하향식 구분(Top-Down Divisive) 클러스터링이 있다. 이를 설명하면 다음과 같다.

상향식 집적 클러스터링

① 각 대상이 개별적으로 하나의 클러스터에 배정되게 한 후
② 가장 가까운 쌍을 반복적으로 합치면서 상위 클러스터를 만들어
③ 하나의 클러스터가 될 때까지 이 과정을 반복함.

하향식 구분 클러스터링

① 모든 대상을 하나의 클러스터로 묶은 후
② 한 클러스터를 두 개의 클러스터로 나누는 가능한 방법 중에서 최상의 결과를 택하며
③ 이 과정을 모든 클러스터를 대상으로 반복함.

클러스터가 만들어지면 이들 간의 거리를 측정하는 방법은 다음과 같다.

- **최근접 거리**(Single-Link Nearest Neighbor): 두 클러스터에서 가장 가까운 회원 사이의 거리
- **최장 거리**(Complete-Link Farthest Neighbor): 두 클러스터에서 가장 먼 회원 사이의 거리
- **중심**(Centroid) **거리**: 두 클러스터의 중심지점 간의 거리
- **평균**(Average) **거리**: 두 클러스터 간의 모든 회원 쌍 거리의 평균

12.3 SOM(Self-Organizing Map)

이제 클러스터링 알고리즘에 대하여 알아보자. 12장에서는 대표적인 클러스터링 알고리즘인 SOM(Self-Organizing Map)과 k-평균 알고리즘을 설명한다.

9장에서 설명한 바와 같이 두뇌의 시각경로 상에서 V1과 V2 영역의 단순세포가 다양한 방향의 선 성분을 검출하며, V4-TEO 영역으로 정보가 전달될수록 보다 더 복잡한 특징에 반응하는 세포들이 증가하며, TE 영역에서 복잡한 시각 정보에 원주형으로 반응하는 성숙된 정교 세포(Mature Elaborate Cell)들이 관찰된다. 청각정보 역시 각 주파수 성분에 반응하는 세포들이 청각 피질에 존재한다. 이렇게 감각정보에 대하여 반응하는 두뇌 세포들은 외부 자극에 대한 경험에 의하여 자기 조직화(Self-Organization) 되었음을 근거로 T. Kohonen이 SOM (Self-Organizing Map) 혹은 SOFM(Self-Organizing Feature Map)이라고 불리는 신경회로망 모델을 제안하였다.

SOM은 입력 샘플이 존재하는 입력 공간을 구획하여 2차원 혹은 1차원 출력 공간으로 나타내는데, 입력 공간 샘플에 대한 클러스터링과 동시에 차원 축소의 기능을 수행한다. 그 결과는 1차원 혹은 2차원 공간에서 시각화 하여 관찰을 용이하게 한다. SOM의 학습 시 입력 공간의 위상적 성질들(Topological Properties)이 유지되도록 이웃 함수(Neighborhood Function)를 사용한다. 학습은 출력 노드들 간의 경쟁 학습(Competitive Learning)으로 진행되어, 오차 감소를 추구하는 교사 학습과 달리 비교사 학습의 형태를 지닌다.

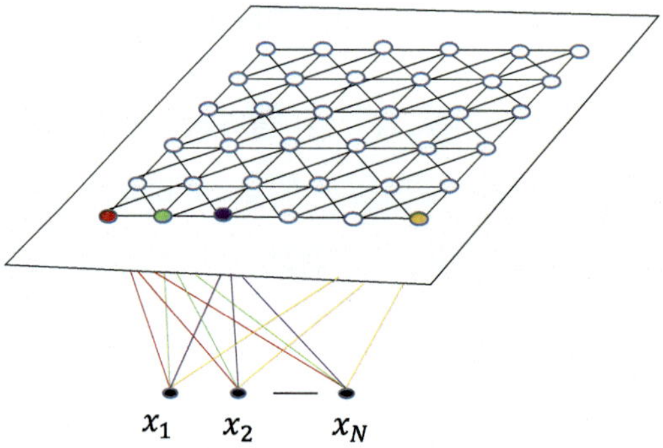

그림 12.5. 출력이 2차원인 SOM의 구조

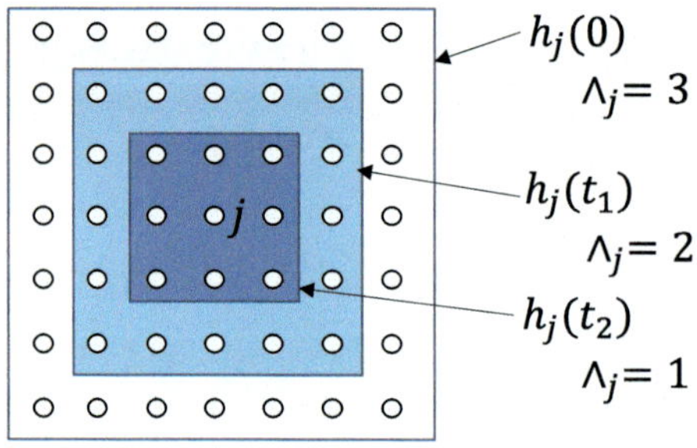

그림 12.6. 출력노드 y_j의 이웃 설정 위상정보

그림 12.5는 SOM의 구조를 보여준다. 입력은 N 차원 벡터 $\boldsymbol{x} = (x_1, x_{2,} \cdots, x_N)^T$이며 출력노드 y_j은 2차원 공간에 존재한다고 가정하였다. 특히, 출력노드들에 대한 위치를 기억하여, 누가 가까운 이웃 노드인지에 대한 위상 정보를 간직하고 있다. 또한, 모든 출력 노드 y_j는 입력 차원과 동일한 가중치 벡터 $\boldsymbol{w}_j = (w_{j1}, w_{j2}, \cdots, w_{jN})^T$를 통하여 모든 입력과 연결된다. 그림 12.6은 출력노드 y_j의 이웃을 설정하는 위상 정보 $h_j(t)$를 보여주며, 영역 내의 출력노드는 $h_j(t) = 1$이 되고 영역 밖의 출력노드는 $h_j(t) = 0$의 값을 부여한다. 학습 초기에는 이웃을 설정하는 범위 $h_j(t)$를 넓게 하며, 학습 시간 t가 진행됨에 따라 $h_j(t)$의 범위를 줄여나가는 방식을 취한다. $h_j(t)$의 모양을 육각형으로 취할 수도 있다. 더 일반적인 방법으로 $h_j(t)$를 0과 1이 아니라 Gaussian 함수를 지니도록 할 수도 있다.

SOM 학습 알고리즘

① 초기화

N 입력노드에서 M 출력노드로 연결된 가중치 벡터들을 임의의 작은 값으로 초기화 한다. 그리고, 위상정보의 초기 이웃 반경 Λ_j를 설정한다.

② 입력 부여

새로운 입력벡터 $\boldsymbol{x}$를 입력노드에 부여한다.

③ 모든 출력노드의 거리 계산

모든 출력노드가 지닌 가중치 벡터와 입력벡터 사이의 거리

$$d_j = \sum_{i=1}^{N}(x_i - w_{ji}(t))^2 \tag{12.3.1}$$

를 계산한다. 여기서, t는 시간 인덱스이다.

④ 최소거리 출력노드 선정

모든 출력노드들의 거리 중에서 가장 거리가 작은 출력노드를

$$j^* = \arg\min_j d_j \tag{12.3.2}$$

와 같이 결정한다. 여기서, 출력노드 y_{j^*}를 BMU(Best Matching Unit)이라고 한다.

⑤ BMU와 이웃 노드의 가중치 변경

BMU y_{j^*}와 $h_{j^*}(t)$에 의해 결정된 이웃 출력노드들의 가중치를

$$w_{ji}(t+1) = w_{ji}(t) + \eta(t)h_{j^*}(t)(x_i - w_{ji}(t)) \tag{12.3.3}$$

에 따라 변경시킨다. 여기서, $\eta(t)$는 학습률이다.

⑥ ②부터 반복한다.

SOM의 성능은 가중치의 초기화에 따라 다르게 나타난다. Kohonen이 제안한 가중치 초기화 방식은 임의의 작은 값으로 설정하는 것이다. 최근에는 입력 샘플들의 PCA 분석에 의해 얻어진 첫 주성분(First Principal Component)을 가중치의 초기 값으로 설정하는 방법을 선호하기도 한다. 그렇지만, 이 방법이 항상 좋은 결과를 보장하지는 않는다. 결국, 가중치 초기화는 입력 데이터 집합의 기하학적 구조에 의해 결정하는 방법이 제일 좋다.

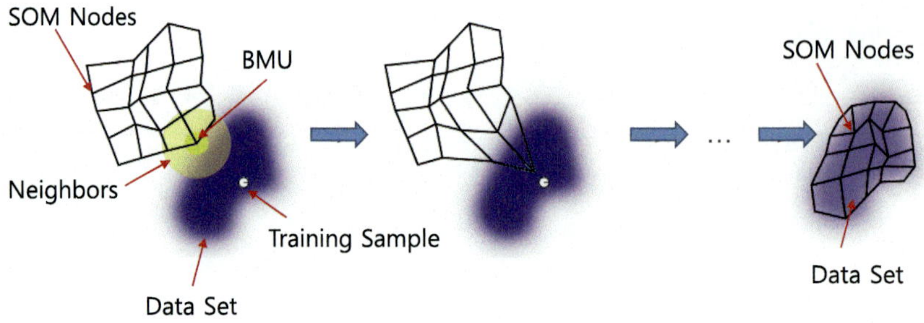

그림 12.7. SOM의 학습 개요도

그림 12.7은 SOM의 학습이 데이터 공간에 어떻게 작용하는 지를 보여준다. 푸른색은 학습 데이터의 분포를 나타내며, 밝은 색 작은 디스크는 선택된 학습 샘플을 뜻한다. 학습 초기에 SOM의 출력노드들은 데이터 공간에 임의로 위치하고 있으며, 학습 샘플에 가장 가까운 출력노드(BMU)가 선정되면 이 출력노드는 이웃 노드들과 함께 학습 샘플의 위치로 이동한다. 이를 반복하면 출력노드들은 그림 12.7의 마지막에 보여주는 바와 같이 데이터 분포 공간을 덮는 형태로 위치하게 된다.

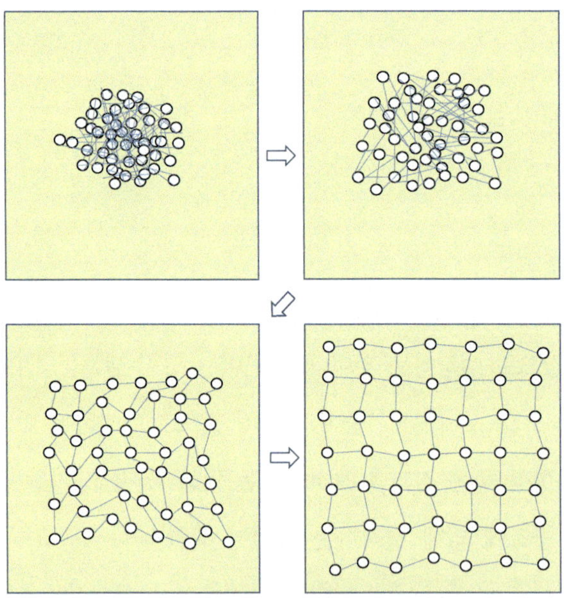

그림 12.8. 2차원 데이터에 대한 SOM의 학습

그림 12.8은 입력 데이터 $\boldsymbol{x}$가 2차원 공간에서 $-1 < x_1 < 1$, $-1 < x_2 < 1$인 영역에 균일하게 분포하는 경우에 학습 초기부터 출력노드가 학습에 의해 어떻게 입력 공간에 위치하게 되는 지를 보여준다. 학습초기 출력노드의 가중치들을 임의의 작은 값으로 초기화 시키면 그림 12.8의 왼편 가장자리 그림과 같이 출력노드들이 배치될 것이다. 이 그림은 각 출력노드가 지닌 가중치 값에 따라 2차원 공간에 출력노드의 위치를 그렸고, 출력노드들 사이의 위상은 선으로 연결한 그림이다. SOM 학습을 진행하면 출력노드들은 입력 공간에 서서히 퍼져나가면서 위치를 잡게 된다. 그리하여 학습이 더 진행되면 오른쪽 아래 그림과 같이 출력노드들이 입력 데이터가 존재하는 영역에 균일하게 퍼져 나가는 결과를 보여준다.

12.4 SOM학습의 개선

SOM 학습은 입력 공간에서 데이터의 분포에 따라 출력노드가 구역을 분할하여 분포하게 되고, 모든 출력노드들이 균일한 확률 $1/M$로 BMU가 되어야 한다. 그렇지만, 입력 데이터가 균일분포가 아니면 이러한 결과를 얻어내기 어렵다. 또한, SOM 학습은 학습 시간이 오래 걸리는 단점이 있다. 이를 해결하기 위하여 SOM 학습에 의식적 학습(Conscience Learning)[12. Duane Desieno 1988]을 아래와 같이 도입한다.

먼저, SOM의 출력노드 중에서

$$y_j = \begin{cases} 1 \text{ if } \|\boldsymbol{w}_j - \boldsymbol{x}\|^2 \le \|\boldsymbol{w}_i - \boldsymbol{x}\|^2 \ \forall\, i \ne j \\ 0 \text{ otherwise} \end{cases} \tag{12.4.1}$$

와 같이 BMU가 결정된다. 여기에 바이어스를 도입하여 각 출력노드가 BMU로 선정될 확률을 조절하자. 이를 위하여 출력노드 y_j가 BMU가 되는 점유율 p_j를

$$p_j(t+1) = p_j(t) + B(y_j(t) - p_j(t)) \tag{12.4.2}$$

와 같이 변경한다. 그러면, 각 출력노드는 바이어스를

$$b_j = C(1/M - p_j) \tag{12.4.3}$$

로 설정하여 BMU를

$$z_j = \begin{cases} 1 \text{ if } \|\boldsymbol{w}_j - \boldsymbol{x}\|^2 - b_j \le \|\boldsymbol{w}_i - \boldsymbol{x}\|^2 - b_i \forall i \ne j \\ 0 \text{ otherwise} \end{cases} \tag{12.4.4}$$

와 같이 결정한다. 이를 근거로 출력노드의 가중치를

$$\boldsymbol{w}_j(t+1) = \boldsymbol{w}_j(t) + \eta(t)(\boldsymbol{x} - \boldsymbol{w}_j(t))z_j \tag{12.4.5}$$

에 따라 변경한다. 즉, BMU에 대해서만 가중치 학습을 한다. SOM의 의식적 학습은 BMU 점유율이 낮은 출력노드는 바이어스가 커져서 BMU가 될 가능성을 높여주고, BMU 점유율이 높은 출력노드는 역으로 바이어스가 작아져서 BMU가 될 가능성을 낮추어준다. 그 결과, 출력노드들이 BMU가 될 확률이 균일하게 되고, 입력공간에 균일하게 분포하게 된다. 또한, BMU가 될 확률이 균일하다는 것은 모든 출력노드들이 학습에 의해 가중치가 변경될 확률이 비슷하다는 것이므로, 특정 출력노드가 학습되지 않을 가능성을 줄여주어 학습 속도를 향상시키는 효과도 얻게 된다.

12.5 *k*-평균 클러스터링(*k*-means Clustering)

k-평균 클러스터링(k-means Clustering)은 벡터 양자화(Vector Quantization) 방법이다. 즉, 벡터로 주어진 데이터들을 양자화 된 벡터로 표현하는 방법이다. 예를 들어 한 픽셀의 색을 24비트 1,600만 칼라로 표현하고 있는데, 이를 8비트 256 칼라로 양자화 하고 싶다고 하자. 만약, 균일하게 양자화 하면 24비트에서 뒤의 16비트를 제거하고 남은 8비트로 양자화하면 된다. 이 경우, [0, 65535]에 해당하는 색은 [0]으로 양자화 된다. 이는 실제 칼라의 분포를 반영한 양자화가 아니어서 양자화의 낭비가 심하다. 이 보다는 칼라의 분포를 반영한 256개의 벡터

$m_j(j=1,2,...,256)$를 찾아내는 방법이 더 좋을 것이다.

k-평균 알고리즘은 데이터 집합 $X=\{x^t\}_{t=1}^n$에 대하여 k개의 기준벡터(Reference Vector) $m_j(j=1,2,...,k)$를 찾아내는 방법이다. 이때, 데이터 벡터에 가장 가까운

$$\|x^t - m_i\| = \min_j \|x^t - m_j\| \tag{12.5.1}$$

을 기준 벡터로 삼게 된다. 그러면, 모든 데이터를 기준 벡터로 표현한 것에 대한 오차함수는

$$E(\{m_i\}|X) = \sum_t \sum_i b_i^t \|x^t - m_i\|^2 \tag{12.5.2}$$

와 같이 정의할 수 있다. 여기서,

$$b_i^t = \begin{cases} 1 & \text{if } \|x^t - m_i\| = \min_j \|x^t - m_j\| \\ 0 & \text{otherwise} \end{cases} \tag{12.5.3}$$

는 x^t가 어느 m_i에 속하는 지를 나타내는 인덱스이다. 식 (12.5.2)로 주어진 오차함수에 대하여 가장 좋은 m_i를 구하기 위해서는 b_i^t가 정해져야 하고, b_i^t를 정하기 위해서는 m_i가 필요하다.

따라서, k-평균 알고리즘은 다음과 같이 두 단계로 이루어진다.

① 할당 단계(Assignment Step)

모든 $x^t \in X$에 대하여

$$b_i^t \leftarrow \begin{cases} 1 & \text{if } \|x^t - m_i\| = \min_j \|x^t - m_j\| \\ 0 & \text{otherwise} \end{cases} \tag{12.5.4}$$

에 따라 b_i^t를 할당한다. 그 결과 클러스터 S_i는

$$S_i = \left\{x^t : \|x^t - m_i\| \le \|x^t - m_j\| \, \forall j, 1 \le j \le k\right\} \tag{12.5.5}$$

와 같이 구성된다.

② 갱신 단계(Update Step)

모든 $m_i (i=1,2,...,k)$에 대하여

$$m_i \leftarrow \frac{\sum_t b_i^t \boldsymbol{x}^t}{\sum_i b_i^t} \tag{12.5.6}$$

와 같이 m_i를 갱신한다.

참조 **오차함수 최적화와 m_i 갱신**

식 (12.5.6)과 같이 m_i를 변경하는 것이 식 (12.5.2)로 주어진 오차함수를 최적화 시키는 지에 대하여 알아보자. 식 (12.5.2)로 주어진 오차함수를 다시 적으면

$$E(\{\boldsymbol{m}_i\}|X) = \sum_t \sum_i b_i^t \|\boldsymbol{x}^t - \boldsymbol{m}_i\|^2 = \sum_t \sum_i b_i^t \sum_j (x_j^t - m_{ij})^2 \tag{12.5.7}$$

이 된다. 위 식을 m_{ij}에 대하여 편미분을 하면

$$\frac{\partial E(\{\boldsymbol{m}_i\}|X)}{\partial m_{ij}} = \frac{\partial [\sum_t \sum_i b_i^t \sum_j (x_j^t - m_{ij})^2]}{\partial m_{ij}} = \sum_t 2b_i^t (x_j^t - m_{ij}) \tag{12.5.8}$$

이 된다. 이 편미분이 0이 되는 조건에 의해

$$m_{ij} = \frac{\sum_t b_i^t x_j^t}{\sum_i b_i^t} \tag{12.5.9}$$

을 얻게 되며, 이를 벡터로 표현하면 식 (12.5.6)이 된다.

k-평균 알고리즘

① 파라미터 설정
k 값을 결정한다.

② 초기화
k 클러스터의 중심 기준벡터 $\boldsymbol{m}_j(j=1,2,...,k)$를 임의로 초기화 한다.

③ 할당 단계
모든 $\boldsymbol{x}^t \in X$에 대하여 b_i^t를 식 (12.5.4)에 따라 할당한다.

④ 갱신 단계
모든 $\boldsymbol{m}_i(i=1,2,...,k)$에 대하여 식 (12.5.6)에 따라 $\boldsymbol{m}_i$를 갱신한다.

⑤ 종료/갱신
b_i^t의 변동이 없으면 종료한다. 그렇지 않으면, ③부터 반복한다.

그림 12.9는 k-평균 알고리즘($k=3$)의 학습에 따른 클러스터의 중심(Centroids)과 소속 할당(Membership)의 변경을 예시적으로 보여준다. 초기에 데이터 공간상에서 임의로 3개의 클러스터 중심을 설정한 후, 거리가 가장 가까운 중심을 찾는 형태로 클러스터의 소속을 할당하고, 할당된 클러스터 내에서 중심을 갱신한다. 이 과정을 반복하면 클러스터 영역이 지속적으로 변경된다.

k-평균 알고리즘은 기준벡터의 초기화에 의해서 성능이 다르게 나타난다. 자주 사용하는 두 가지 초기화 방법으로는 Forgy 방법과 임의 분할(Random Partition)이 있다. Forgy 방법은 관찰 데이터로부터 k개를 임의로 선정하여 초기 기준벡터로 사용한다. 임의 분할 방법은 초기 단계에서 각 관찰 데이터에 클러스터를 임의로 할당하여 갱신 단계를 실시한다. 즉, 초기에 각 클러스터의 평균을 계산하여 기준벡터로 사용하는 것이다. Forgy 방법은 초기의 기준벡터들이 널리 퍼져있게 되고, 임의 분할 방법은 데이터 집합의 중심에 초기 기준벡터들이 몰려 있게 된다. k-평균 알고리즘은 비록 수렴을 하더라도 최적의 해를 찾아준다고 보장하지 못한다. 한편, k-평균 알고리즘은 EM(Expectation Maximization)의 특별한 경우로 보기도 한다.

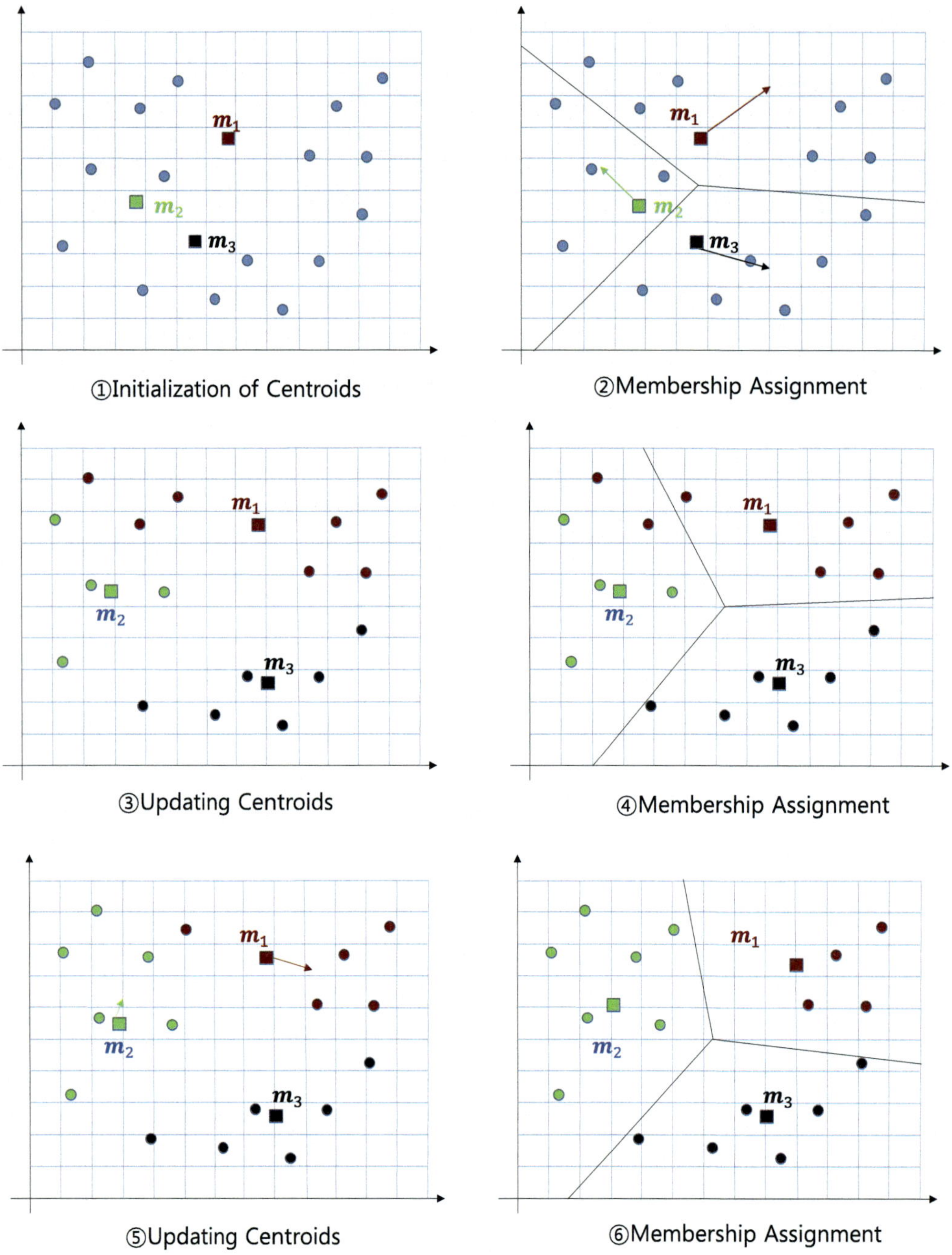

그림 12.9. k-평균 알고리즘의 학습 예시

예제 12.5-1

그림과 같이 2차원 공간상에 점집합이 주어졌다. k-평균 알고리즘에 의해 두 개의 클러스터로 만들기 위하여 초기 기준벡터가 (1,1)과 (10,10)으로 주어진 경우에 할당단계와 갱신단계를 한번 씩 수행하여 보아라. 거리 기준은 Euclidean Distance를 사용하라.

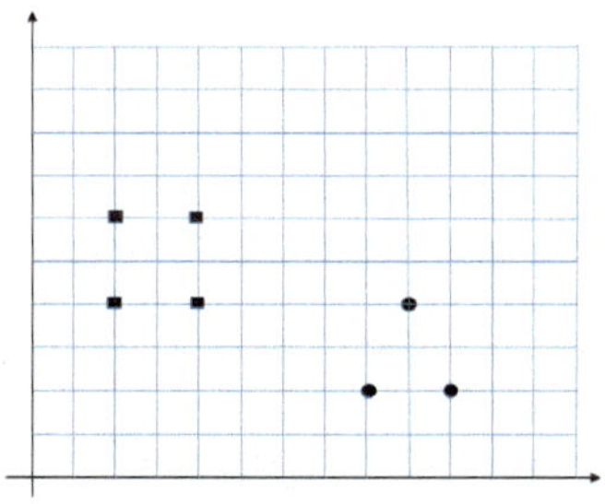

거리	x_1	x_2	x_3	x_4	x_5	x_6	x_7
m_1	$\sqrt{10}$	$\sqrt{18}$	$\sqrt{26}$	$\sqrt{34}$	$\sqrt{50}$	$\sqrt{82}$	$\sqrt{73}$
m_2	10	$\sqrt{72}$	10	$\sqrt{52}$	$\sqrt{58}$	$\sqrt{64}$	$\sqrt{37}$

풀이

먼저, $x_1(2,4), x_2(4,4), x_3(2,6), x_4(4,6), x_5(8,2), x_6(10,2), x_7(9,4)$와 같이 점들의 이름을 명명하고, 기준벡터를 $m_1(1,1), m_2(10,10)$와 같이 정하였다. 기준벡터와 점들 사이의 거리를 구하면 위의 표와 같이 된다. 이를 근거로 클러스터를 배정하면 x_1, x_2, x_3, x_4, x_5는 클러스터1에 x_6, x_7는 클로스터2에 할당된다. 다음에 갱신단계에 따라 m_1, m_2를 다시 계산하면

$$m_1 = \frac{x_1 + x_2 + x_3 + x_4 + x_1}{5} = (4.0, 4.4)$$

$$m_2 = \frac{x_6 + x_7}{2} = (9.5, 3.0)$$

이다.

12.6 클러스터의 평가

클러스터링 결과를 평가하는 것은 클러스터링만큼이나 어려운 과제이다. 평가 방법은 하나의 점수를 부여하는 "내부평가(Internal Evaluation)", 검증평가(Ground Truth)와의 비교를 통한 "외부평가(External Evaluation)", 전문가에 의한 "수동평가(Mannual Evaluation)", 응용에서의 효용성을 평가하는

"간접평가(Indirect Evaluation)" 등이 있다. 내부평가의 기준은 클러스터링의 목적함수로 사용된 것과 일치한다는 약점이 있다. 외부평가는 검증평가용 표시(Label)가 실제 문제에는 얻기 힘들다는 약점이 있다. 또한, 검증평가용 표시 역시 하나의 구분 가능성을 나타내며 더 나은 구분이 있을 가능성을 배제하지 못한다. 여기서는 "내부평가"와 "외부평가" 방법에 대하여 자세히 설명하겠다.

클러스터링에 사용한 데이터 자체에 근거하고 그 이외의 데이터는 사용하지 않고 평가하는 것을 내부평가라고 한다. 이 방법은 클러스터 내에서는 비슷함이 크게 나타나고 클러스터 간에는 비슷함이 낮은 경우에 좋은 점수를 부여한다. 그렇지만, 내부평가 점수가 높다고 유용한 정보를 찾아내었다고 볼 수는 없다. 내부평가 기준 2가지를 다음과 같이 설명하였다.

데비스 볼딘 지수(Davies-Bouldin Index)

이 지수는

$$DB = \frac{1}{k}\sum_{i=1}^{k}\max_{j \neq i}\left(\frac{\mu_i + \mu_j}{d(\boldsymbol{m}_i, \boldsymbol{m}_j)}\right) \tag{12.6.1}$$

와 같이 계산된다. 여기서, k는 클러스터 수, $\boldsymbol{m}_i$는 클러스터 i의 중심(Centroid)이고, μ_i는 클러스터 i 내의 모든 요소와 $\boldsymbol{m}_i$ 사이 거리의 평균이며, $d(\boldsymbol{m}_i, \boldsymbol{m}_j)$는 $\boldsymbol{m}_i$와 $\boldsymbol{m}_j$ 사이의 거리이다. 클러스터 내부 거리는 작고 클러스터 사이 거리는 큰 경우 데비스 볼딘 지수는 작은 값을 가지게 된다. 즉, 데비스 볼딘 지수가 가장 작은 클러스터 알고리즘을 제일 좋은 알고리즘으로 본다.

던 지수(Dunn Index)

던 지수는 밀집도와 클러스터의 구분 정도를 식별하기 위하여

$$D = \frac{\min_{1 \leq i < j \leq k} d(i,j)}{\max_{1 \leq i \leq k} d'(i)} \tag{12.6.2}$$

와 같이 정의된다. 여기서, $d(i,j)$는 클러스터 i와 j 사이의 거리이며, $d'(i)$는 클러스터 i의 내부 거리이다. 즉, 던 지수는 클러스터 사이 거리의 최솟값과 클러스터 내부 거리의 최댓값의 비율이다. $d(i,j)$와 $d'(i)$는 어떤 형태로든 정의하여 사용할 수 있다. 예를 들면, 중심 간의 거리 $d(\boldsymbol{m}_i, \boldsymbol{m}_j)$를 $d(i,j)$로 사용하고, $d'(i)$는 클러스터 내 모든 요소들의 쌍 중에 거리가 가장 큰 것을 사용할 수 있다. 클러스터 내부 거리는 작고 클러스터 간 거리는 크게 클러스터링 알고리즘이 작동하므로, 높은 던 지수가 좋은 클러스터링이라고 본다.

외부평가는 클러스터링에 사용하지 않은 데이터를 근거로 평가하는 방법이다. 이를 위하여 외부의 검증평가 데이터를 활용한다. 검증평가 데이터는 클래스가 부여되어 있어서 클러스터링 결과가 검증평가 클래스 정보를 잘 찾아내는지 판정하는 형태이다. 많은 외부평가 지수가 있는데, 여기서는 순도(Purity)에 대하여 설명하겠다.

순도(Purity)

순도는 클러스터 내의 요소들이 하나의 클래스에 속하는 정도를 나타낸다. 검증평가 데이터는 C개의 클래스로 이루어져 있으며, 클러스터링 알고리즘은 k개의 클러스터 $S_i(i=1,2,\ldots,k)$를 만들어내었다고 하자. 이때, n_i는 S_i의 요소 수이다. 순도는

$$Purity(S_i) = \frac{1}{n_i}\max_j(n_{ij}),\ j \in C \qquad (12.6.3)$$

와 같이 정의된다. 여기서, n_{ij}는 S_i의 요소 중에서 j 클래스에 속하는 요소 수이다. 그림 12.10에 순도의 예시를 그렸다. 클러스터링의 결과 3개의 클러스터를 얻었는데, 이를 검증데이터에 대하여 적용 결과 각 클러스터에 3개의 클래스 데이터가 그림과 같이 속해 있다. 그러면, 각 클러스터별 순도는

$$Purity(S_1) = \frac{1}{6}\max(5,1,0) = \frac{5}{6} \qquad (12.6.4)$$

$$Purity(S_2) = \frac{1}{6}\max(1,4,1) = \frac{4}{6}$$

$$Purity(S_3) = \frac{1}{5}\max(2,0,3) = \frac{3}{5}$$

와 같이 계산된다.

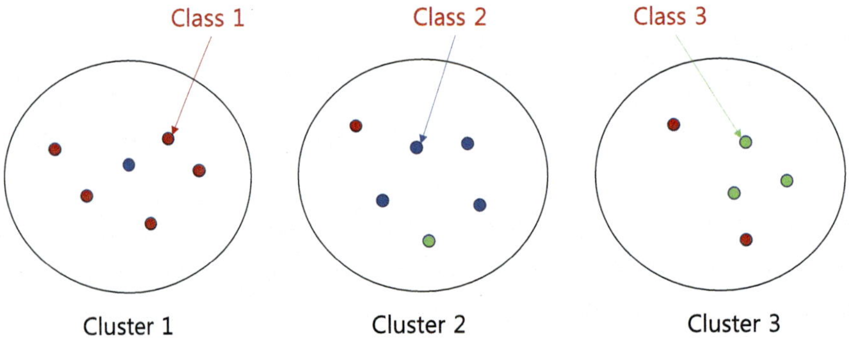

그림 12.10. 순도 예시

참고문헌

1. Bailey, Ken (1994). "Numerical Taxonomy and Cluster Analysis". Typologies and Taxonomies. p. 34. ISBN 9780803952591.

2. Everitt, Brian (2011). Cluster analysis. Chichester, West Sussex, U.K: Wiley. ISBN 9780470749913.

3. Kriegel, Hans-Peter; Kröger, Peer; Sander, Jörg; Zimek, Arthur (2011). "Density-based Clustering". WIREs Data Mining and Knowledge Discovery. 1 (3): 231–240. doi:10.1002/widm.30.

4. Sculley, D. (2010). Web-scale k-means clustering. Proc. 19th WWW.

5. Kriegel, Hans-Peter; Kröger, Peer; Zimek, Arthur (July 2012). "Subspace clustering". Wiley Interdisciplinary Reviews: Data Mining and Knowledge Discovery. 2 (4): 351–364. doi:10.1002/widm.1057.

6. Pourrajabi, M.; Moulavi, D.; Campello, R. J. G. B.; Zimek, A.; Sander, J.; Goebel, R. (2014). "Model Selection for Semi-Supervised Clustering". Proceedings of the 17th International Conference on Extending Database Technology (EDBT),. pp. 331−342. doi:10.5441/002/edbt.2014.31.

7. Kohonen, Teuvo; Honkela, Timo (2007). "Kohonen Network". Scholarpedia.

8. Kohonen, Teuvo (1982). "Self-Organized Formation of Topologically Correct Feature Maps". Biological Cybernetics. 43 (1): 59−69. doi:10.1007/bf00337288.

9. Ultsch, Alfred (2007). "Emergence in Self-Organizing Feature Maps". In Ritter, H.; Haschke, R. Proceedings of the 6th International Workshop on Self-Organizing Maps (WSOM '07). Bielefeld, Germany: Neuroinformatics Group. ISBN 978-3-00-022473-7.

10. Shah-Hosseini, Hamed (May 2011). "Binary Tree Time Adaptive Self-Organizing Map". Neurocomputing. 74 (11): 1823−1839. doi:10.1016/j.neucom.2010.07. 037.

11. Chang, Wui Lee; Pang, Lie Meng; Tay, Kai Meng (March 2017). "Application of Self-Organizing Map to Failure Modes and Effects Analysis Methodology". Neurocomputing. PP: PP. doi:10.1016/j.neucom.2016.04.073.

12. Desieno, Duane (1988). "Adding a conscience to competitive learning". IJCNN, San Diego, vol. I, pp. 117-124.

13. Hamerly, G.; Elkan, C. (2002). "Alternatives to the k-means algorithm that find better clusterings". Proceedings of the eleventh international conference on Information and knowledge management (CIKM).

14. Celebi, M. E., Kingravi, H. A., and Vela, P. A. (2013). "A comparative study of efficient initialization methods for the k-means clustering algorithm". Expert Systems with Applications. 40 (1): 200−210. arXiv:1209.1960 Freely accessible. doi:10.1016/j.eswa.2012.07.021.

15. Elkan, C. (2003). "Using the triangle inequality to accelerate k-means". Proceedings of the Twentieth International Conference on Machine Learning (ICML).

16. Hamerly, Greg; Drake, Jonathan (2015). "Accelerating Lloyd's algorithm for k-means clustering". Partitional clustering algorithms: 41−78. doi:10.1007/

978-3-319-09259-1_2.

17. Amorim, R.C.; Hennig, C. (2015). "Recovering the number of clusters in data sets with noise features using feature rescaling factors". Information Sciences. 324: 126–145. arXiv:1602.06989 Freely accessible. doi:10.1016/ j.ins.2015.06.039.

18. Coates, Adam; Ng, Andrew Y. (2012). "Learning feature representations with k-means" (PDF). In G. Montavon, G. B. Orr, K.-R. Müller. Neural Networks: Tricks of the Trade. Springer.

19. Cohen, M.; S. Elder; C. Musco; C. Musco; M. Persu (2014). "Dimensionality reduction for k-means clustering and low rank approximation (Appendix B)". arXiv:1410.6801 Freely accessible [cs.DS].

20. Alon Vinnikov and Shai Shalev-Shwartz (2014). "K-means Recovers ICA Filters when Independent Components are Sparse". Proc. of Int'l Conf. Machine Learning (ICML 2014).

연습문제

12.1. 식 (12.2.2)와 같이 주어진 Minkowski Distance에서 r이 어떤 값을 지니면 Euclidean Distance, Manhattan Distance, Supremum Distance, Infimum Distance로 나타나는지 찾아보아라. 그리고, $x = (2,3,8)$이고 $y = (5,6,6)$인 경우에 대하여 이 문제에서 언급한 각각의 거리를 계산하여라.

12.2. 아래 그림 [문 12.2]와 같이 x와 y가 존재한다. 내적과 Cosine Similarity를 계산하라. 그리고, 내적과 Cosine Similarity가 같아지는 조건은 무엇인가?

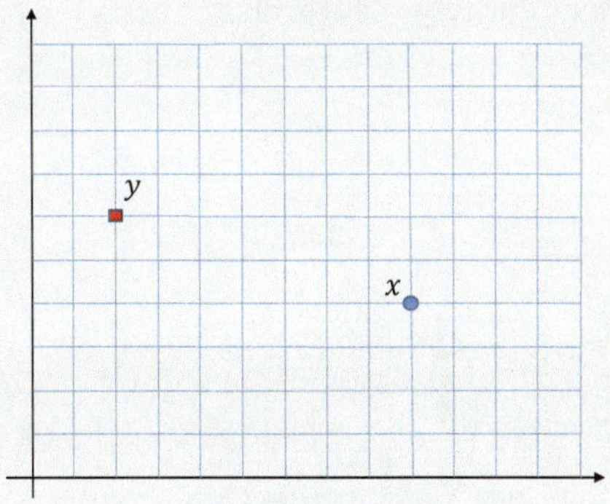

그림 [문 12.2]

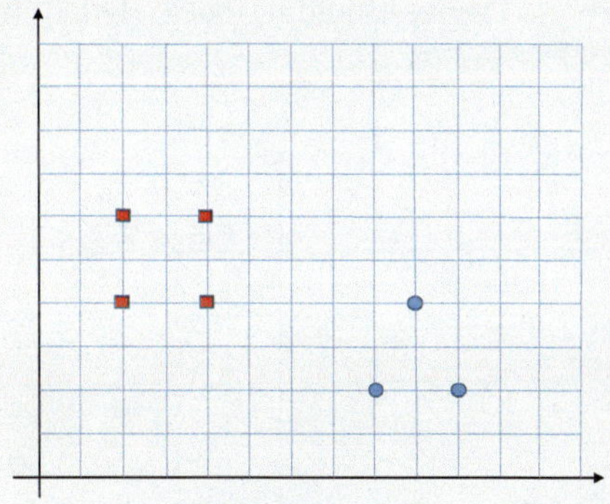

그림 [문 12.3]

12.3. 그림 [문 12.3]과 같이 두 개의 클러스터를 형성한 점들이 있다. 클러스터 간의 최근접 거리, 최장 거리, 중심 거리, 평균 거리를 계산하여라.

12.4. SOM의 이웃함수는 세포들의 수평적 피드백을 기반으로 구상되었다. 생물학적으로 세포들의 수평적 피드 백 관계는 Mexican Hat 함수로 설명된다. Mexican Hat 함수는 평균은 같고 분산이 다른 두 가우시안 함수의 차이에 작은 양수를 더하면 얻어짐을 보여라. 그리고, Maxican Hat 함수를 3개의 영역으로 나누어 특징을 설명하라.

12.5. 식 (12.3.3)으로 주어진 SOM의 가중치 변경식을 벡터 형태로 적으면 $\boldsymbol{w}_j(t+1) = \boldsymbol{w}_j(t) + \eta(t) h_{j^*}(t)(\boldsymbol{x} - \boldsymbol{w}_j(t))$이 된다. 이때, 출력 노드 y_j와 y_i사이의 거리를 $d(j,i)$로 정의하자. 그러면, 이웃 함수 $h(j,i)$를 $d(j,i)$를 이용하여 가우시안 함수형태가 되게 정의하고, 이를 사용한 가중치 변경식을 적어 보아라.

12.6. SOM 알고리즘에서 이웃 반경이 $\Lambda_j = 1$이면 k-평균 클러스터링과 동일하게 됨을 보여라.

12.7. 그림 [문 12.7]과 같이 클러스터링 결과와 검증 클래스가 주어졌다. 이를 대상으로 Davies-Bouldin Index, Dunn Index, Purity를 계산하라.

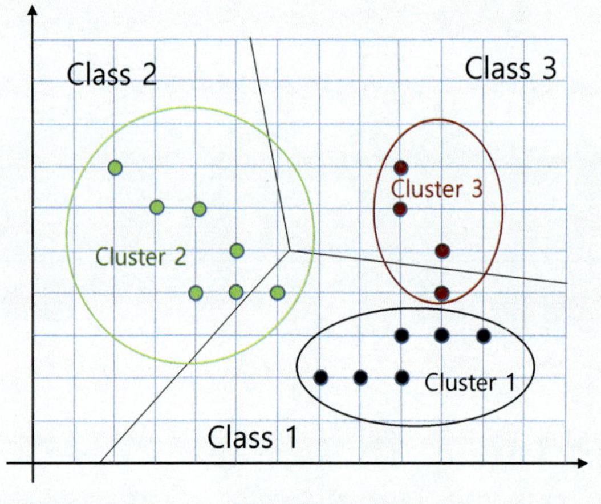

그림 [문 12.7]

제 13 장

생성모델

Generative Models

13.1 판별(Discrimination)과 생성(Generation)

이제까지 교사학습 모델과 비교사학습 모델을 공부하였다. 교사학습은 학습패턴이 입력과 원하는 출력 쌍을 이루어 $D=\{(\boldsymbol{x}_i, \boldsymbol{y}_i)\}_{i=1}^{N}$로 주어지면, 입력 $\boldsymbol{x}_i$에서 목표 출력 $\boldsymbol{y}_i$로 보내는 함수 f를 학습한다. 즉, 교사학습 모델의 파라미터 θ_1를 활용하여 $f: \boldsymbol{X}\times\Theta_1 \rightarrow \boldsymbol{Y}$를 학습한다. 비교사학습은 학습패턴 $D=\{\boldsymbol{x}_i\}_{i=1}^{N}$로부터 데이터의 특정 성질을 지닌 출력을 찾아내는 과정인데, 입력 $\boldsymbol{x}_i$에 대한 목표 출력이 명확하게 정의된 문제는 아니다. 단지, 입력에 대하여 출력되는 데이터의 성질 혹은 특성을 정하고, 그러한 특성을 지닌 출력이 나타나도록 비교사학습 모델의 파라미터를 조정한다. 즉, $D=\{\boldsymbol{x}_i\}_{i=1}^{N}$로부터 원하는 출력 $\boldsymbol{y}_i$는 주어지지 않고 $\boldsymbol{y}_i$의 특성만 주어진 상태에서 비교사학습 모델의 파라미터 θ_2를 활용하여 $f: \boldsymbol{X}\times\Theta_2 \rightarrow \boldsymbol{Y}$를 학습하는 것으로 볼 수 있다.

교사학습을 분류(Classification) 문제에 적용한다고 가정하자. 그러면, 출력 $\boldsymbol{y}_i$는 입력 $\boldsymbol{x}_i$가 어느 부류(Class)에 속하는 지에 대한 정보를 표시하게 된다. 베이의 법칙(Bayes Rule)에 따라

$$p(\boldsymbol{y}\,|\,\boldsymbol{x}) = \frac{p(\boldsymbol{x}, \boldsymbol{y})}{p(\boldsymbol{x})} \tag{13.1.1}$$

이며, 분류문제에서 판별기(Discriminator)는 파라미터 θ_d를 이용한 함수 $f(\boldsymbol{x};\theta_d)$를 교사학습을 통하여 찾아내어 $p(\boldsymbol{y}|\boldsymbol{x})$의 판별 기능을 수행하는 것이다. 이때, $f: \boldsymbol{X}\times\Theta_d \rightarrow \boldsymbol{Y}$가 확률밀도 함수에 근거한 형태가 아니면 판별함수(Discriminant Function)라고 부른다. 판별기는 $p(\boldsymbol{y}\,|\,\boldsymbol{x})$를 정확하게 예측하지 않아도 된다.

기계학습은 데이터 샘플로부터 학습하는 방식이므로, 학습에 충분한 수의 데이터가 확보되어야 한다. 만약, 충분한 수의 데이터가 없으면 판별기가 제대로 학습될 수 없다(5장 "참조: 오차함수의 통계적 의미"에서 학습패턴의 수가 무한대일 경우를 다룸). 이 경우에, 데이터를 생성하는 함수를 찾아내면, 이 데이터 생성기(Generator)를 이용하여 데이터를 생성하고, 기존의 데이터와 생성된 데이터를 모두 학습시켜 성능이 향상된 판별기를 얻어낼 수 있을 것이다.

역으로, 판별기의 출력을 활용하여 생성기를 학습할 수도 있을 것이다. 데이터 생성기는 식 (13.1.1)에서 $p(\boldsymbol{x},\boldsymbol{y})$ 혹은 $p(\boldsymbol{x})$를 학습한 후, 이를 활용하여 데이터를 생성 혹은 추출한다. 생성 모델은 비교사학습을 통하여 방대한 양의 데이터를 제대로 이해하는 데 아주 중요한 정보를 찾아주며, 판별기보다 훨씬 더 많은 정보를 간직하고 있다. 판별기와 생성기를 같이 활용하면, 교사학습 모델 혹은 비교사학습 모델을 단독으로 사용한 경우보다 훨씬 더 다양한 응용에 적용될 수 있다.

판별기와 생성기를 직접 비교해보자. 교사학습에 의한 판별기는 입력 $\boldsymbol{x}$와 출력 $\boldsymbol{y}$가 다른 공간상에 위치하는 형태로써 학습 패턴 $D=\{(\boldsymbol{x}_i,\boldsymbol{y}_i)\}_{i=1}^{N}$이 주어지면 파라미터 $\boldsymbol{\theta}_d$를 활용하여 $f:\boldsymbol{X}\times\Theta_d\rightarrow\boldsymbol{Y}$를 학습하며, 이때 판별기의 출력 $\boldsymbol{y}'=f(\boldsymbol{x};\boldsymbol{\theta}_d)$와 목표출력 $\boldsymbol{y}$ 사이의 거리(Distance) 혹은 손실(Loss) 함수 $L(\boldsymbol{y},\boldsymbol{y}')$를 최소화하도록 학습한다. 그 학습과정은 같은 부류에 속하는 $\boldsymbol{x}$들의 공통점과 다른 부류에 속하는 $\boldsymbol{x}$들 간의 차이점을 찾아내는 과정이라고 볼 수 있다. 이를 수식으로

$$\begin{aligned}&f:\boldsymbol{X}\times\Theta_d\rightarrow\boldsymbol{Y}\\&\min_{\theta_d}L(\boldsymbol{y},\boldsymbol{y}')=\min_{\theta_d}L(\boldsymbol{y},f(\boldsymbol{x};\boldsymbol{\theta}_d))\end{aligned}\tag{13.1.2}$$

와 같이 정리할 수 있다.

비교사 학습에 의한 생성기는 입력 $\boldsymbol{x}$와 출력 $\boldsymbol{x}'$이 같은 공간상에 위치하는 경우이다. 즉, 입력들로부터 공통점을 찾아내어 이를 간직하고 있는 생성기에 입력이 들어오면 생성기의 출력이 $\boldsymbol{x}'=f(\boldsymbol{x};\boldsymbol{\theta}_g)$와 같이 주어진다. 생성기의 학습은 입력 $\boldsymbol{x}$와 출력 $\boldsymbol{x}'$사이의 손실함수 $L(\boldsymbol{x},\boldsymbol{x}')$을 최소화하는 과정이다. 이를 수식으로

$$\begin{aligned}&f:\boldsymbol{X}\times\Theta_g\rightarrow\boldsymbol{X}\\&\min_{\theta_g}L(\boldsymbol{x},\boldsymbol{x}')=\min_{\theta_g}L(\boldsymbol{x},f(\boldsymbol{x};\boldsymbol{\theta}_g))\end{aligned}\tag{13.1.3}$$

와 같이 정리할 수 있다.

기계학습에서 비교사학습 모델을 특징추출 단계에 적용하고, 교사학습 모델을 분류단계에 적용하는 방식은 많이 사용되어 왔었다. 또한, 비교사학습에 의해 데이터의 특징을 찾아내고,

이를 근거로 데이터를 생성하면, 교사학습 모델로 생성된 데이터를 판별하는 형태의 교사학습과 비교사 학습 접목을 시도한 예도 있다. 더 나아가 비교사학습에 의한 생성기와 교사학습에 의한 판별기를 게임이론에 입각하여 결합한 생성대립 회로망(GAN: Generative Adversarial Network)도 있다. 또한, 비평형열역학(Non-equilibrium Thermodynamics)에서 착안하여 제안된 확산모델(Diffusion Models)도 생성모델의 한 가지 방식으로 유명하다. 13장에서는 대표적 생성 모델인 생성대립 회로망과 확산 모델에 대하여 자세히 알아본다.

13.2 생성대립 회로망(GAN)의 구성

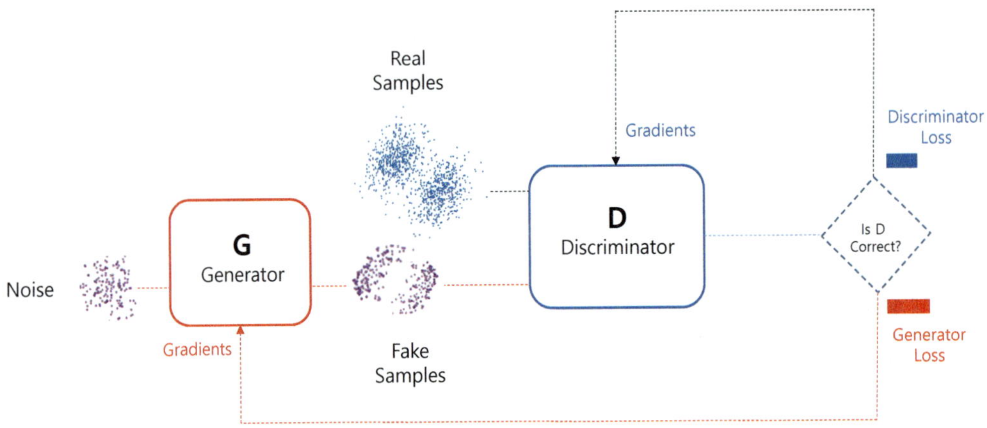

그림 13.1. 생성대립 회로망(Generative Adversarial Network)의 개념도

생성대립 회로망(GAN: Generative Adversarial Network)은 그림 13.1에서 보는 바와 같이 2개의 모델로 구성되어 있다. 첫 모델은 생성기(Generator)라고 불리는데 임의의 입력을 받아 실제 데이터에 유사한 데이터를 만들어 내며, 예술품 모조 작가 혹은 위조지폐범과 비슷한 동작을 한다고 이해할 수 있다. 두 번째 모델은 판별기(Discriminator)라고 불리며, 입력을 받은 데이터가 생성된 데이터인지 실제 데이터 인지를 판별하는데, 예술 모조품 혹은 위조지폐를 찾아내는 예술품 감별사 혹은 경찰의 기능에 해당한다고 이해할 수 있다. 예술품 모조 작가 혹은 위폐범은 진짜와 똑같은 것을 만들려고 노력하며, 예술품 감별사 혹은 경찰은 진짜인지 가짜인지를 판별

하기 위하여 노력할 것이다. 마찬가지로, GAN의 생성기는 실제 데이터가 어떻게 만들어졌는지를 완전히 이해하고 학습하여, 이를 근거로 실제 데이터와 같은 데이터를 만들어내도록 동작한다. 판별기는 실제 데이터와 생성된 데이터를 구분하는 성능을 최대로 올리도록 학습한다. GAN은 생성기와 판별기의 경쟁 속에서 학습이 이루어지며, 학습 과정 중에 결국 생성기와 판별기의 성능이 평형점을 찾아갈 것이다. 평형점에 도달하면 생성기는 판별기가 제대로 가려내지 못할 정도의 데이터를 만들어내는 방법을 학습한 것이다. 한마디로 요약하면, GAN은 생성기와 판별기가 적대적으로 대결하는 게임이론을 따라 동작한다.

13.3 생성대립 회로망의 수학적 모델

5장에서 전방향 신경회로망은 보편적 근사화 기계(Universal Approximator)임을 설명하였다. 따라서, GAN은 전방향 신경회로망으로 생성기와 판별기를 구현하고 이 두 모델이 게임이론에 따라 동작하도록 한다. 먼저, 판별기 $D(x,\theta_d)$는 데이터 x를 입력받아 입력이 실제 데이터일 확률을 (0,1) 범위의 값으로 출력한다. 즉, 입력이 실제 데이터이면 1을 출력하며, 입력이 가짜 데이터이면 0을 출력하도록 학습한다. 한편, 생성기 $G(z,\theta_g)$는 임의의 잡음벡터 z를 입력받아 데이터를 만들어 내는 사상(Mapping)을 학습한다. 이때, 생성기는 실제와 같은 데이터를 만들어 판별기가 제대로 판별을 하지 못하고 실제 데이터로 착각하여 1을 출력하도록 한다. 즉, 판별기는 제대로 판별할 확률을 최대화 시키려고 하고 생성기는 판별기의 성능이 최소가 되도록 — 제대로 판별 못하도록 — 동작하려고 한다. GAN은 최적화 문제라기보다는 가치함수를 최소화시키려는 생성기와 최대화 시키려는 판별기의 최소최대(MiniMax) 게임이론에 기반 하여 동작한다고 보는 것이 타당하다. 이 게임은 안점(Saddle Point)에 도달하면 종료되는데, 생성기의 관점에서는 최소점이고 판별기의 관점에서는 최대점에 해당하는 지점이다.

실제 데이터에 대한 판별기의 출력을 $D(x)$라고 하고, 생성된 데이터에 대한 판별기의 출력을 $D(G(z))$라고 표시하면, 판별기는 $D(x)$를 최대화시키고 $D(G(z))$를 최소화시켜야 한다. 한편으로, 생성기는 실제와 같은 데이터를 만들어내고 이를 판별기가 실제 데이터에 속한다고

판별하게 하여야 하므로, 생성기는 $D(G(z))$를 최대화시켜야 한다. 이를 수식으로

$$\min_G \max_D E_{p_{data}(x)}[D(x)] + E_{p_z(z)}[1 - D(G(z))] \qquad (13.3.1)$$

와 같이 나타낼 수 있다. 여기서, $E_{p_{data}(x)}[.]$와 $E_{p_z(z)}[.]$는 각각 실제 데이터와 생성된 데이터에 대한 기대치를 나타낸다. 실제응용에서 위 식에 로그 함수를 적용시키면 부정확한 동작 시 함수 값의 변동을 크게 하여 학습이 강화되는 효과를 얻을 수 있다. 따라서, GAN의 학습은

$$\min_G \max_D V(D,G) = E_{p_{data}(x)}[\log D(x)] + E_{p_z(z)}[\log(1 - D(G(z)))] \qquad (13.3.2)$$

에 따라 이루어지며, 여기서 $V(D,G)$를 가치함수(Value Function)라고 한다. $E_{p_{data}(x)}[\log D(x)]$는 $D(x)$가 1이 될 때 최대가 되며, $D(x)$가 0이 될 때 음의 무한대로 발산한다. $E_{p_z(z)}[\log(1-D(G(z)))]$는 $D(G(z))$가 0이 될 때 최대가 되며, $D(G(z))$가 1이 될 때 음의 무한대로 발산한다. 따라서, 생성기 G가 고정된 상태에서 판별기 D는 $D(x)$는 1이 되고 $D(G(z))$는 0이 되어 $V(D,G)$를 최대화 시키도록 학습된다(판별기가 실제 데이터와 생성 데이터를 제대로 구분한 상태). 판별기 D가 고정된 상태에서는 생성기 G는 $D(G(z))$가 1이 되어 $V(D,G)$를 최소화 시키도록 학습된다(판별기가 생성 데이터를 실제 데이터로 착각하도록 생성기가 데이터를 생성한 상태).

GAN 학습 알고리즘

① 판별기 학습

- 잡음 분포 $p_z(z)$에서 m개의 잡음 샘플을 추출하여 작은 꾸러미(Minibatch) $\{z^{(1)}, z^{(2)}, \ldots, z^{(m)}\}$를 구성한다.
- 실제 데이터 분포 $p_{data}(x)$에서 m개의 샘플을 추출하여 작은 꾸러미(Minibatch) $\{x^{(1)}, x^{(2)}, \ldots, x^{(m)}\}$를 구성한다.
- 판별기의 파라미터 θ_d를 통계적 경사(Stochastic Gradient)

$$\nabla_{\theta_d} \frac{1}{m} \sum_{i=1}^{m} \left[\log D(x^{(i)}) + \log(1 - D(G(z^{(i)})))\right] \qquad (13.3.3)$$

  의 상승법에 따라 변경한다.
- 이 과정을 k단계(steps) 만큼 반복한다.

② 생성기 학습

- 잡음 분포 $p_z(z)$에서 m개의 잡음 샘플을 다시 추출하여 작은 꾸러미(Minibatch) $\{z^{(1)}, z^{(2)}, \ldots, z^{(m)}\}$를 구성한다.
- 생성기의 파라미터 θ_g를 통계적 경사

$$\nabla_{\theta_g} \frac{1}{m} \sum_{i=1}^{m} \log(1 - D(G(z^{(i)}))) \tag{13.3.4}$$

의 하강법에 따라 변경한다.

③ 전체 학습 반복

- 과정 ①부터 학습을 반복한다.

GAN의 학습 알고리즘은 위와 같다. 판별기 학습을 완료하고 생성기 학습을 진행하면 판별기의 과도한 학습(Overfitting)이 발생하기 때문에 이를 방지하기 위하여 판별기를 k 단계(steps) 학습시키고 생성기를 1단계 학습시키는 과정을 반복하도록 하였다. GAN을 최소최대 게임이론에 따라 학습시키면 최적지점 $p_g(x) = p_{data}(x)$에 도달하게 된다. 이를 생성기가 고정된 상태에서 최대의 성능을 보이는 최적 판별기에 대한 명제와 최적 판별기를 찾은 상태에서 가치함수의 최소지점에 해당하는 생성데이터 분포함수가 실제 데이터와 일치함을 보여주는 정리를 통하여 확인해보자.

명제 1 생성기 G가 고정되면 최적의 판별기는

$$D_G^*(x) = \frac{p_{data}(x)}{p_{data}(x) + p_g(x)} \tag{13.3.5}$$

이다.

증명

생성기 G가 주어지면 판별기 D는 가치함수 $V(D, G)$

$$\begin{aligned} V(D,G) &= \int_x p_{data}(x) \log D(x) dx + \int_z p_z(z) \log(1 - D(G(z))) dz \\ &= \int_x \left[p_{data}(x) \log D(x) + p_g(x) \log(1 - D(x)) \right] dx \end{aligned} \tag{13.3.6}$$

를 최대화시키도록 학습된다. $a,b \in R^2/\{0,0\}$에 대하여 $y \rightarrow a\log y + b\log(1-y)$는 [0,1] 구간에서 $\dfrac{a}{a+b}$에서 최댓값을 가진다. 따라서, 생성기 G가 고정되면 $V(D,G)$의 최대점은 식 (13.3.5)가 된다.

식 (13.3.2)에서 판별기에 대한 최대화 부분을 명제 1을 적용하여

$$\begin{aligned} C(G) &= \max_D \ V(D,G) \\ &= E_{p_{data}(\boldsymbol{x})}[\log D_G^*(\boldsymbol{x})] + E_{p_z(z)}[\log(1-D_G^*(G(\boldsymbol{z})))] \\ &= E_{p_{data}(\boldsymbol{x})}[\log D_G^*(\boldsymbol{x})] + E_{p_g(\boldsymbol{x})}[\log(1-D_G^*(\boldsymbol{x}))] \\ &= E_{p_{data}(\boldsymbol{x})}\left[\log\frac{p_{data}(\boldsymbol{x})}{p_{data}(\boldsymbol{x})+p_g(\boldsymbol{x})}\right] + E_{p_g(\boldsymbol{x})}\left[\log\frac{p_g(\boldsymbol{x})}{p_{data}(\boldsymbol{x})+p_g(\boldsymbol{x})}\right] \end{aligned} \tag{13.3.7}$$

와 같이 정리할 수 있다.

정리 1 학습기준 $C(G)$의 최저치는 $p_g(\boldsymbol{x}) = p_{data}(\boldsymbol{x})$일 때에만 얻어지며 그 값은 $-\log(4)$이다.

증명

$p_g(\boldsymbol{x}) = p_{data}(\boldsymbol{x})$이면 식 (13.3.5)에서 $D_G^*(\boldsymbol{x}) = 1/2$이고, 식 (13.3.7)에서 $C(G) = -\log(4)$이다. 이를 염두에 두고 식 (13.3.7)을 다시 정리하면

$$\begin{aligned} C(G) &= -\log 4 + KL\left(p_{data}(\boldsymbol{x}) \parallel \frac{p_{data}(\boldsymbol{x})+p_g(\boldsymbol{x})}{2}\right) + KL\left(p_g(\boldsymbol{x}) \parallel \frac{p_{data}(\boldsymbol{x})+p_g(\boldsymbol{x})}{2}\right) \\ &= -\log 4 + 2JSD(p_{data}(\boldsymbol{x}) \parallel p_g(\boldsymbol{x})) \end{aligned} \tag{13.3.8}$$

이 된다. 여기서, KL은 쿨백-라이블러 발산(Kullback-Leibler Divergence)이고 JSD는 젠센-샤논 발산(Jensen-Shannon Divergence)이며

$$JSD(p\|q) = \frac{1}{2}KL(p\|r) + \frac{1}{2}KL(q\|r) \qquad (13.3.9)$$

와 같이 정의된다. 여기서, $r = \frac{p+q}{2}$이다. 두 분포 사이의 JSD는 항상 양의 값을 가지며, 두 분포가 같을 때만 영의 값을 가진다. 따라서, 식 (13.3.8)의 최소치는 $p_g(\boldsymbol{x}) = p_{data}(\boldsymbol{x})$일 때 $C^*(G) = -\log(4)$로 얻어진다. 즉, 생성기가 완벽하게 데이터 분포를 재현한 것이다.

예제 13.3-1

정리 1을 증명하기 위해서는 다음과 같이 정의되는 쿨백-라이블러 발산(Kullback-Leibler Divergence)에 대한 이해가 필수적이다.

$$KL(p\|q) = \int p(x)\log\frac{p(x)}{q(x)}dx$$

이때, $KL(p\|q) \geq 0$이고 $p(x) = q(x)$일 때 최소임을 보여라.

풀이

Jensen의 부등식을 이용하면

$$-KL(p\|q) = \int p(x)\log\frac{q(x)}{p(x)}dx \leq \log\int p(x)\frac{q(x)}{p(x)}dx = \log\int q(x)dx = \log 1 = 0$$

이다. 즉, $KL(p\|q) \geq 0$이다. 그리고, 등식은 $p(x) = q(x)$일 때만 성립한다.

13.4 생성대립 회로망의 구현

전방향 신경회로망을 이용하여 생성대립 회로망을 구현하는 방법에 대하여 알아보자. 먼저, 판별기는 실제 데이터를 입력으로 받아 LeakyReLU를 활성화 함수로 지닌 은닉층과 과도한 학습(Overfitting)을 방지하기 위한 낙오(Dropout)을 거치도록 한다. 여기서, LeakyReLU는

$$\text{LeakyReLU}(x) = \begin{cases} x & \text{if } x \geq 0 \\ \text{negative} - \text{slope} \times x & \text{otherwise} \end{cases} \tag{13.4.1}$$

와 같이 정의된다. negative-slope은 0.01을 사용하여 음의 구간에서 작은 기울기로 학습이 이루어지도록 한다. 최종적으로 시그모이드 활성화 함수를 지닌 출력노드에서 (0,1) 구간의 출력 값을 내어 놓는다. 은닉층의 수는 여러 층으로 구성하여도 무방하다. 판별기의 학습은

$$\frac{1}{m}\sum_{i=1}^{m}\left[\log D(\boldsymbol{x}^{(i)}) + \log(1 - D(G(\boldsymbol{z}^{(i)})))\right] \tag{13.4.2}$$

을 최대화시키도록 학습하는데, 이는 5장에서 설명된 CE(Cross-Entropy) 오차함수

$$E_{CE} = -\left[t_i \log y_i + (1 - t_i)\log(1 - y_i)\right] \tag{13.4.3}$$

를 이용하여 학습시키도록 한다. 즉, 실제 데이터에 대하여 $t_i = 1$이고 $y_i = D(\boldsymbol{x}^{(i)})$를 대입하고, 생성된 데이터에 대하여 $t_i = 0$이고 $y_i = D(G(\boldsymbol{z}^{(i)}))$를 대입하면 된다. 즉, 판별기 학습을 위한 전방향 신경회로망의 가중치 학습은 CE(Cross-Entropy) 오차함수를 이용한 학습 방법과 동일하게 된다. CE(Cross-Entropy) 오차함수를 최소화 시키는 학습은 식 (13.4.3)에서 음의 부호만을 제외시키면 식 (13.4.2)로 주어진 학습기준을 최대화 시키는 학습과 동일하게 된다.

생성기 역시 전방향 신경회로망으로 구성하자. 입력은 잡음벡터의 차원에 맞추어 구성하고, 은닉층은 LeakyReLU 활성화 함수를 지니도록 하며 여러 층으로 구성하자. 출력층은 실제 데이터와 같은 범위의 값을 지니도록 활성화 함수를 정하여야 한다. 만약, 실제 데이터가 [-1,1]로 정규화 되었으면, 생성기의 출력노드 활성화 함수는 tanh 함수를 사용하면 된다. 생성기의 학습은

$$\frac{1}{m}\sum_{i=1}^{m}\log(1 - D(G(\boldsymbol{z}^{(i)}))) \tag{13.4.4}$$

을 최소화시키도록 학습하는데, 학습 초기에 가중치 변경량을 결정하는 미분치의 강화를 위하여 $\frac{1}{m}\sum_{i=1}^{m}\log D(G(z^{(i)}))$를 최대화 시키도록 학습하는 방법을 택한다. 이는 CE(Cross-Entropy) 오차함수에 대하여 $t_i = 1$과 $y_i = D(G(z^{(i)}))$를 대입하고 최소화 시키는 학습 과정을 생성기에 대하여 진행하는 것과 동일하다. 여기서, $t_i = 1$로 하는 이유는 생성 데이터에 대하여 판별기가 실제 데이터로 판별하기를 원하기 때문이다. 생성기의 학습은 판별기의 출력에 대하여 계산된 CE(Cross-Entropy) 오차함수의 미분이 판별기를 통하여 역전파 되어 생성기의 출력에 도달된 후, 이를 생성기 내부에서 역전파를 통하여 학습시키는 형태로 진행된다.

13.5 심층 컨벌루션 생성대립 회로망(DCGAN)

생성대립 회로망은 학습이 불안정하고 생성기에서 무의미한 출력을 만들어낸다는 단점이 있다. 또한, CNN을 GAN에 적용하고자 하는 노력도 쉽게 결실을 얻어내지 못하였다. 이러한 단점을 극복하기 위해 제안된 모델이 심층 컨볼루션 생성대립 회로망(DCGAN: Deep Convolution Generative Adversarial Network)이다. 이 모델에서는 CNN에 몇 가지 수정을 가하여 GAN의 생성기와 판별기로 사용하였다. 이를 크게 다음과 같이 정리할 수 있다.

첫째, 컨볼루션층의 공간적인 풀링 대신에 이동폭(Stride)을 적용하여 다운 샘플링 효과가 일어나도록 하였다. 판별기에는 이동폭 2인 컨볼루션 필터(9.3절 참조)를 적용하였으며, 생성기에는 이동폭 2인 이항 컨볼루션(Fractional-Strided Convolution) 필터(9.5절 참조)를 적용하였다.

둘째, 완전 연결된 다층 퍼셉트론의 은닉층을 제거하였다. 이러한 기법은 학습의 안정성을 높이지만 수렴 속도는 느려진다. 따라서, 생성기의 잡음 벡터를 컨볼루션층의 입력으로 전환하는 부분에 하나의 완전 연결층이 존재하며, 판별기에서는 최종 컨볼루션층의 출력을 출력노드에 직접 연결시켰다. 그림 13.2는 이러한 구조의 생성기 모델이다.

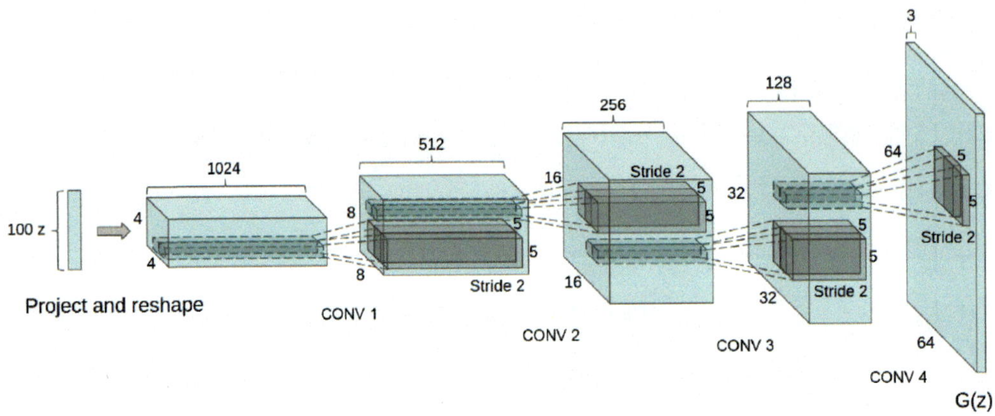

그림 13.2. 심층 컨볼루션 생성대립 회로망(DCGAN)의 생성기 모델. 100차원의 균일분포 잡음벡터 입력에 대하여 4층의 이동폭 2인 이항 컨볼루션 필터가 적용되어 64×64 영상을 생성함 [15. A. Radford et al. 2016].

셋째, 묶음 정규화(Batch Normalization)를 사용하여 각 노드에 입력되는 값들의 평균이 0이고 분산이 1이 되도록 하였다. 이러한 방법은 가중치 초기화의 잘못을 극복할 수 있도록 하며 심층망의 학습도 용이하게 해준다. 그렇지만, 모든 층에 이 방법을 사용하면 학습이 특정 궤도를 맴돌거나 불안해지는 현상이 나타난다. 따라서, 생성기의 출력층과 판별기의 입력층에는 이를 적용하지 않았다.

추가적으로, 생성기의 은닉층에는 ReLU를 사용하고 출력층에는 tanh(.)을 사용하였고, 판별기에는 기울기 0.2의 LeakyReLU를 사용하였다. 미니 묶음(Minibatch)의 크기를 128로 사용하여 SGD(Stochastic Gradient Descent) 방법으로 생성기와 판별기를 학습하였다. 그림 13.3.은 DCGAN을 LSUN(Large-Scale Scene Understanding) 데이터에 적용하여 생성된 침실 영상이다. 상당히 좋은 결과임을 알 수 있다. 그림 13.4는 얼굴 영상에 대하여 DCGAN을 학습 한 후에 잡음 벡터 z에 대한 연산 역시 의미 있는 영상을 만들어 냄을 보여준다. 그림 13.4의 왼편 3개의 열은 각각 잡음 벡터로부터 생성된 영상이다. 각 행별로 3개의 잡음 벡터를 평균을 구하여 얻어진 잡음벡터로 생성된 영상이 4번째 열이다. 이들 평균 잡음 벡터의 연산에 의해 얻어진 백터로 생성된 영상이 우편의 중앙 영상이며, 그 이외의 8개 영상은 균일잡음을 더한 후 생성된 영상이다. 이 모델의 파급력으로 많은 연구자들이 GAN의 연구에 뛰어들었다.

그림 13.3. 심층 컨볼루션 생성대립 회로망(DCGAN)을 LSUN(Large-Scale Scene Understanding) 데이터에 적용하여 생성된 침실 영상 [15. A. Radford et al. 2016].

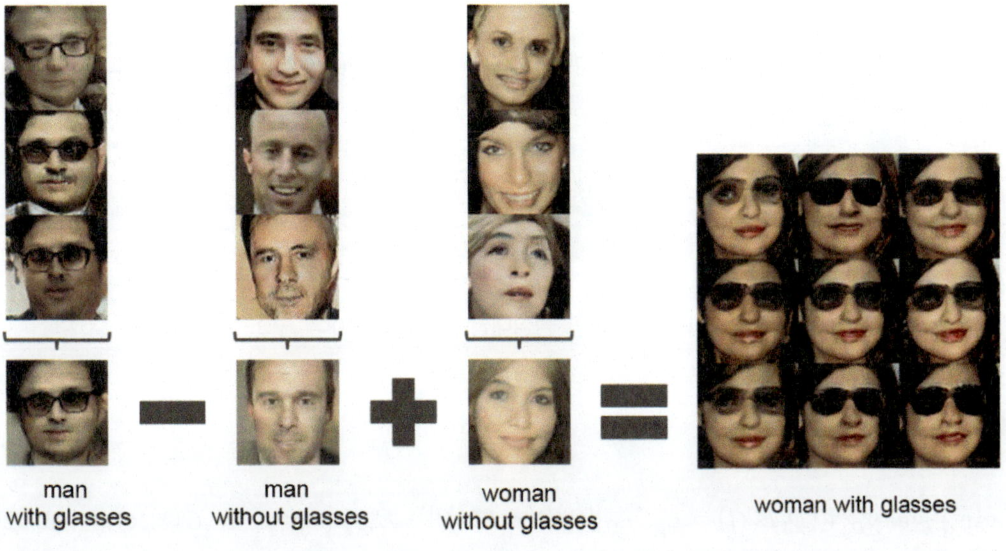

그림 13.4. 심층 컨볼루션 생성대립 회로망(DCGAN)을 얼굴 영상에 대하여 학습한 결과. 잡음 벡터의 연산에 의해 의미에 맞는 영상을 생성함 [15. A. Radford et al. 2016].

13.6 양방향 생성대립 회로망(BiGAN)

생성대립 회로망의 생성기는 학습 데이터 x를 임의의 잡음 벡터 z로부터 생성하는 능력이 뛰어나다. 이때, 잡음벡터 z는 학습데이터 x의 잠재적 표현(Latent Representation)이라고 볼 수 있다. 생성대립 회로망에 학습데이터로부터 잠재적 표현을 학습하는 기능을 추가하여 비교사학습에 의한 데이터 특징 표현을 찾아내는 기능을 추가한 모델이 양방향 생성대립 회로망(BiGAN: Bidiretional Generative Adversarial Network)이다. BiGAN은 GAN에 학습데이터 x로부터 잠재적 표현 z를 학습하는 인코더 $E(x)$가 추가되었다. 또한 판별기 D는 데이터 공간과 잠재적 표현 공간의 데이터 $(x, E(x))$ 및 $(G(z), z)$를 입력으로 받아들인다. 그림 13.5는 BiGAN의 구조를 보여준다.

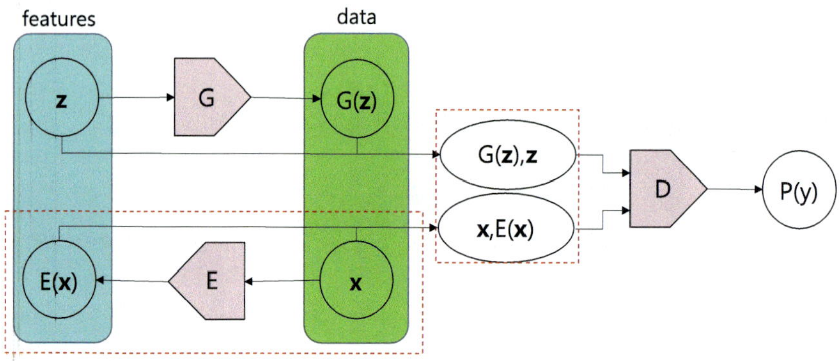

그림 13.5. 양방향 생성대립 회로망(BiGAN)의 구조

BiGAN의 학습은

$$\min_{G,E}\max_D\ V(D,E,G) = E_{p_{data}(x)}[\log D(x, E(x))] + E_{p_z(z)}[\log(1 - D(G(z), z))] \quad (13.3.2)$$

에 따라 이루어지며, 여기서 $V(D,E,G)$는 가치함수(Value Function)이다. 인코더는 x로부터 잠재적 특징공간으로의 사상을 수행하는 분포 $p_E(z|x) = \delta(z - E(x))$를 만들어낸다. 판별기는 잠재적 공간에서도 입력을 받아들여 $P_D(Y|x, z)$를 예측하도록 학습된다. GAN에서와 마찬

가지로, x가 실제 데이터이면 $Y=1$이고 x가 생성되었으면 $Y=0$이다. 판별기를 완벽히 속이기 위해서 인코더는 생성기의 역함수를 학습하게 되어 $E=G^{-1}$이 된다.

BiGAN을 ImageNet 데이터를 대상으로 학습하여 얻어진 D, G, E의 컨볼루션 필터를 그림 13.6에 나타내었다. 기대하였던 바와 같이 E는 데이터의 특징을 잘 표현하고 있음을 알 수 있다.

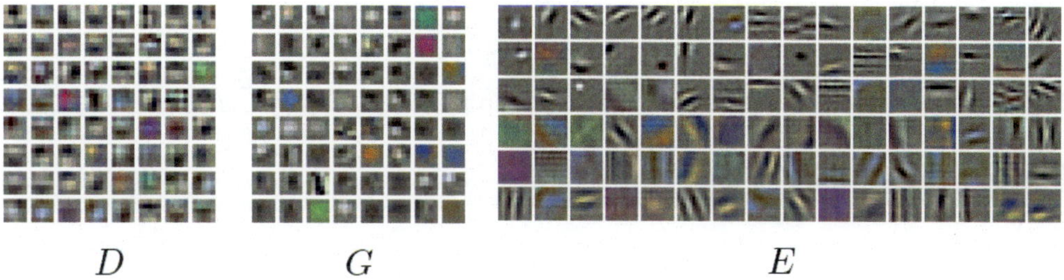

그림 13.6. BiGAN의 ImageNet 데이터 학습에 의해 얻어진 D, G, E의 컨볼루션 필터 [16. J. Donahue et al. 2017]

13.7 확산 모델 (Diffusion Models)

생성대립 회로망은 학습이 안정적이지 않고 대립망의 존재 때문에 생성된 출력의 다양성이 부족하다고 지적되고 있다. 확산모델은 비평형열역학(Non-equilibrium Thermodynamics)에 착안하여 대립망을 포함하지 않고 데이터를 생성하는 모델이다. 확산이란 물질이 고농도 지역에서 저농도 지역으로 이동하는 현상을 말한다. 물이 들어있는 잔에 잉크를 한 방울 떨어뜨렸다고 가정하자. 처음에는 한 지역에 고농도로 존재하는 잉크가 시간이 지날수록 확산되어 물 전체에 고르게 퍼지게 되고 결국 평형 상태에 이르게 될 것 이다. 이 과정을 역으로 재현하여 잉크가 물 전체에 퍼져있는 상태에서 처음에 잉크가 물에 떨어진 모양을 재현할 수 있을까? 확산모델은 이 과정을 역으로 재현하는 모델을 만들어내고자 한다.

확산모델은 주어진 데이터를 지속적으로 파괴하여 잡음만이 존재하게 되는 전방 확산과정

(Forward Diffusion Process)과 잡음으로부터 데이터를 복원하는 역방향 확산과정(Reverse Diffusion Process)으로 이루어져 있다.

우선 전방확산과정을 자세히 알아보자. 학습데이터 집합 $\boldsymbol{X}_0$에서 데이터 $\boldsymbol{x}_0 \in \boldsymbol{X}_0$가 데이터 분포 $\boldsymbol{x}_0 \sim q(\boldsymbol{x}_0)$에 따라 샘플링되었다고 하자. 여기에 가우시안 잡음(Gaussian noise) $\boldsymbol{\epsilon} \sim N(\mathbf{0}, \boldsymbol{I})$을 더하여

$$\boldsymbol{x}_t = \sqrt{1-\beta_t}\,\boldsymbol{x}_{t-1} + \sqrt{\beta_t}\,\boldsymbol{\epsilon},\ t = 1, 2, \dots, T \tag{13.7.1}$$

와 같이 표현된다고 하자. 이때, $\{\beta_t \in (0,1)\}_{t=1}^{T}$이다. 그러면, 확률분포 $q(\boldsymbol{x}_t|\boldsymbol{x}_{t-1})$는 마코프 체인(Markov Chain)을 형성하여

$$q(\boldsymbol{x}_t|\boldsymbol{x}_{t-1}) = N(\boldsymbol{x}_t; \sqrt{1-\beta_t}\,\boldsymbol{x}_{t-1}, \beta_t \boldsymbol{I}),\ \ q(\boldsymbol{x}_{1:T}|\boldsymbol{x}_0) = \prod_{t=1}^{T} q(\boldsymbol{x}_t|\boldsymbol{x}_{t-1}) \tag{13.7.2}$$

와 같이 주어지고, $\boldsymbol{x}_t\,(t = 1, 2, \dots, T)$는 $\boldsymbol{x}_0$와 같은 차원을 지닌다. 시간이 지날수록 가우시안 잡음에 의해 $\boldsymbol{x}_0$는 점점 그 특징을 잃어버리게 되고 마침내 $T \to \infty$ 에서 $\boldsymbol{x}_T$는 등방성 가우시안 분포(Isotopic Gaussina Distribution)를 지니게 된다.

식 (13.7.1)을 $\alpha_t = 1 - \beta_t$와 $\overline{\alpha_t} = \prod_{i=1}^{t} \alpha_i$로 변수를 치환하여 변환해보자. 먼저,

$$\boldsymbol{x}_1 = \sqrt{\alpha_1}\,\boldsymbol{x}_0 + \sqrt{1-\alpha_1}\,\boldsymbol{\epsilon} \tag{13.7.3}$$

$$\boldsymbol{x}_2 = \sqrt{\alpha_2}\,\boldsymbol{x}_1 + \sqrt{1-\alpha_2}\,\boldsymbol{\epsilon} = \sqrt{\alpha_2\alpha_1}\,\boldsymbol{x}_0 + \sqrt{1-\alpha_2\alpha_1}\,\boldsymbol{\epsilon} \tag{13.7.4}$$

와 같다. 여기서, 두 개의 가우시안 변수 $N(\mathbf{0}, \sigma_1^2 \boldsymbol{I})$와 $N(\mathbf{0}, \sigma_2^2 \boldsymbol{I})$를 더하면 $N(\mathbf{0}, (\sigma_1^2 + \sigma_2^2)\boldsymbol{I})$가 되는 성질을 이용하였다. 마찬가지로

$$\boldsymbol{x}_t = \sqrt{\alpha_t}\,\boldsymbol{x}_{t-1} + \sqrt{1-\alpha_t}\,\boldsymbol{\epsilon} = \sqrt{\overline{\alpha_t}}\,\boldsymbol{x}_0 + \sqrt{1-\overline{\alpha_t}}\,\boldsymbol{\epsilon} \tag{13.7.5}$$

를 얻게 된다. 즉, $\boldsymbol{x}_t(t=1,2,...,T)$가 $\boldsymbol{x}_0$와 $\overline{\alpha_t}=\prod_{i=1}^{t}\alpha_i$ 만으로 표현되므로 전방확산과정은 학습이 필요 없다.

이제 역방향확산과정을 알아보자. $\boldsymbol{x}_T \sim N(\boldsymbol{0},\boldsymbol{I})$인 가우시안 잡음의 샘플로부터 조건확률분포 $q(\boldsymbol{x}_{t-1}|\boldsymbol{x}_t)$에 따라 변환을 하면 $\boldsymbol{x}_0$를 재현할 수 있을 것이다. 그렇지만, $q(\boldsymbol{x}_{t-1}|\boldsymbol{x}_t)$를 쉽게 알아낼 수 없기 때문에, $q(\boldsymbol{x}_{t-1}|\boldsymbol{x}_t)$를 근사화하기 위하여

$$p_\theta(\boldsymbol{x}_{0:T})=p(\boldsymbol{x}_T)\prod_{t=1}^{T}p_\theta(\boldsymbol{x}_{t-1}|\boldsymbol{x}_t) \qquad (13.7.6)$$

를 학습하도록 하자. 그림 13.7은 이러한 개념을 보여준다.

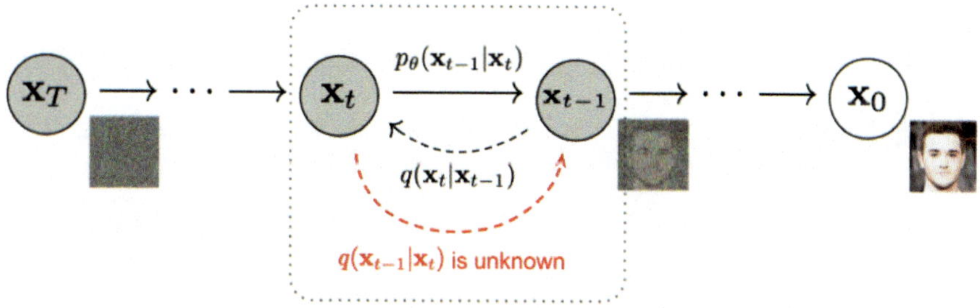

그림 13.7. 전방확산과정과 역방향확산과정 개념도[17]

학습은 음의 로그가능도(Negative Loglikelihood)

$$-\log p_\theta(\boldsymbol{x}_0)=-\log\int p_\theta(\boldsymbol{x}_{0:T})d\boldsymbol{x}_{1:T} \qquad (13.7.7)$$

를 최소화시키도록 이루어진다. 그렇지만, (13.7.7)은 수학적으로 계산될 수 없으므로 변분 상한(Varitional Upper Bound)을 구하여 학습하는 형태로 접근한다.

$$-\log p_\theta(\boldsymbol{x}_0)\le-\log p_\theta(\boldsymbol{x}_0)+KL(q(\boldsymbol{x}_{1:T}|\boldsymbol{x}_0)\,\|\,p_\theta(\boldsymbol{x}_{1:T}|\boldsymbol{x}_0))=L \qquad (13.7.8)$$

이고, 베이의 법칙(Baye's Rule)을 사용하면

$$KL(q(\boldsymbol{x}_{1:T}|\boldsymbol{x}_0)\,||\,p_\theta(\boldsymbol{x}_{1:T}|\boldsymbol{x}_0)) = E_q\left[\log\frac{q(\boldsymbol{x}_{1:T}|\boldsymbol{x}_0)}{p_\theta(\boldsymbol{x}_{0:T})}\right] + \log p_\theta(\boldsymbol{x}_0) \tag{13.7.9}$$

이므로, (13.7.8)은

$$L = L_T + \sum_{t=2}^{T} L_{t-1} + L_0 \tag{13.7.10}$$

와 같이 유도될 수 있다. 여기서,

$$L_T = KL(q(\boldsymbol{x}_T|\boldsymbol{x}_0)\,||\,p_\theta(\boldsymbol{x}_T)) \tag{13.7.11}$$

$$L_{t-1} = KL(q(\boldsymbol{x}_{t-1}\,|\,\boldsymbol{x}_t,\boldsymbol{x}_0)\,||\,p_\theta(\boldsymbol{x}_{t-1}\,|\,\boldsymbol{x}_t)) \tag{13.7.12}$$

$$L_0 = -p_\theta(\boldsymbol{x}_0\,|\,\boldsymbol{x}_1) \tag{13.7.13}$$

이다. q는 학습 파라미터가 없으며, $\boldsymbol{x}_T$는 가우시안 잡음이므로 L_T는 상수이어서 학습에서 제외한다. 따라서, 학습은 가우시안 분포 사이의 발산(Divergence)인 L_{t-1}을 대상으로 이루어진다.

L_{t-1}을 간략히 표현하기 위하여 가우시안 분포인 q에 대한 부분만을 나타내면

$$q(\boldsymbol{x}_{t-1}|\boldsymbol{x}_t,\boldsymbol{x}_0) = q(\boldsymbol{x}_t|\boldsymbol{x}_{t-1},\boldsymbol{x}_0)\frac{q(\boldsymbol{x}_{t-1}|\boldsymbol{x}_0)}{q(\boldsymbol{x}_t|\boldsymbol{x}_0)} \tag{13.7.14}$$

$$\propto \exp\left(-\frac{1}{2}\left(\frac{(\boldsymbol{x}_t-\sqrt{\alpha_t}\,\boldsymbol{x}_{t-1})^2}{\beta_t}+\frac{(\boldsymbol{x}_{t-1}-\sqrt{\overline{\alpha_{t-1}}}\,\boldsymbol{x}_0)^2}{1-\overline{\alpha_{t-1}}}-\frac{(\boldsymbol{x}_t-\sqrt{\overline{\alpha_t}}\,\boldsymbol{x}_0)^2}{1-\overline{\alpha_t}}\right)\right)$$

이다. (13.7.14)를 가우시안 분포 함수의 표준 모양으로 정리하면 분산에 해당하는 $\widetilde{\beta_t}$와 평균에 해당하는 $\widetilde{\mu_t}(\boldsymbol{x}_t,\boldsymbol{x}_0)$는

$$\widetilde{\beta_t} = 1/\left(\frac{\alpha_t}{\beta_t}+\frac{1}{1-\overline{\alpha_{t-1}}}\right) = \frac{1-\overline{\alpha_{t-1}}}{1-\overline{\alpha_t}}\beta_t \tag{13.7.15}$$

와

$$\widetilde{\mu_t}(\boldsymbol{x}_t,\boldsymbol{x}_0)=\frac{\sqrt{\alpha_t}\,(1-\overline{\alpha_{t-1}})}{1-\overline{\alpha_t}}\boldsymbol{x}_t+\frac{\sqrt{\overline{\alpha_{t-1}}}\,\beta_t}{1-\overline{\alpha_t}}\boldsymbol{x}_0 \qquad (13.7.16)$$

로 유도된다. (13.7.16)에 $\boldsymbol{x}_0=\frac{1}{\sqrt{\overline{\alpha_t}}}(\boldsymbol{x}_t-\sqrt{1-\overline{\alpha_t}}\,\epsilon_t)$를 대입하면

$$\widetilde{\mu_t}(\boldsymbol{x}_t,\boldsymbol{x}_0)=\frac{1}{\sqrt{\alpha_t}}(\boldsymbol{x}_t-\frac{1-\alpha_t}{\sqrt{1-\overline{\alpha_t}}}\epsilon_t) \qquad (13.7.17)$$

로 간략화 된다.

학습은 역방향확산과정의 조건확률분포 $p_\theta(\boldsymbol{x}_{t-1}|\boldsymbol{x}_t)=N(\boldsymbol{x}_{t-1};\mu_\theta(\boldsymbol{x}_t,t),\Sigma_\theta(\boldsymbol{x}_t,t))$를 신경회로망으로 근사화하는 것이다. 따라서, 학습 기준 L_t는 $\widetilde{\mu_t}(\boldsymbol{x}_t,\boldsymbol{x}_0)$ 와 $\mu_\theta(\boldsymbol{x}_t,t)$ 사이의 차이를 최소화 시키는 형태로

$$L_t=E_{\boldsymbol{x}_0,\epsilon}\left[\frac{1}{2\|\Sigma_\theta(\boldsymbol{x}_t,t)\|_2^2}\|\widetilde{\mu_t}(\boldsymbol{x}_t,\boldsymbol{x}_0)-\mu_\theta(\boldsymbol{x}_t,t)\|^2\right] \qquad (13.7.18)$$

와 같이 표현할 수 있다. 보통 역방향확산모델의 구현은 U-net을 사용한다.

참고문헌

1. Goodfellow, Ian; Pouget-Abadie, Jean; Mirza, Mehdi; Xu, Bing; Warde-Farley, David; Ozair, Sherjil; Courville, Aaron; Bengio, Yoshua (2014). "Generative Adversarial Networks". arXiv:1406.2661.

2. Salimans, Tim; Goodfellow, Ian; Zaremba, Wojciech; Cheung, Vicki; Radford, Alec; Chen, Xi (2016). "Improved Techniques for Training GANs". arXiv : 1606.03498.

3. Goodfellow, Ian J.; Pouget-Abadie, Jean; Mirza, Mehdi; Xu, Bing; Warde- Farley, David; Ozair, Sherjil; Courville, Aaron; Bengio, Yoshua (2014). "Generative Adversarial Networks". arXiv:1406.2661.

4. Thaler, SL, US Patent 05659666, Device for the autonomous generation of useful information, 08/19/1997.

5. Thaler, SL, US Patent, 07454388, Device for the autonomous bootstrapping of useful information, 11/18/2008.

6. Thaler, SL, The Creativity Machine Paradigm, Encyclopedia of Creativity, Invention, Innovation, and Entrepreneurship, (ed.) E.G. Carayannis, Springer Science+Business Media, LLC, 2013.

7. Luc, Pauline; Couprie, Camille; Chintala, Soumith; Verbeek, Jakob (2016-11-25). "emantic Segmentation using Adversarial Networks". NIPS Workshop on Adversarial Training, Dec , Barcelona, Spain. 2016. arXiv : 1611.08408. Bibcode : 2016arXiv161108408L.

8. Andrej Karpathy, Pieter Abbeel, Greg Brockman, Peter Chen, Vicki Cheung, Rocky Duan, Ian Goodfellow, Durk Kingma, Jonathan Ho, Rein Houthooft, Tim Salimans, John Schulman, Ilya Sutskever, And Wojciech Zaremba, Generative Models, OpenAI, retrieved April 7, 2016

9. Li, Wei; Gauci, Melvin; Gross, Roderich (July 6, 2013). "A Coevolutionary Approach to Learn Animal Behavior Through Controlled Interaction". Proceedings of the 15th Annual Conference on Genetic and Evolutionary Computation (GECCO 2013). Amsterdam, The Netherlands: ACM. pp. 223–230.

10. Li, Wei; Gauci, Melvin; Groß, Roderich (30 August 2016). "Turing learning: a metric-free approach to inferring behavior and its application to swarms". Swarm Intelligence. 10 (3): 211–243. doi:10.1007/s11721-016-0126-1.

11. Gross, Roderich; Gu, Yue; Li, Wei; Gauci, Melvin (December 6, 2017). "Generalizing GANs: A Turing Perspective". Proceedings of the Thirty-first Annual Conference on Neural Information Processing Systems (NIPS 2017). Long Beach, CA, USA. pp. 1–11.

12. Schmidhuber, Jürgen (November 1992). "Learning Factorial Codes by Predictability Minimization". Neural Computation. 4 (6): 863–879. doi: 10.1162/neco.1992.4.6.863.

13. Greenemeier, Larry (June 20, 2016). "When Will Computers Have Common Sense? Ask Facebook". Scientific American. Retrieved July 31, 2016.

14. Sajjadi, Mehdi S. M.; Schölkopf, Bernhard; Hirsch, Michael (2016-12-23). "EnhanceNet: Single Image Super-Resolution Through Automated Texture Synthesis". arXiv:1612.07919

15. Radford, Alec; Metz, Luke; Chintala, Soumith (2016). "Unsupervised Representation Learning with Deep Convolutional Generative Adversarial Networks". ICLR 2016.

16. Donahue, Jeff; Krahenbuhl, Philipp; Darrel, Trevor (2017). "Adversarial Feature Learning". ICLR 2017.

17. Sohl-Dickstein, Jascha; Weiss, Eric; Maheswaranathan, Niru; Ganguli, Surya (2015). "Deep Unsupervised Learning using Nonequilibrium Thermodynamics". ICML 2015.

18. Ho, Jonathan; Jain, Ajay; Abbeel, Peiter (2020). "Denoising Diffusion Probabilistic Models". arXiv:2006.11239

19. Ronneberger, Olaf; Fischer, Philipp; Brox, Thomas (2015). "U-Net: Convolutional Networks for Biomedical Image Segmentation". arXiv:1505.04597

연습문제

13.1. 특정 클래스에 속할 확률값 p가 0과 1사이의 값으로 주어질 때, $\log(p)$ 곡선을 컴퓨터로 그려보아라. 클래스에 속할 확률이 큰 값이어야 하는데 분류기의 출력 확률값 p는 작은 경우에, $\log(p)$의 곡선이 지니는 특징을 설명하라.

13.2. $a,b \in R^2/\{0,0\}$에 대하여 $y \to a\log y + b\log(1-y)$는 [0,1] 구간에서 $\frac{a}{a+b}$에서 최댓값을 가짐을 유도하여라.

13.3. 식 (13.3.7)로 주어진 GAN의 학습기준이

$$
\begin{aligned}
C(G) &= \max_D \ V(D,G) \\
&= E_{p_{data}(x)}\left[\log\frac{p_{data}(\boldsymbol{x})}{p_{data}(\boldsymbol{x})+p_g(\boldsymbol{x})}\right] + E_{p_g(x)}\left[\log\frac{p_g(\boldsymbol{x})}{p_{data}(\boldsymbol{x})+p_g(\boldsymbol{x})}\right] \\
&= -\log 4 + KL\left(p_{data}(\boldsymbol{x}) \,\|\, \frac{p_{data}(\boldsymbol{x})+p_g(\boldsymbol{x})}{2}\right) \\
&\quad + KL\left(p_g(\boldsymbol{x}) \,\|\, \frac{p_{data}(\boldsymbol{x})+p_g(\boldsymbol{x})}{2}\right)
\end{aligned}
\qquad \text{(문 13.3.1)}
$$

와 같이 됨을 보여라.

13.4. 젠센-샤논 발산(Jensen-Shannon Divergence)은

$$
JSD(p\|q) = \frac{1}{2}KL(p\|r) + \frac{1}{2}KL(q\|r) \qquad \text{(문 13.4.1)}
$$

와 같이 정의된다. 여기서, $r = \frac{p+q}{2}$이다. $JSD(p\|q) \geq 0$이며, $p=q$일 때 $JSD(p\|q) = 0$임을 보여라.

13.5. $L = -\log p_\theta(\boldsymbol{x}_0) + KL(q(\boldsymbol{x}_{1:T}|\boldsymbol{x}_0) \| p_\theta(\boldsymbol{x}_{1:T}|\boldsymbol{x}_0)) = L_T + \sum_{t=2}^{T} L_{t-1} + L_0$ 임을 유도하라. 여기서, $L_T = KL(q(\boldsymbol{x}_T \mid \boldsymbol{x}_0) \| p_\theta(\boldsymbol{x}_T))$, $L_{t-1} = KL(q(\boldsymbol{x}_{t-1} \mid \boldsymbol{x}_t, \boldsymbol{x}_0) \| \| p_\theta(\boldsymbol{x}_{t-1} | \boldsymbol{x}_t))$, $L_0 = -p_\theta(\boldsymbol{x}_0 | \boldsymbol{x}_1)$이다.

13.6. $q(\boldsymbol{x}_{t-1} \mid \boldsymbol{x}_t, \boldsymbol{x}_0) \propto \exp\left(-\frac{1}{2}\left(\frac{(\boldsymbol{x}_t - \sqrt{\alpha_t}\,\boldsymbol{x}_{t-1})^2}{\beta_t} + \frac{(\boldsymbol{x}_{t-1} - \sqrt{\overline{\alpha_{t-1}}}\,\boldsymbol{x}_0)^2}{1 - \overline{\alpha_{t-1}}} - \frac{(\boldsymbol{x}_t - \sqrt{\overline{\alpha_t}}\,\boldsymbol{x}_0)^2}{1 - \overline{\alpha_t}}\right)\right)$에서 가우시안 분포의 평균에 해당하는 $\widetilde{\mu_t}(\boldsymbol{x}_t, \boldsymbol{x}_0) = \frac{1}{\sqrt{\alpha_t}}\left(\boldsymbol{x}_t - \frac{1 - \alpha_t}{\sqrt{1 - \overline{\alpha_t}}}\boldsymbol{\epsilon}_t\right)$를 찾아보아라.